LA VENGANZA DE HITLER CONTRA LOS *Habsburgo*

JAMES M. LONGO

LA VENGANZA DE HITLER CONTRA LOS *Habsburgo*

EL ODIO DEL FÜHRER QUE CONDENÓ AL MUNDO

Planeta

Título original: *Hitler and the Habsburgs: The Führer's Vendetta Against the Austrial Royals*

Traducción: Graciela N. Romero

Diseño de portada: Planeta Arte & Diseño / Daniel Bolívar
Fotografías de portada: El archiduque Francisco Fernando con su familia en 1910. Wikimedia Commons. Adolf Hitler en 1937. German Federal Archive / Wikimedia Commons
Fotografía del autor: © Cortesía de la Washington and Jefferson College
Diseño de interiores: Moisés Arroyo

Bajo el sello editorial PLANETA M.R.
Avenida Presidente Masarik núm. 111,
Piso 2, Polanco V Sección, Miguel Hidalgo
C.P. 11560, Ciudad de México
www.planetadelibros.com.mx

Primera edición en formato epub: febrero de 2022
ISBN: 978-607-07-8293-0

Primera edición impresa en México: febrero de 2022
ISBN: 978-607-07-8289-3

Impreso en los talleres de Litográfica Ingramex, S.A. de C.V.
Centeno núm. 162-1, colonia Granjas Esmeralda, Ciudad de México
Impreso y hecho en México – *Printed and made in Mexico*

Para mi esposa, Mary Jo Harwood,
y su Alteza Serenísima la princesa Sophie de Potesta de Hohenberg

Índice

1. Hitler en el Hotel Imperial, 1938 11
2. El artista, el archiduque y el emperador 23
3. ¿Será esto un judío? 32
4. El león y el cordero 45
5. Los cimientos de granito 58
6. El espía, el desertor y el pacificador 70
7. Fatalidad 81
8. Destino inescrutable 93
9. Algo así como un ligero estado cataléptico 107
10. Exilios 123
11. El más astuto de los demagogos 134
12. Horrores inminentes 146
13. Una misma sangre exige un mismo Reich 158
14. El aquelarre 171
15. Duelo 183
16. Negociando con el diablo 197
17. El undécimo mandamiento 209
18. Apocalipsis 219
19. Todo el país estaba como hechizado 228
20. Fantasmas y patriotas 240
21. Plegarias escuchadas y plegarias ignoradas 253
22. La buena batalla 264
23. El destino de una familia 271

Agradecimientos 279
Notas 281
Bibliografía 309
Algunos lugares de investigación 325

1

Hitler en el Hotel Imperial, 1938

«Esa noche decidí que algún día regresaría al Hotel Imperial y caminaría sobre la alfombra roja de la deslumbrante habitación donde bailaban los Habsburgo».

ADOLF HITLER

A LAS CINCO Y MEDIA de la tarde del 14 de marzo de 1938 la limusina Mercedes-Benz gris y negra de Adolf Hitler pasó lentamente junto al palacio de Schönbrunn mientras se dirigía al Hotel Imperial, en el corazón de Viena.[1] Originario de Austria, a sus 48 años volvía para conquistar la ciudad —y el país— que antes lo conquistó a él. Veinticinco años antes, Hitler había sido vagabundo en las calles de Viena, un hambriento soñador que se sentaba en una banca de los jardines públicos de Schönbrunn. Diez años después había sido enviado a una cárcel alemana por traición. Para la primavera de 1938 era el indiscutido dictador de ambas naciones.

Antaño, el palacio de Schönbrunn y Viena habían sido el hogar de la familia real e imperial de los Habsburgo, quienes gobernaban un imperio que se extendía por Europa y el mundo. Las semillas del impresionante ascenso al poder de Hitler, la historia fáustica de cómo pasó de la miseria al éxito, pueden hallarse en su odio por los Habsburgo y en la visión multinacional que estos tenían para el futuro de Europa.

Ese día, el elegante y fuertemente blindado convertible de Hitler no necesitaba ventanas a prueba de balas ni coraza alguna.

Unas horas antes, su ejército de cien mil soldados alemanes había tomado su país natal, Austria, sin disparar un solo tiro.[2] Fue recibido con estruendosos vítores, y él permaneció de pie y con semblante serio para que toda Austria y el mundo lo vieran. Pronto lograría muchas victorias políticas y militares, pero ninguna sería tan dulce como esa. Desde su infancia, el mayor de sus sueños era unir a Austria y Alemania y destruir todo lo que, para él, representaba el Imperio Habsburgo. El resto dependía de esas dos ambiciones.[3] Esa tarde de marzo engañosamente cálida logró alcanzar la mitad de sus metas. La segunda mitad involucraría matar a millones y destruir gran parte de Europa.

Adolf Hitler pudo haberse quedado en cualquiera de los espléndidos palacios de Viena, pero insistió en hospedarse en el Hotel Imperial. Ejercía una poderosa atracción sobre él.[4] Dos décadas atrás, cuando era un fracasado estudiante de arte sin más opción que ganar dinero paleando nieve, vivió una experiencia transformadora en la entrada de ese hotel. Se celebraba un banquete en honor al heredero al trono de los Habsburgo, el archiduque Karl, y su esposa, la archiduquesa Zita. La noche en que Hitler regresó triunfante a la ciudad que lo rechazó solo compartió con su comitiva una historia sobre sus cinco trascendentales años en Viena.[5] El recuerdo que les contó fue el de esa noche despiadadamente fría:

> Veía el brillo de las luces y los candelabros en el *lobby*, pero sabía que para mí era imposible entrar. Una noche paleando tras una fuerte tormenta que dejó varios metros de nieve tuve la oportunidad de ganar un poco de dinero para comer. Por irónico que parezca, a los cinco o seis de mi grupo nos enviaron a limpiar la calle y la banqueta frente al Hotel Imperial. Vi a Karl y Zita salir de su carruaje imperial y entrar al hotel caminando con majestuosidad por la alfombra roja. Nosotros, pobres diablos, paleábamos la nieve echándola a los

> lados y nos quitábamos el sombrero cuando llegaba un aristócrata. Ni siquiera nos miraban, aunque todavía puedo oler el perfume que alcanzaba nuestra nariz. Para ellos, y de hecho para Viena, éramos más o menos tan importantes como la nieve que no dejaba de caer, y en este hotel ni siquiera tuvieron la decencia de darnos una taza de café caliente. Esa noche decidí que algún día regresaría al Hotel Imperial y caminaría sobre la alfombra roja de la deslumbrante habitación donde bailaban los Habsburgo. No sabía cómo o cuándo, pero esperé a que llegara ese día y esta noche estoy aquí.[6]

Su extasiado público aplaudió aquella historia sobre un hombre que alguna vez fue ignorado y que ahora ponía al mundo de cabeza. Pocas personas en la historia han empezado desde tan abajo, o llegado tan alto, en un lapso tan breve. La tarde en que Adolf Hitler unió su país adoptivo, Alemania, con su país de nacimiento, Austria, sus pensamientos no estaban concentrados en las celebraciones, sino en la venganza. No se dirigían hacia Karl, quien murió en 1922, ni hacia Zita, quien vivía exiliada en Bélgica. En vez de eso, recaían sobre los huérfanos reales del archiduque Franz Ferdinand, el hombre cuyo asesinato en 1914 detonó la Primera Guerra Mundial. Poco después de que Hitler llegara al Hotel Imperial, el duque Maximilian Hohenberg, hijo mayor del archiduque, su esposa y sus cinco hijos huían del mismo hotel para esconderse.[7]

Unas pocas horas después del regreso de Hitler a Austria, el duque pasaría de ser el rostro humano del Estado a ser denunciado como enemigo del mismo y a cambiar su palacio por una prisión nazi. Su caída fue tan impresionante como el ascenso de Hitler. Adolf Hitler y sus nazis tenían una lista de enemigos con miles de austriacos que debían ser liquidados. En cuestión de semanas se llevaron a cabo 79 mil arrestos, pero los dos primeros detenidos por la Gestapo, deportados a Alemania y encarcelados en Dachau no fueron judíos, checos, ni los inmigrantes que Hitler señalaba y satanizaba. La noche de su gran triunfo, los dos primeros austriacos que el Führer ordenó arrestar fueron Maximilian y Ernst Hohenberg, los hijos de Franz Ferdinand.[8] Les dijo a Hermann Göring y Heinrich Himmler que no tuvieran piedad con ellos, un reto que aquellos competitivos rivales aceptaron prontamente.[9]

Tras la toma de Austria, Hitler le encargó a la Gestapo otra misión más clandestina. Los agentes recibieron la orden de ayudar a emigrar a Estados Unidos al doctor judío que cuidó a su difunta madre en los últimos momentos de su fatal enfermedad.[10] Dos oficiales judíos con los que combatió en la Primera Guerra Mundial también recibieron su protección personal.[11] Al igual que el médico de su familia, estos tuvieron la oportunidad de escapar del Holocausto que pronto se desataría sobre los judíos de Europa. El famoso antisemitismo de Hitler podía ser selectivo, pero no estaba dispuesto a concederles clemencia a los hijos de Franz Ferdinand. El odio que sentía por ellos era más personal que el resentimiento hacia sus padres muertos o que su aversión a los millones de víctimas inocentes que estaban por morir en su nombre.

Sin embargo, incluso cuando los arrestos de los hermanos Hohenberg ocupaban los titulares de Europa y América, las mujeres que los amaban iban a contraatacar.[12] Sus esposas, su hermana y sus aliadas llevarían a cabo una guerrilla constante contra los nazis en Viena, Praga y Berlín para lograr su liberación. Hitler y su Gestapo tendrían que enfrentarse a la inteligencia, la fuerza y la resiliencia de esas mujeres, tan movidas por el amor como los nazis lo estaban por el odio.

Las semillas de la venganza de Adolf Hitler contra el desaparecido Imperio Habsburgo, el archiduque muerto y sus huérfanos reales habían sido sembradas mucho antes del encuentro con los Habsburgo entre la nieve en el Hotel Imperial.

Poco antes del nacimiento de Hitler en el pueblo fronterizo de Braunau am Inn, en Austria, el príncipe Rudolf, el carismático heredero al trono de los Habsburgo, de 33 años, se suicidó, o murió asesinado. El torpe encubrimiento del gobierno hizo que la verdad fuera esquiva. El embajador de Inglaterra hizo eco de la opinión de muchos al exclamar: «Es misterioso, misterioso, misterioso».[13] El Imperio Habsburgo, eje de Europa Central durante seiscientos años, nunca logró recuperarse del todo.[14] El emperador Franz Joseph solo tenía un hijo: Rudolf. Ni hijas ni parientes mujeres podían heredar el trono. Para llenar el peligroso vacío que creó la muerte de Rudolf, el emperador eligió a regañadientes a su sobrino mayor, el archiduque Franz Ferdinand, como sucesor.[15] Al archiduque se le percibía como un muerto en vida, un tipo introvertido y enfermizo que nadie esperaba que sobreviviera. La súbita desaparición de los escenarios del popular príncipe heredero obligó a Franz Ferdinand a representar un papel que no encajaba con su frágil personalidad.[16] Stefan Zweig, el novelista más famoso de Austria, escribió que Franz Ferdinand carecía de aquello que más valoraban los vieneses: encanto.[17]

Nadie se habría imaginado que ese archiduque diminuto, sombrío y medio moribundo, nacido a kilómetros de Viena en un palacio rentado, pudiera convertirse en emperador.[18] Fue rechazado por su propia madre minutos después de nacer. Mientras el recién nacido luchaba por respirar, su madre gritó: «Llévenselo. Si no puede vivir, no quiero verlo».[19] El rechazo se prolongó durante toda su vida. La mala salud, las malas calificaciones, una personalidad nerviosa y su mal genio lo hicieron el Habsburgo menos popular de su generación. En una familia conocida por su dominio de los idiomas extranjeros y las habilidades ecuestres, a él le costaban trabajo las dos cosas, y no heredó nada de la belleza y la elegancia que encarnaba su muy extrañado primo Rudolf.[20] Solo sus penetrantes ojos azules lo delataban como un Habsburgo, pero a la mayoría de la gente le resultaban inescrutables.

Sin embargo, escondida tras esos ojos y su brusca apariencia, había una mente de primer nivel y una visión de Austria y Europa que ningún otro hombre de Estado parecía capaz de imaginar. En privado, poseía un sentido del humor muy ácido y mucho carisma cuando se decidía a usarlo. Pero él y toda Austria vivían bajo la melancólica sombra del fenecido príncipe heredero.[21] Pocas celebridades de ese tiempo fueron tan amadas, idolatradas o carismáticas como Rudolf. Algunos creían que la carga y las altas expectativas que soportó lo llevaron al borde de la locura y adelantaron su muerte. La impresión, el escándalo y el vacío que dejó no ayudaron en nada a facilitarle la vida a Franz Ferdinand.[22]

El difunto padre de Adolf Hitler, Alois, un ferviente admirador de la dinastía Habsburgo, idolatraba al anciano emperador austriaco Franz Joseph, tal como la generación más joven idolatraba a Rudolf.[23] No podía recordar una época en la que Franz Joseph no estuviera en el trono.[24] Su Alteza Imperial, Real y Apostólica había sido emperador desde 1848, y a base de obstinación sobrevivió a cinco herederos más jóvenes.[25] Entre los cambios constantes del mundo moderno, ese hombre representaba estabilidad y permanencia.[26]

Durante toda su vida, Alois Hitler ejerció la profesión de agente de aduanas en el laberinto burocrático del Ministerio de Finanzas de los Habsburgo.[27] Tras una vida carente de éxitos, aquello era lo más parecido a la fama. Pero ese endeble vínculo con la dinastía imperial de los Habsburgo le bastó para convertirse en un arrogante tirano en el trabajo y un sargento cruel en casa.[28]

Celebraba religiosamente el cumpleaños de Franz Joseph, llevaba los bigotes «al estilo de su amo supremo, el emperador», y constantemente intimidaba a sus hijos, se burlaba de ellos y los golpeaba.[29] Las personas y los valores que Alois Hitler apreciaba eran rechazados por su hijo Adolf. De joven, Hitler encontró un espíritu afín en su maestro de preparatoria favorito: el doctor Leonard Pötsch, un oscuro racista y nacionalista alemán a ultranza que nunca se cansaba de burlarse de los Habsburgo y su imperio multinacional. Más tarde, Hitler escribió sobre Pötsch: «Su deslumbrante elocuencia no solo nos hechizaba, sino que nos llevaba a otro lugar... estábamos ahí sentados, con frecuencia llenos de entusiasmo y a veces incluso conmovidos hasta las lágrimas... fue entonces cuando me volví un poco revolucionario».[30]

En realidad, Hitler había sido un rebelde desde la primaria. Atacaba a otros niños y a menudo discutía con sus maestros de religión, en especial con el padre Sales Schwarz. La Iglesia católica, tan llena de rituales, y la monarquía de los Habsburgo de su infancia eran algo intercambiable para la mayoría de los austriacos. El padre Schwarz le dijo: «Deberías guardar en tu corazón ideales para nuestro amado país, nuestra amada casa de Habsburgo. Quien no ama a la familia imperial no ama a la Iglesia, y quien no ama a la Iglesia no ama a Dios». Hitler rio. El sacerdote le dijo a su madre que el niño era «un alma perdida».[31] Al igual que la mayoría de los austriacos, Adolf Hitler, el desalmado revolucionario, creía que la revolución no sería posible mientras viviera el viejo emperador. Tanto reformistas como revolucionarios creían que el cambio solo se lograría después de que Franz Joseph se reuniera con su hijo y sus 112 ancestros en la cripta imperial de Viena. Hasta al mismo emperador le preocupaba en privado que tras su muerte tuviera lugar la revolución. No creía que su sobrino Franz Ferdinand fuera capaz de evitarla. Adolf Hitler temía lo contrario. Veía al archiduque como alguien que lideraría una revolución, una antitética a la suya, al traicionar a la Austria alemana con pueblos étnicamente inferiores.[32]

Tras la muerte de Rudolf, Franz Ferdinand dio pocas claves sobre en qué dirección llevaría al mayor imperio multicultural de Europa, pero su matrimonio en 1900 fue una pista. Aquel Habsburgo de sangre azul podía haberse casado con cualquier princesa alemana de las cortes imperiales y reales de Europa. Pero se casó con una eslava, una condesa checa a quien Hitler, con su racismo rampante, veía como una *Untermensch*, un caballo de Troya subhumano salido de la minoría étnica más numerosa del imperio.[33] Para él, ese matrimonio era una aberración, un ejemplo del mestizaje y la asimilación que amenazaban a los austriacos alemanes. Para reforzar la desconfianza de Hitler, el archiduque prefirió vivir con su familia a las afueras de Praga, en Bohemia, tierra natal de su esposa, en vez de en alguno de los muchos palacios austriacos que tenía a su disposición.[34] Para Hitler, Franz Ferdinand había traicionado sus raíces alemanas, y era demasiado tolerante con los grupos étnicos y religiosos que envenenaban a Austria.[35]

Durante seis siglos los Habsburgo habían expandido su imperio no con las espadas y las guerras prusianas que el doctor Pötsch glorificaba en sus clases, sino a través del lecho nupcial.[36] El resultado podía verse en 12 nacionalidades distintas, cientos de grupos étnicos, incontables tradiciones religiosas y más de cincuenta millones de ciudadanos gobernados por Franz Joseph.[37] No había en la tierra un imperio más diverso.

El tío de Franz Ferdinand era saludado como jefe del Estado en más de una docena de idiomas y en miles de salones de clases por toda Europa Central. Los austriacos lo reconocían como su emperador. En Hungría, Bohemia, Croacia, Eslovenia, Dalmacia y Galitzia, era su rey; en Cracovia su gran duque, en Transilvania su gran príncipe; y en Lorena, Salzburgo, Estiria, Carintia, Silesia y Módena, su duque gobernante.[38] Sin importar si era por el título, la historia, las tradiciones o los lazos familiares, la lealtad personal a Franz Joseph unía las distintas piezas de ese tapiz y lo convertía en uno de los imperios más grandes, acaudalados y poderosos del mundo. Las fronteras abiertas y la diversidad que Franz Joseph y Franz Ferdinand defendieron en el Imperio Habsburgo eran rechazadas por Hitler. Para él, los inmigrantes eran un cáncer que se robaba su futuro y destruía a Austria. El éxito social y económico de los Habsburgo era como una agresión personal hacia él mientras sus propios sueños de lograr una carrera como artista o arquitecto se desmoronaban. Fue durante sus años en Viena cuando llegó a creer que la inmigración invadía y aplastaba al pueblo alemán, así como a su idioma y su cultura. Para Hitler, la mezcla de razas, culturas, idiomas y religiones amenazaba con marginar a la población austroalemana, convirtiéndola en una minoría en su propia tierra.[39] Su compañero de departamento recordaba: «Su furia se volcó contra el Estado mismo, ese *collage* de diez, doce o Dios sabe cuántas naciones que había armado ese monstruo que eran los matrimonios de los Habsburgo».[40]

La Viena de los Habsburgo convenció a Hitler de que solo un terremoto político o una guerra podrían salvar a la Austria alemana de una ola de inmigración y asimilación. El emperador Franz Joseph parecía estar ciego ante ese peligro, pero al menos se había casado con una alemana, una buena princesa bávara. Pero no lo hizo su impopular heredero.[41] El matrimonio de Franz Ferdinand con una condesa checa lo convirtió en el Habsburgo más odiado por Adolf Hitler.[42] Décadas antes de exhibir cualquier señal del antisemitismo que lo consumió en Viena, era en los compañeros checos de su salón, y no en los judíos, en quienes recaía su desdén juvenil.[43] En su cabeza, el matrimonio del archiduque confirmaba sus peores sospechas: Franz Ferdinand y su esposa checa eran los arquitectos que estaban detrás de la eslavización, la marginalización y la destrucción de la Austria alemana.[44]

El archiduque era miembro de una familia conservadora y tradicional, un improbable reformista y aún más improbable pacificador. Era un militar tristemente célebre por haber asesinado a cientos de miles de animales durante sus viajes por cuatro continentes.[45] Sin embargo, tenía una visión de paz y un plan para alcanzarla. El archiduque era uno de los pocos miembros de la familia real que había viajado a América. Ahí vio que la diversidad étnica era una fuerza, estudió y reconoció la genialidad detrás del sistema federal del gobierno de Estados Unidos y, junto con su esposa, tenía amistades estadounidenses cercanas.[46] En el discurso que planeaba dar al ascender al trono, escribió:

> Deseamos tratar con el mismo amor a todos los pueblos de la monarquía, a todas las clases y todas las fes religiosas, todas oficialmente reconocidas. Arriba o abajo, pobres o ricos, todos deben ser iguales ante el trono [...] Así como todos los pueblos bajo nuestro cetro deben tener los mismos derechos de participación en los asuntos comunes de la monarquía, la equidad requiere que cada uno de ellos tenga garantizado su desarrollo nacional en el marco de los intereses comunes de la monarquía, y todas las nacionalidades, todas las clases, todas las ocupaciones deben, donde aún no es así, ser capaces de proteger sus intereses a través de leyes electorales justas.[47]

Un asistente de mucho tiempo del archiduque escribió: «Algo en Franz Ferdinand lo elevaba por encima del resto de los Habsburgo, incluyendo al viejo emperador; se había liberado de los canales tradicionales... se encargaba de los problemas él mismo... tenía en cuenta nuevos temas... aprovechaba la competencia y la experiencia donde las encontrara, dentro o fuera de nuestras oficinas».[48]

Muchos fuera de Austria veían a Franz Ferdinand como representante de un futuro pacífico y lleno de esperanza. Entre ellos estaba el emperador de Alemania, la nación a la que Adolf Hitler más admiraba. La princesa Viktoria Lise, hija del káiser Wilhelm II, escribió que su padre nunca pudo entender por qué muchos austriacos no eran capaces de ver la sabiduría en la tolerancia religiosa y política de Franz Ferdinand en el encuentro de «las diversas nacionalidades» de su «Estado multinacional», al menos «un poco».[49]

Al otro lado del Canal de la Mancha, William Cavendish Bentinck, duque de Portland, miembro de los asesores de la monarquía del gobierno británico y primo de la reina Mary, escribió lo siguiente sobre su amigo austriaco:

> De 1900 a 1910 se desarrolló una incesante lucha dentro del país, durante la cual el archiduque hizo un gran esfuerzo para lograr un rejuvenecimiento del Estado [...] Poco a poco, esas ideas se impusieron en Austria, y el archiduque encontró seguidores entusiastas que lo ayudaron a remodelar el viejo Estado de manera que cada nación dentro de sus fronteras tuviera «un lugar bajo el sol» [...] Su única meta en la vida era la paz, su política era claramente constructiva y su mayor alegría era embellecer todo aquello con lo que entraba en contacto. Su inalterable determinación era luchar por un mejor nivel de vida para todos los pueblos y crear una paz interior con la máxima justicia para todos.[50]

Franz Ferdinand no era un idealista, sino un realista que reconocía que la tendencia ascendente del nacionalismo podía desatar furias étnicas y Rassenkrieg, una apocalíptica guerra racial que enfrentaría a los grupos étnicos unos contra otros. Dicha guerra destruiría no solo al Imperio Habsburgo, sino a toda Europa.

Los amargos años que Adolf Hitler pasó en Viena lo convencieron de que una guerra racial no solo era inevitable, sino purificadora y deseable.[51] Para él, entre más pronto llegara esa guerra, mejor. Solo cuando Austria fuera destruida y Alemania liberada de las influencias extranjeras, cuando aquellos a los que veía como inferiores fueran expulsados, esclavizados o eliminados, Alemania alcanzaría su verdadera grandeza. Cuando Hitler se enteró del asesinato del archiduque el 28 de junio de 1914, se postró de rodillas, agradeció a Dios y lloró de alegría. En ese tiempo casi nadie pensaba que el asesinato en Sarajevo provocaría una guerra. Pero Hitler estaba seguro de que la guerra por la que tanto había orado estaba a la vuelta de la esquina.[52] La muerte de ese pacificador al que odiaba más que a nadie hacía que la guerra fuera inevitable. La guerra llegó exactamente un mes después del asesinato.

2

El artista, el archiduque y el emperador

«Viví en los palacios de la imaginación».

ADOLF HITLER

«¡Shhhh! Silencio. El emperador está muerto, pero no lo sabe».

Chiste popular vienés de principios del siglo XX

«Siento un cariño indómito por Viena, pero conozco sus abismos».

SIGMUND FREUD

CUANDO EN 1907 abordó un tren desde la ciudad donde vivía, Linz,[1] Adolf Hitler era un adolescente de 18 años que había abandonado la escuela. Pese a la velocidad y eficiencia de la vía férrea del Estado imperial y real austriaco, el viaje fue lento. Iba en un tren lechero que cargaba y descargaba leche, frutas, verduras y personas en pueblos y aldeas a lo largo del serpenteante río Danubio. Hitler no tenía prisa. Llevaba consigo maletas llenas de libros y sus sueños de convertirse en un artista o arquitecto de renombre. No tenía ninguna duda de que el éxito lo esperaba en la capital del poderoso Imperio Habsburgo.[2]

A ochenta kilómetros de su destino, la máquina de vapor fue bajando la velocidad hasta detenerse en el pequeño pueblo de Pöchlarn. En una colina cercana se encontraba el palacio de Artstetten, hogar de infancia del archiduque Franz Ferdinand d'Este, de 43 años, heredero al trono real e imperial de los Habsburgo. Desde la ventana de su asiento de tercera clase, Hitler no alcanzaba a ver al archiduque ni su imponente castillo. De cualquier modo, el frenético archiduque casi nunca estaba ahí. Siempre se estaba moviendo, pues era un hombre que amaba la velocidad en la era de la velocidad, un tradicionalista que aceptaba la modernidad.[3] Los vehículos de gasolina, eléctricos y de vapor competían para romper récords. No es coincidencia que el antiguo chofer de Franz Ferdinand fuera Ferdinand Porsche, ganador de carreras de velocidad por toda Europa y diseñador del primer automóvil híbrido de gasolina y eléctrico.[4]

No todos aceptaban los tiempos modernos. Tal como un reloj antiguo y perfectamente calibrado, el legendario emperador Franz Joseph salió del palacio de Schönbrunn a las afueras de Viena exactamente a las 7:00 a. m. A continuación recorrió en un carruaje tirado por caballos la Mariahilfstrasse, la principal calle comercial de Viena, para realizar sus deberes públicos en el palacio de Hofburg. A las cuatro y cuarto volvió al palacio donde había nacido 77 años antes. Ahí, trabajó hasta la noche leyendo misivas y firmando papeles.[5]

Ocho caballos lipizzanos tan blancos como la nieve tiraban en perfecta sincronía de su carruaje bañado en oro. Todos tenían un andar erguido y majestuoso, como el del mismo emperador. Franz Joseph y su carruaje de caballos eran imágenes de otro siglo. El rey de Inglaterra, Edward VII, tuvo que convencer al emperador austriaco de hacer un único viaje en automóvil. Sobre su aventura de 1908, Franz Joseph declaró: «Apestaba, y no se podía ver nada».[6] Si realmente pronunció esas palabras, fue una de las pocas veces en que Franz Joseph reveló una opinión honesta del hombre que estaba detrás de la máscara pública.

El monarca, rodeado por la deslumbrante pompa, ceremonia y etiqueta de su corte, proyectaba una imagen paternal de estabilidad, permanencia y continuidad.[7] La imagen fue cuidadosamente preparada por el inigualable equipo de relaciones públicas de palacio.

Quizá eso era lo único moderno en él. Tras casi sesenta años en el trono, el aspecto de realeza de Franz Joseph le permitía al anciano monarca aferrarse a su rutina y mantenerse en el poder. Adolf Hitler, quien no era un fanático de los Habsburgo, reconoció a regañadientes que «La monarquía instituyó algo sumamente útil. Creó al ídolo de manera artificial. En cierto modo, tanta alharaca y tanto tinglado tenían sentido».[8] El reformista liberal Joseph Maria Baernreither, miembro del círculo cercano de Franz Ferdinand, tal vez hablaba por el frustrado archiduque cuando escribió que «La vida de nuestra época, que surge con fuerza, apenas llegaba a oídos del emperador como un murmullo distante [...] Él ya no entiende esta época, y pese a todo, el tiempo sigue pasando».[9]

El ritmo tranquilo de Franz Joseph contrastaba vivamente con el de su inquieto sobrino. Cuando Franz Ferdinand estaba en Viena, su enorme automóvil Graf & Stift hecho en Austria iba a la carrera y entraba y salía de Schönbrunn a toda velocidad por el camino de grava, desde su casa y oficina en el palacio de Belvedere o de regreso.[10] El contraste entre el emperador y el archiduque estaba a la vista de todos. Uno parecía tener agua helada en las venas, y el otro aceite hirviendo. El vapor que esto generaba hacía imposible que se vieran con claridad y se entendieran uno al otro.

Cuando Hitler llegó a Viena el dinero que le heredó su padre le permitió rentar un pequeño cuarto trasero en un edificio atestado en el corazón de la ciudad.[11] El sitio le proporcionó privacidad, pero también lo puso cerca del gran bulevar Ringstrasse y del palacio de Hofburg de Franz Joseph, con sus dos mil seiscientas habitaciones, al norte; del palacio de Schönbrunn y sus jardines al sur, y del palacio de Belvedere de Franz Ferdinand al este. A su alrededor había museos, parques, teatros y maravillosas obras arquitectónicas y monumentos.

En Viena no había forma de escapar de los Habsburgo. La primera postal que Hitler envió a casa a su único amigo, August

Kubizek, mostraba la Karlsplatz y la Karlskirche de la ciudad, una famosa plaza y una iglesia nombradas en honor de un emperador Habsburgo fallecido hacía mucho tiempo. En la postal, Hitler escribió: «Todo me parece muy hermoso».[12] Después le dijo en persona: «Podía pasarme horas frente a la ópera, horas mirando el parlamento; el bulevar Ring me parecía un ensueño sacado de *Las mil y una noches*».[13]

Al principio la cosmopolita ciudad lo cautivó. Más tarde, Hitler recordaría así con su círculo cercano nazi la Viena de los Habsburgo:

> Riquezas deslumbrantes y asquerosa pobreza se alternaban bruscamente. En el centro y en los distritos interiores podías sentir el pulso de ese reino de 52 millones [de habitantes], con toda la ambigua magia del crisol nacional. La corte, con su deslumbrante glamur, atraía la opulencia y la inteligencia del resto del país como un imán. A esto se le sumaba la fuerte centralización de la monarquía Habsburgo misma. Ofrecía, de algún modo, la única posibilidad de contener esa mezcla de naciones.[14]

Quizá más que cualquier otra metrópolis europea en los albores del siglo XX, Viena era un imán para pensadores, soñadores, artistas y urdidores. Los psicólogos vanguardistas Sigmund Freud y Hermine Hug-Hellmuth, el exitoso autor Stefan Zweig, el pintor Gustav Klimt, la filántropa Adele Bloch-Bauer, el compositor Gustav Mahler, la fumadora de puros, aristócrata y confidente Anna Sacher y la primera mujer en ganar el Premio Nobel de la Paz, Bertha von Suttner, convirtieron la ciudad en su casa. El padre del sionismo Theodor Herzl, el cineasta Fritz Lang, la actriz y cantante Lotte Lenya, la inventora y estrella de cine Hedy Lamarr, los revolucionarios Joseph Tito, León Trotsky y Joseph Stalin también vivieron ahí en su momento.[15] A los austriacos les gustaba presumir que el mundo moderno nació en Viena.

Viena en 1907 era una ciudad radicalmente diferente a la que el padre de Hitler encontró cincuenta años atrás, cuando era un adolescente de 13 años que se fue de casa.[16] También era diferente a la que la madre de Hitler, 23 años menor que su padre, conoció al visitarla de niña.[17] Solo el emperador seguía siendo el mismo. La inmigración había cuadruplicado la población de Viena hasta alcanzar casi dos millones de personas, que traían consigo un tapiz viviente de idiomas, religiones, comidas, música, ropa y tradiciones.[18] En el centro estaba Franz Joseph, el eje que lo sostenía todo. Los inmigrantes no llegaron hasta ahí por el emperador, sino por la movilidad ascendente que ofrecía su imperio.[19]

Esa movilidad ascendente evadía a Adolf Hitler. Le sorprendió no pasar el examen de admisión a la Academia de Bellas Artes. Años después escribió que ese rechazo le sentó como «un rayo que cayó del cielo… Abatido, dejé [el] imponente edificio en la Schillerplatz, por primera vez en mi joven vida, en conflicto conmigo mismo».[20]

Un segundo golpe lo devolvió a Linz. Su amada madre estaba muriendo de cáncer. Volvió para cuidarla, pero ella murió cinco días antes de Navidad. Las festividades se le arruinaron para siempre. En unos meses el mundo que había conocido y el mundo que se había imaginado se hicieron pedazos. Eduard Bloch, el doctor judío que cuidó a la madre de Hitler durante sus últimos días, escribió después sobre él:

> Era alto y pálido y parecía mayor de lo que en realidad era. Sus ojos, que había heredado de su madre, eran enormes, llenos de melancolía y profundidad. En casi todos los sentidos, ese muchacho vivía dentro de sí mismo. ¿Qué sueños tenía? No lo sé.[21]

Como su padre también había muerto ya, en febrero de 1908 Hitler volvió, como huérfano, a una Viena invernal. La pequeña herencia de su padre y la pensión de huérfano de su madre le proporcionarían lo suficiente para quedarse en Viena durante un año. Estaba seguro de que en el siguiente intento sí pasaría el examen de admisión a la Academia. Hasta entonces, con frecuencia dormía en su habitación hasta el mediodía. Cuando estaba despierto, pasaba sus horas en habitaciones con calefacción o cafés donde podía leer y dibujar antes de irse a explorar los museos de la ciudad. Las tardes estaban reservadas para la ópera. El hambre se volvió parte de su vida, pero prefería alimentar sus sueños con música, que su cuerpo con comida.[22]

El joven Hitler no hizo amigos en Viena y solo tenía uno en Linz. Dos años antes había conocido a August Kubizek en el gallinero del teatro local de Linz. Descubrieron que ambos compartían el amor por la música y la poesía, que en la escuela sacaban malas calificaciones y que no tenían más amigos. Sus madres habían perdido tres hijos cada una. Ambos eran sobrevivientes.[23]

Kubizek nunca había vivido fuera de Linz. Por su parte, tras el nacimiento de Hitler en el pueblo fronterizo de Braunau am Inn, en Austria, su padre, siempre inquieto, hizo que su familia cambiara de residencia siete veces. Tras ir a cinco escuelas distintas y reprobar dos veces, Hitler abandonó los estudios a los 15 años sin graduarse.[24] Quizá lo que más lo atraía de Kubizek era que su solitario amigo sabía escuchar.[25] Hitler solía hablar mucho, pero no tenía un público habitual; era un líder que buscaba seguidores. En Linz, encontró en Kubizek a su primer discípulo, a quien pronto intentó convencer de que se inscribiera al famoso Conservatorio de Música de Viena. Desde su diminuto cuarto de alquiler, escribió: «¡Toda Viena te está esperando!».[26] Creyera eso acerca de su amigo o no, sin duda lo creía acerca de sí mismo.

Los padres de August se opusieron tajantemente a que su único hijo se fuera de Linz. Cuando Hitler volvió para cuidar a su madre moribunda, aprovechó la oportunidad para hacerles cambiar de opinión. Su sorprendente victoria fue una de las primeras pruebas de su habilidad para convencer a los demás a través de la palabra.[27] August Kubizek pronto llegó a la misma estación que llevó a Hitler hasta Viena. La multitud de personas, imágenes y sonidos de la ciudad casi lo apabulló. Pero enseguida reconoció a Adolf entre la gente, vestido con un elegante abrigo negro, un sombrero a juego y un bastón de ébano con empuñadura de marfil en la mano.[28]

La magia ilusoria que Hitler había creado desapareció por un momento cuando August vio el cuarto, «maltratado y miserable», donde vivía su amigo.[29] Una caminata de 15 minutos hasta el maravilloso teatro de la ópera, la Ringstrasse y la catedral de San Esteban lo reanimó. Incapaz de encontrar alojamiento, él y Adolf acordaron dividirse la renta y se mudaron a un cuarto un poco más grande que les ofreció la casera de Hitler. August aplicó y fue rápidamente admitido en el Conservatorio de Música de Viena. Hitler no le contó a su amigo que a él lo habían rechazado y hablaba como si tomara clases de arte.[30] Cuando el invierno terminó, Hitler no pasaba sus días en la escuela, sino recorriendo la ciudad y sentándose en los jardines cerca del palacio de Schönbrunn. Fue ahí, en su mesa y su banca favoritas, donde bosquejó y dibujó los edificios que veía, y soñó con reconstruir Linz y Viena.[31]

Cuando volvió a reprobar su examen de admisión, la personalidad de Hitler se ensombreció. August sabía que su amigo estaba afligido, pero no sabía por qué. En Linz, el delgado y mortalmente pálido Hitler siempre había sido sombrío. August lo recordaba así: «Era capaz de amar y admirar, de odiar y despreciar, todo con gran seriedad».[32] Pero en Viena de pronto parecía «desequilibrado».[33] El aspecto demacrado de Hitler, que andaba de un lado a otro sin poder dormir, y sus largos soliloquios llenos de rabia hacían que la habitación, de por sí lúgubre, se volviera una prisión claustrofóbica. Al fin, una noche, Hitler le ofreció a August su propia versión iracunda de la verdad. «La Academia está formada por un montón de funcionarios públicos y burócratas anticuados que carecen de comprensión y son solo masas estúpidas de empleados. Toda la Academia debería desaparecer». Entonces, y solo entonces, compartió su secreto. «Me rechazaron. Me rechazaron dos veces».[34]

August quedó impactado, pero el desprecio de su amigo hacia el personal académico decía mucho. Hitler asociaba amargamente a los «funcionarios públicos» con su padre, quien, lleno de orgullo, y algunos dirían que de arrogancia, desempeñaba el cargo de oficial de aduana para el gobierno de los Habsburgo.[35] Hitler proyectaba la personalidad rigorista de su padre en cualquier burócrata molesto que le pareciera que le faltaba al respeto. Tras la rabieta, Kubizek escribió que su compañero parecía «estar en contra del mundo. A donde quiera que miraba veía injusticia, odio y hostilidad. Nada quedaba libre de sus críticas. Nada estaba bien a sus ojos».[36] Todos los que lo rodeaban parecían avanzar, incluso el tímido compañero de cuarto que había traído de Linz.

En abril de 1909, Hitler recibió otro golpe. Una carta le informó a August que sería reclutado para el servicio militar. Si acaso era posible, Hitler se molestó más que el mismo Kubizek, alegando que su amigo era un músico, no un soldado.[37] El gobierno de Franz Joseph esperaba que todos los jóvenes del imperio sirvieran a su ejército. A Hitler, un año menor, le tocaba ser reclutado al año siguiente. Insistió en que August no respondiera al llamado, diciéndole que «el moribundo Imperio Habsburgo no merecía ni un solo soldado».[38] El lema del ejército, «Inseparable e indivisible», reflejaba la filosofía de los Habsburgo de tener a todos los grupos étnicos del imperio trabajando lado a lado en el ejército. La lealtad personal al emperador Habsburgo a través del servicio militar, y no de la religión, ni el idioma ni la nacionalidad, era lo que unía al políglota Imperio austrohúngaro. Para los Habsburgo el ejército era la base del imperio, pero para Hitler la idea de mezclar distintas «razas» era una aberración. Le insistió a August en que huyera a Alemania.[39]

August no estaba seguro, pero tras un viaje a Linz, las palabras de su padre, las lágrimas de su madre y el consejo de sus maestros de música en Viena lo convencieron de unirse a la reserva del ejército.[40] Su decisión decepcionó a Hitler, pero redujo la obligación militar de August, evitó que se convirtiera en fugitivo y le permitió terminar el semestre en el conservatorio. Fue la primera vez que Hitler no logró convencer a su amigo de que hiciera su voluntad. En ese momento Kubizek no lo comprendió, pero sus días de amistad estaban contados.

3

¿Será esto un judío?

«El vitriolo del odio comenzó a recorrer su cuerpo. Las nefastas realidades de la vida que llevaba lo motivaron a odiar al gobierno, a los sindicatos, a los mismos hombres con los que vivía. Pero aún no había comenzado a odiar a los judíos».

Doctor EDUARD BLOCH,
el médico judío de la familia Hitler

«Ya no andaba por la ciudad como un ciego».

ADOLF HITLER

«Todo aquello en lo que se convirtió después nació de esa Viena imperial moribunda».

AUGUST KUBIZEK, amigo de la infancia
y compañero de cuarto de Hitler en Viena

ESA PRIMAVERA, el jubileo de diamante del emperador Franz Joseph, que celebraba sus seis décadas en el trono, distrajeron brevemente a Hitler de su infelicidad. El emperador Wilhelm II y más realeza alemana de Wurtemberg, Sajonia y Baviera viajaron a Viena para la celebración.[1] Hitler amaba todo lo relacionado con Alemania.[2] La visita de Wilhelm II le concedió un descanso de sus frustraciones y de su creciente ira.

Junto con otros miles, Hitler vitoreó al emperador alemán y a su comitiva real en carruajes abiertos a su paso hacia el palacio de Schönbrunn. Los periódicos reportaron que la realeza se reunió en la habitación de María Antonieta del palacio justo cuando se desató una terrible tormenta eléctrica sobre la ciudad.[3] La habitación debía su nombre a un enorme tapiz de María Antonieta y sus hijos, un regalo de Napoleón III de Francia. Ningún miembro de la realeza había tenido la insolencia de mencionar el trágico destino de la reina francesa que nació siendo archiduquesa de Habsburgo, ni la desgracia que asoló a sus hijos.

Wilhelm II aprovechó la ocasión para reconocer a Franz Joseph como la encarnación de «tres generaciones de príncipes alemanes».[4] El emperador de Austria, quien quería apagar las llamas del pangermanismo entre sus súbditos, alababa las metas pacíficas y los elevados ideales de los «principios monárquicos».[5] La negativa de Franz Joseph a aceptar su herencia alemana revelaba las tensiones que se ocultaban tras su alianza militar. Hitler odiaba la alianza. Esa paz y el imperio multiétnico de los Habsburgo eran amenazas al nacionalismo alemán, la unificación y la expansión. Años después, al mirar esa alianza con amargura, y tras la derrota de Alemania en la Primera Guerra Mundial, escribió:

> Ese Estado muerto en vida se alió con Alemania, y no para luchar hasta el fin de la guerra, sino para conservar una paz eterna que pudiera usarse con astucia para la lenta pero segura exterminación del germanismo en la monarquía. Esta alianza era imposible por otra razón, pues no podíamos esperar que un Estado tomara la ofensiva para defender los intereses nacionales de Alemania mientras no tuviera el poder y la determinación de poner fin al proceso de desgermanización en sus propias fronteras inmediatas. Si Alemania no tenía suficiente conciencia nacional y la despiadada determinación de arrebatar el poder sobre los destinos de diez millones de camaradas nacionales de las manos del imposible Estado de los Habsburgo, entonces realmente no teníamos el derecho de esperar que ella tendiera su mano a planes tan previsores y audaces. La actitud del viejo

> Reich acerca del tema austriaco fue la piedra angular de la conducta en la lucha por el destino de toda la nación.[6]

En junio de 1908, 12 mil personas a pie, cuatro mil caballos y miles de soldados, cantantes, bailarines y músicos con ropas coloridas se reunieron en la Ringstrasse para honrar el jubileo de diamante de Franz Joseph. La procesión, de tres horas y bajo un sol implacable, celebró al histórico, multiétnico y multicultural arcoíris que era el Imperio Habsburgo. El mariscal honorario del desfile le dedicó unas palabras al emperador; declaró: «Todas las nacionalidades de Austria le agradecen, Su Majestad, el poder desfilar con una bulliciosa alegría, conscientes de que son el pueblo austriaco y los leales súbditos de un gobernante y emperador infinitamente noble».[7] Los periódicos reportaron los vítores de docenas de nacionalidades «en sus propias lenguas maternas».[8]

Entre los participantes más apasionados se encontraba la población judía de la ciudad. Tanto en público como en privado alababan la tolerancia religiosa de Franz Joseph y las protecciones legales que les aseguraba. Muchos se referían a él cariñosamente como «su ángel guardián, custodio y santo patrono».[9] Esta lealtad de los judíos de Viena no era compartida por todos. Muchos húngaros, checos, croatas e italianos nacionalistas se negaron a participar en el desfile por razones políticas. Pero otros miles de todo el imperio observaron felices el espectáculo con sus característicos sombreros, colores y trajes típicos. Hitler estaba horrorizado por «el aspecto y la ropa exótica» de los presentes.[10] Las demostraciones patrióticas de cualquier grupo que celebraran al Imperio Habsburgo despertaban su ira y su paranoia étnica.

Incluso escuchar idiomas o dialectos extranjeros en la calle lo hacía enojar. Su compañero de departamento recordaba cómo Hitler se aferraba a su brazo al escuchar otros idiomas, en especial el checo.[11] «¡Ahí está tu Viena alemana! ¿Acaso Viena, que se desbordaba de checos, húngaros, croatas, polacos, italianos, eslovacos, ucranianos y sobre todo judíos de Galitzia, seguía siendo una ciudad alemana?»,[12] se quejaba con amargura. En ese tiempo, August Kubizek escribió:

> En el estado de las cosas en Viena, mi amigo veía un símbolo de la lucha de los alemanes en el Imperio Habsburgo. Odiaba esa Babel en las calles de Viena, ese «incesto encarnado», como él mismo lo llamaba... Odiaba al Estado que arruinó al germanismo y los pilares en que se apoyaba: la casa gobernante, la nobleza, los capitalistas y los judíos.[13]

Hitler mismo escribió que «La visión de la vida en las calles de Viena generó en mí reflexiones invaluables. Llegó un momento en el que ya no andaba por la ciudad como un ciego, sino con ojos abiertos que no solo veían los edificios, sino también a la gente».[14]

Franz Ferdinand fue el anfitrión de muchos de los eventos del jubileo de diamante por la edad avanzada del emperador. Su esposa, Sophie, quien recibió el título de condesa de Hohenberg, no se veía por ninguna parte. Su cuarto embarazo fue una conveniente excusa para su ausencia. Fuera de Adolf Hitler, quizá las únicas personas a las que les repugnaba más el matrimonio checo del archiduque eran sus parientes Habsburgo.[15]

Sophie Chotek, condesa de Hohenberg, no era de la realeza. Su nombre no aparecía en ninguna parte de la lista aprobada de esposas que los Habsburgo entregaron a las cortes católicas de Europa. Era descendiente de una distinguida familia de la nobleza checa, pero su sangre no era lo bastante azul para ellos. Lo peor para los Habsburgo, tan preocupados por el linaje, era la antigua posición de Sophie. Cuando el archiduque conoció a su futura esposa, la pobreza familiar la había obligado a tomar un trabajo de dama de compañía como camarera de su prima, una archiduquesa Habsburgo.[16]

Para que Franz Ferdinand pudiera seguir siendo heredero al trono, su tío el emperador tuvo que consentir formalmente su elección de esposa; pero su Majestad Apostólica, Real e Imperial, su gobierno y la propia familia del archiduque no la aprobaban.[17] Para ellos, Sophie Chotek nunca podría ser aceptada como esposa de la realeza tras haber sido una simple criada.[18] Para los románticos, ese romance entre el rico y la pobre era como un cuento de hadas. Para los Habsburgo no. Para ellos era una pesadilla, una afrenta a sus propios matrimonios dinásticos desgraciados. La archiduquesa Isabella Hedwig Habsburgo, exempleadora de Sophie y famosa por sus ropas suntuosas, sus joyas exageradas y su sobrepeso, se quejaba amargamente diciendo: «¡Así nos paga esa muchacha ladina, con su falsedad eslava, por lo amables que fuimos con ella!».[19]

La viuda del príncipe heredero Rudolf, la princesa Stéphanie de Bélgica, escribió sobre la triste realidad de que la mayoría de los miembros de la realeza contraían matrimonios infelices con sus propios primos y odiaban todo lo que se asemejara a una vida familiar normal.[20] Le confesó a su amiga, la condesa Bertha von Suttner: «El emperador no tiene corazón. No puede evitar ser estúpido, pero no tiene sentimientos».[21]

Tradicionalmente, los matrimonios dinásticos se basaban en el linaje, la genealogía y el dinero. Stéphanie era experta en el tema. Después de que su esposo le contagió la sífilis, él murió junto a su amante de 17 años en medio de un escándalo público que estremeció al imperio. Supuestamente, el emperador Franz Joseph también le contagió la sífilis a su propia esposa, la emperatriz Elisabeth, quien después sufrió un colapso nervioso que la dejó muy débil. Su matrimonio nunca se recuperó por completo. Elisabeth, quizá por conservar la cordura, eligió a una nueva amante para el emperador. La actriz Katharina Schratt fue su compañera hasta el final de su vida.[22]

Franz Ferdinand no necesitó más que observar a su hermano menor, Otto, para ver el lado trágico de los matrimonios arreglados por la corte. Aunque alguna vez fue considerado el Habsburgo más atractivo de todos, sus escándalos públicos y privados lo llevaron a una muerte lenta y dolorosa por la sífilis. Tras abandonar a la esposa que tanto odiaba, y ya con su nariz, laringe y reputación perdidas, solo su amante, su confesor y su leal madrastra estuvieron junto a él en su lecho de muerte.[23]

Tras tres años de amenazas, enredos, problemas y maniobras incesantes, el archiduque al fin se ganó el derecho a casarse con la mujer que amaba, pero él y Sophie sintieron toda la furia de la desaprobación del emperador. El 28 de junio de 1900 lo obligaron a hacer un juramento de renuncia que marcó a su matrimonio como morganático, un término antiguo que permitía que Sophie Chotek fuera su esposa legalmente, pero nunca sería aceptada como su igual en ceremonias públicas relacionadas con la corte imperial. Ella y los hijos nacidos de ese matrimonio jamás serían Habsburgo. Sus hijos recibieron el apellido Hohenberg, tomado de una rama extinta del árbol genealógico de los Habsburgo. Franz Ferdinand podía convertirse en emperador, pero su esposa nunca sería emperatriz o reina, y sus hijos no podrían heredar el trono.[24] La familia del archiduque fue condenada a mantenerse fuera de la familia real más influyente de toda Europa.

El humillante «juramento de renuncia» que permitió legalmente el matrimonio se llevó a cabo en el salón de asesores reales, decorado en rojo, blanco y dorado, en el área más recóndita del palacio de Hofburg. Franz Ferdinand hizo su «irrevocable» promesa, verbal y escrita, solo, de pie frente a los rostros imperturbables del emperador Franz Joseph y 15 archiduques Habsburgo tiesos y con el ceño fruncido.[25] Entre los archiduques de sangre azul había asesinos, pederastas, mujeriegos, golpeadores de mujeres, violadores y el hermano menor del emperador, famoso travesti y recientemente exiliado. También fueron testigos los más altos niveles del imperio, cien líderes religiosos, civiles y de gobierno seleccionados de manera cuidadosa. No hubo ni la más mínima consideración a los sentimientos del archiduque. El palacio dio a conocer a la prensa hasta el detalle más humillante de la ceremonia, elaboradamente orquestada.

Tres días después, el heredero feliz pero lleno de amargura se casó con la empobrecida condesa checa a la que amaba. Toda la familia imperial boicoteó su boda, salvo su leal madrastra, la archiduquesa Maria-Theresa, y dos hermanastras menores.[26] La temeraria archiduquesa organizó la boda en su castillo de verano, a kilómetros de la Viena de Franz Joseph. Su hijastro demostró ser un increíble opositor para la clase dirigente y las tradiciones. Impuso su voluntad ante el estricto emperador y su inflexible corte.

Los problemas personales, las rencillas y los escándalos del pasado, el presente y el futuro de la conflictiva familia de Franz Ferdinand no le interesaban a Adolf Hitler, salvo ese matrimonio de los Habsburgo. Lo veía como un intento de parte de Franz Ferdinand por crear un «fuerte bloque católico-eslavo» que socavaría la influencia alemana en Austria y terminaría por dominar a Europa.[27] Para Hitler, el matrimonio entre un austriaco y una eslava era una aberración racial. Combinaba su odio por los Habsburgo con su profundo rechazo a los checos.

Cuatro archiduquesas Habsburgo tenían razones más personales para rechazar ese matrimonio. La archiduquesa Isabella Hedwig nunca le perdonó al archiduque que se casara con su camarera en vez de con una de sus ocho hijas solteras y muy poco atractivas. También rechazó repetidamente a la archiduquesa Maria Josepha como consorte antes de que ella iniciara un infeliz matrimonio con Otto, su hermano el mujeriego. La archiduquesa Marie Valerie, la hija más joven y la preferida del emperador, defendía con ferocidad el bando de su padre en cualquier disputa familiar. Ella, más que cualquier otra persona, sabía lo mucho que el emperador se oponía, odiaba y rechazaba la elección de esposa del archiduque. La única hija del príncipe heredero Rudolf, la archiduquesa Elisabeth Marie, odiaba al hombre que tomó el lugar de su padre como heredero al trono. Si los Habsburgo hubieran permitido que una mujer heredara el trono, ella habría sido emperatriz. Las cuatro furiosas mujeres se unieron. Individual y colectivamente hicieron todo lo que estaba en su mano para socavar y destruir a Franz Ferdinand y a su esposa.[28]

Quizá los únicos que no estaban al tanto del escándalo que precedió a sus nacimientos fueron los tres hijos pequeños del matrimonio del archiduque. Para cuando llegó el jubileo de diamante del emperador, su edad y su estatus de invisibilidad les permitió participar en las celebraciones e ignorar alegremente las intrigas de la corte que los rodeaban. El 21 de mayo de 1908 la princesa Sophie, de ocho años, el príncipe Maximilian, de seis, y el príncipe Ernst, de cuatro, se unieron a otros 82 mil alumnos en el jardín del palacio de Schönbrunn para ver, saludar y cantar a su emperador. Franz Joseph parecía profundamente conmovido. Se dirigió a su joven público diciéndole: «Entre más viejo me hago, más me gustan los niños».[29]

El comentario debió lastimar a Franz Ferdinand. Aunque hacía dos décadas que era heredero al trono, sus hijos nunca habían conocido al emperador. Más tarde ese mismo año, los miembros más jóvenes de la familia Habsburgo fueron invitados a presentarle un *tableau vivant* a Franz Joseph en el teatro privado del palacio de Schönbrunn. Para sorpresa y alegría del archiduque, sus hijos fueron incluidos. Se leerían poemas, se cantarían canciones y se entregarían flores. Sophie, Max y Ernst ensayaron durante semanas. Se confeccionaron trajes especiales para ellos. Franz Ferdinand estaba tan complacido que encargó un retrato de sus hijos para conmemorar el evento. Esa tarde las actividades salieron bien, pero sus hijos no fueron presentados con Franz Joseph antes, durante ni después de su acto.[30]

El archiduque no fue el único que se decepcionó durante las celebraciones. Para gran molestia de Hitler, el jubileo de diamante le impidió visitar su banca favorita en los jardines públicos de Schönbrunn.[31] Mientras se acercaba el día en que August Kubizek dejaría Viena, ambos pasaron semanas explorando la campiña a las afueras de la ciudad. Ahí evitarían la multitud de turistas «extranjeros» que los invadían y Hitler podría concretar sus pensamientos y expresar su rabia.[32] Más tarde, Kubizek escribió:

> Hitler sentía que el Estado de los Habsburgo debía caer, y entre más pronto, mejor, pues cada momento que continuaba existiendo les costaba a los alemanes honor, propiedades y hasta su propia vida. Veía en la fanática lucha interna de sus razas los síntomas decisivos de su próxima caída. Visitaba el parlamento para sentir, por decirlo así, el pulso del paciente, cuyo próximo fallecimiento era esperado por todos. Aguardaba con impaciencia la llegada de esa hora, pues solo el colapso del Imperio Habsburgo podría abrirles el camino a las maquinaciones con las que soñaba en sus horas solitarias.[33]

Poco después de que su compañero de cuarto se marchara al entrenamiento militar, Hitler se encontró con un judío jasídico que vendía listones, hilo y botones en la calle. Algunos mercaderes eludían la ley vienesa que prohibía mendigar vendiendo con tono agresivo algunos cachivaches que podían esconder fácilmente de la policía. El pordiosero llevaba las típicas botas pesadas y una túnica larga y oscura, y tenía una barba densa y las rastas trenzadas de los judíos de Europa del Este. Hitler quedó horrorizado. Nunca olvidó su repulsión inicial:

> Lo primero que pensé fue: «¿Será esto un judío?». No tienen este aspecto en Linz. Le lancé unas miradas de soslayo, pero entre más

> veía su rostro extranjero y examinaba sus rasgos uno por uno, mi primera pregunta cambiaba: «¿Esto es un alemán?».[34]

Los judíos en la ciudad de Hitler, Linz, incluyendo al doctor Bloch, quien atendió a su madre moribunda, se veían como cualquier otro ciudadano.[35] Parecían estar perfectamente integrados en la sociedad austriaca. En la cabeza de Hitler, su encuentro con el pobre mendigo jasídico desenmascaró la verdad detrás de la fachada judía. Un policía arrestó al hombre por pedir dinero, y Hitler aceptó enseguida hacer de testigo en su contra. Cuando cachearon al «pobre» pordiosero, encontraron tres mil coronas, una cantidad considerable en ese tiempo, debajo de su caftán. Como su dinero cada vez disminuía más, en la cabeza de Hitler la evidencia de la duplicidad de los judíos se reforzó. Aquello resultó ser uno de los momentos más decisivos de su vida. Le contó y recontó la historia a su compañero de piso durante horas.[36]

Los dos amigos acordaron seguir viviendo juntos cuando August volviera de sus ocho semanas en el servicio militar.[37] Hitler lo acompañó hasta la estación de tren repitiendo «por enésima vez lo poco que quería estar solo».[38] El estudiante de arte rechazado tomó de las manos al exitoso estudiante de música, le dio un apretón, se dio vuelta y se perdió entre la multitud. August recibió varias cartas de Hitler quejándose de su existencia «como de ermitaño».[39] Luego, el 7 de octubre de 1908, el gobierno de Franz Joseph hizo un anuncio que dejó perplejo a Adolf Hitler, a Franz Ferdinand y a casi toda Europa.

Como regalo por el jubileo de diamante del emperador y con su venia, su propio ministro de Relaciones Exteriores anunció que los territorios balcánicos de Bosnia-Herzegovina serían anexados por Austria al Imperio Habsburgo.[40] Viena había administrado durante treinta años estas antiguas provincias del Imperio otomano tras la desintegración de este. La reciente revolución en

Turquía parecía ofrecerles una oportunidad para quedárselas para siempre. Su anexión añadió a casi dos millones de eslavos a lo que ya era la nación más diversa y multicultural de Europa. Hitler lo vio como un ejemplo concreto de la «eslavización de Austria».[41] Él creía que «la casa gobernante antialemana» había traicionado una vez más a sus ciudadanos alemanes.[42] Franz Ferdinand también se molestó, pero por otras razones. Llevaba más de una década trabajando la amistad con Nicolás II, el zar de Rusia, y temía que la anexión pudiera molestar a ese país.[43] El enorme vecino al este de Austria era el hogar de la más grande concentración de eslavos y cristianos ortodoxos occidentales en Europa. Nicolás se veía a sí mismo como el promotor y protector natural de los eslavos meridionales. La expansión del católico Imperio Habsburgo, su rival político y religioso en la región desde hacía siglos, podía provocar la guerra. El archiduque le escribió lo siguiente a uno de sus asistentes del ejército:

> ¿Qué caso podría tener enfrentarse a Rusia? Ni siquiera Napoleón podría tener éxito. Y aunque venciéramos a Rusia, lo cual a mí me parece sencillamente imposible, una victoria así solo sería la máxima tragedia para la monarquía austriaca.[44]

Franz Ferdinand era el rostro público del poder militar del Imperio austrohúngaro. Tanto amigos como enemigos lo reconocían como el hombre que condujo al ejército del emperador al siglo XX, y creó una fuerza naval moderna casi sin ayuda. Fuera del círculo más íntimo de los Habsburgo, pocos sabían que también era el líder del partido pacifista del gobierno.[45] El archiduque se oponía con vehemencia a la anexión de Bosnia-Herzegovina, y sobre esto, escribió cual profecía: «¡Una guerra con Rusia nos acabará! ¿El emperador de Austria y el zar van a luchar por destronarse para abrirle paso a la revolución?».[46]

Hitler creía que Franz Ferdinand era el malvado catalizador y la mente que estaba detrás de la anexión. Pero, en realidad, el ambiguo ministro de Relaciones Exteriores del imperio, el barón Alois von Aehrenthal, y el que anteriormente había sido su protegido, el jefe del Estado Mayor del ejército, Conrad von Hötzendorf, se impusieron ante sus apasionados argumentos.[47] Como respuesta, el archiduque se fue de Viena furioso y se llevó a su familia a St. Moritz, pero siguió lleno de ira y pasó noches sin dormir hasta que, tras varias semanas de actividades diplomáticas, se logró evitar la guerra. La crisis inmediata pasó, pero la desconfianza, el miedo y los peligrosos efectos colaterales de lo acontecido permanecieron en las capitales de Europa.[48] El emperador de Alemania, Wilhelm II, sintió la necesidad de ofrecerle una explicación y tranquilizar a su primo Nicolás II, el zar de Rusia. En una carta en la que se dirigía a él como «Mi queridísimo Nicky», escribió:

> La anexión de Bosnia y Herzegovina fue una verdadera sorpresa para todos, pero en especial para nosotros, pues se nos informó de las intenciones de Austria incluso después que a ustedes [...] Claro [...] esas pequeñas tierras eran un terrible lastre [...] El más mínimo apoyo desde cualquier flanco las enloquece [...] Espero con todo mi corazón que, a pesar de las numerosas y serias dificultades que se deben franquear, se logre una solución pacífica; cualquier cosa que yo pueda hacer para lograr ese fin, sin duda la haré. ¡Te doy mi palabra! [...] Tu devoto primo y sincero amigo. Willy.[49]

Esta fue la tensa atmósfera política que August Kubizek encontró a su regreso a Viena tras su entrenamiento para la reserva militar el 20 de noviembre de 1908. Hitler había quedado de verlo en la estación de tren, pero nunca apareció. August fue a pie hasta su departamento, en el número 29 de Stumpergasse, pero al llegar se enteró de que se lo habían rentado a alguien más. Su casera, Frau

Zakerys, le dijo que Hitler se fue sin dejar una nueva dirección.[50] August rentó otro lugar, volvió al conservatorio para seguir con sus estudios y siguió buscando a su amigo. Hitler no se había ido de Viena, pero evitaba a conciencia todos los lugares que solían frecuentar.

Pasarían años antes de que August descubriera qué pasó con él. Al reflexionar sobre el tiempo que pasaron juntos, Kubizek escribió: «La vieja ciudad imperial, con su atmósfera de falso glamur y falso romance, y su ahora evidente decadencia, fue la tierra en la que germinaron sus opiniones políticas y sociales. Todo aquello en lo que se convirtió después nació de esa Viena imperial moribunda».[51]

4

El león y el cordero

«Viena fue y siguió siendo para mí la escuela más dura de mi vida».
ADOLF HITLER

«Era la pareja ideal para un hombre tan tenso, y ella sabía cómo manejarlo».
Archiduquesa ZITA, sobre la esposa de Franz Ferdinand

EL 2 DE DICIEMBRE de 1908 el archiduque Franz Ferdinand encabezó los últimos eventos en celebración del jubileo de diamante del emperador Franz Joseph. Todos los archiduques y archiduquesas Habsburgo acudieron a una brillante velada en el palacio de Hofburg. Su propia esposa no había sido vista en Viena desde que había dado a luz a un hijo que nació muerto a inicios de noviembre. Él y su familia sufrieron profundamente la pérdida, pero la tragedia fue ignorada por la corte de los Habsburgo.[1]

Esa misma noche se presentó un concierto titulado *El sueño del emperador* en el teatro de la ópera de Viena. Una ovación eufórica acompañó a Franz Joseph al entrar y salir del evento. La obra presentaba a un actor que hacía el papel de un fundador de la dinastía Habsburgo en el siglo XIII, Rudolf, quien soñaba con la futura grandeza de Austria. Se mostraron escenas de la boda real de 1515 que puso a Bohemia y a Hungría bajo la corona de los Habsburgo, la derrota de los turcos otomanos en 1683 a las puertas de Viena, la emperatriz Maria Theresa y sus hijos que escuchaban un recital de

Amadeus Mozart de 1762, el congreso de Viena de 1815 y otros triunfos gloriosos en la larga historia del imperio.[2]

La narradora que representaba al Futuro predijo: «Aquello que plantaste, lo verás florecer una vez más… el amor une al pueblo con su gobernante».[3] Los actores que representaban las distintas nacionalidades se unieron bajo la corona de Franz Joseph para proclamar «una visión de la monarquía como un armonioso mosaico de personas y culturas que avanzan con seguridad hacia el futuro, guiados por la experiencia de la sagrada casa de Habsburgo». La cumbre de la velada fue la unión de todas las voces en el escenario «en el canto colectivo del himno del Estado».[4]

Vista desde afuera, la dinastía Habsburgo parecía estar en la cima de su poder y gloria, pero debajo de la deslumbrante superficie había fisuras. Cuando terminó el espectáculo, al emperador le entregaron discretamente un mensaje en código desde Praga. Los conflictos entre checos y alemanes nacionalistas habían obligado a las autoridades a declarar la ley marcial.[5] El rostro impertérrito del monarca no reveló ni una pista del contenido de la misiva durante toda la tarde.

Al día siguiente, en un artículo en la página principal del *Prager Tagblatt* se leía: «De todos los sueños del emperador, el sueño que ha albergado desde su juventud de crear paz entre sus pueblos ha sido el que menos se ha materializado y el que más cruelmente se ha visto destruido».[6] Franz Joseph soñaba con un futuro pacífico, aunque las bases de su imparable imperio temblaban bajo su trono. Si Adolf Hitler no hubiera estado sumido en la desesperación, podría haber celebrado el cisma entre el emperador Habsburgo y sus súbditos checos. Ya no vivía en el departamento que alguna vez compartió con August Kubizek, pues no podía pagar la renta. Al no atreverse a dar la cara ante su amigo, se mudó a un lugar más barato, pero la pobreza y el hambre lo siguieron.[7] Se fue trasladando a barrios cada vez más y más pobres, incapaz de escapar de las frustraciones, la ira y la desesperanza que lo perseguían. En el camino, Hitler se vio obligado a vender su abrigo, su bastón con empuñadura de marfil, casi todos sus libros y hasta sus materiales de arte. Al final, incapaz de pagar ni la renta más pequeña, se quedó en la calle.[8]

Hitler fue a la ciudad para recibir educación, y la recibió en los suburbios. Acerca de esta época escribió después: «He estado tan ocupado con mi propio destino que no pude preocuparme mucho por la gente que me rodeaba».[9] Cuando las bancas de los parques y los portales se convirtieron en su cama, fue esa gente invisible a la que había ignorado la que le enseñó cómo sobrevivir y mucho más. La experiencia no aumentó su empatía, pero sí generó en él una extraña reflexión sobre el pensamiento, los sentimientos y la rabia de la clase baja.

Hitler siempre había desdeñado lo que consideraba «talachas para ganarse el pan», pero la policía, los borrachos, la lluvia y un invierno temprano lo convencieron de tomar un trabajo en la construcción. «Solo busqué un trabajo para evitar morirme de hambre, solo para conseguir una oportunidad de seguir con mis estudios».[10] Sus compañeros de la obra, muchos de ellos socialistas, comunistas y sindicalistas, lo torturaban con su visión del mundo:

> Esos hombres rechazaban todo: la nación como una intervención de las clases «capitalistas» (¡cuántas veces me obligaron a escuchar esta palabra!), la patria como un instrumento de la burguesía para la explotación de las clases trabajadoras, la autoridad de la ley como medio para oprimir al proletariado, la escuela como una institución para crear esclavos y esclavistas, la religión como un medio para entorpecer a la gente y hacerla más fácil de explotar, la moralidad como síntoma de una paciencia estúpida y servil, etcétera.[11]

Hitler se preguntaba a sí mismo:

> ¿Esta gente es humana y digna de pertenecer a una gran nación? [...] Si se responde afirmativamente, la lucha de mi nacionalidad deja de valer la pena, con los obstáculos y sacrificios que los mejores tenemos que hacer por el bien de basura como esa; y si se responde negativamente, nuestra nación es lamentablemente pobre en cuanto a seres humanos.[12]

Las encendidas discusiones políticas con sus compañeros y las amenazas de «terror y violencia» lo convencieron de volver a las filas de los desempleados. Hitler escribió: «Unos cuantos voceros del otro bando me obligaron a abandonar el edificio de inmediato, o sería lanzado de los andamios».[13] El tiempo libre le permitió pasar horas evitando el duro clima de Viena, sentado al calor del edificio del parlamento escuchaba la cacofonía de debates y la multitud de dialectos e idiomas que se hablaban ahí. Las imágenes y los sonidos de «los pillos y los mentirosos» le ofrecieron un vínculo con su naciente villano favorito. «Solamente un judío puede alabar a una institución (como el parlamento) que es tan sucia y tan falsa como él mismo».[14] Para Hitler el parlamento era inútil. Se permitían hacer debates en diez idiomas sin intérpretes.[15] Para él, eso era prueba de que el multiculturalismo estaba fuera de control, un ejemplo más del fracaso de los Habsburgo para defender y proteger al idioma y al pueblo alemanes.

La vida en las calles llevó a Hitler a buscar asilo en un enorme refugio para indigentes en el barrio obrero de Meidling. El refugio literalmente estaba al otro lado de las vías detrás de la gran estación de trenes del sur. El palacio de Belvedere de Franz Ferdinand se encontraba en una colina cercana. Muchos, incluido Hitler, lo consideraban el palacio más hermoso de Viena. Debió parecerle una visión que se burlaba de él.

El pequeño espacio que alguna vez compartió con August Kubizek era lujoso en comparación con el refugio atestado a donde se fue a vivir. Hombres, mujeres y niños hacían fila desde temprano con la esperanza de recibir un pase de admisión de cinco días, pero, pese a su gran tamaño, nunca había suficiente espacio para los indigentes. En invierno los guardias rechazaban a cientos de personas. Los periódicos reportaban con frecuencia macabros descubrimientos de cuerpos congelados cerca de sus puertas cerradas.[16] El emperador era el mecenas real del asilo, pero su mantenimiento lo pagaban nobles judíos filántropos. Cuando Hitler llegó por primera vez a Viena, solía pasar por la mansión de cinco pisos de un benefactor del refugio en la Ringstrasse. Recién llegado, cuando asistía a la ópera bien vestido, no podía imaginarse que un día viviría en un asilo para indigentes pagado por el noble judío cuya mansión admiraba.

Fue en el dormitorio de Meidling donde Hitler encontró a un nuevo amigo que lo ayudó a navegar por los bajos mundos de la sociedad vienesa. Reinhold Hanisch era un alemán del Sudetenland que había viajado por toda Alemania y Austria. Hanisch le enseñó a «no acercarse nunca a un borracho», dónde encontrar comida y cómo ganar dinero.[17] Por las mañanas caminaban hacia el convento de las Hermanas de la Caridad, donde las monjas les daban sopa caliente a los indigentes. A mediodía andaban durante dos horas hasta otra beneficencia de un filántropo judío. La sopa y el pan que recibían ahí solía ser su última comida hasta la mañana siguiente.[18] Hitler se ganaba algunas monedas como cargador del equipaje de los pasajeros que llegaban a la estación de tren, pero su delgadez y su aspecto descuidado hacían que la mayoría de los viajeros lo evitara.[19] La gente rechazaba fácilmente al desaliñado maletero, con ropas tan delgadas que no lo protegían de las temperaturas cada vez más bajas. Al aproximarse la Navidad de 1909, Adolf Hitler se veía como otros cientos de vagos de Viena, con el cabello largo y oscuro sobre el cuello tenso, la barba y el bigote descuidados y una mano extendida.

Fue en ese invierno cuando paleó nieve afuera del Hotel Imperial, aquella noche que jamás olvidó.[20] La celebración dentro del esplendoroso hotel era en honor al archiduque Karl de Habsburgo. El sobrino y heredero de Franz Ferdinand.[21] Dado que el matrimonio de Franz Ferdinand era morganático y sus propios hijos no eran legalmente Habsburgo, no podían heredar el trono. Su sobrino Karl era su sucesor designado y se convertiría en emperador después de él. Pese al odio de Hitler por los Habsburgo, a veces quedaba fascinado con la pompa y la ceremonia de su corte. Aquella noche no fue una de esas veces. Mientras paleaba nieve bajo el frío inclemente, observaba con discreto desdén cómo aquel príncipe de 22 años entraba al palacio, donde lo recibía el calor de los aplausos y los vítores. Karl, apenas dos años menor que Hitler, parecía tener el mundo a sus pies.[22]

Durante la Navidad que Hitler pasó en el abarrotado refugio para indigentes en los barrios bajos de Viena, no muy lejos de ahí, el palacio de Belvedere de Franz Ferdinand estaba vacío. Él y su familia tenían muchas casas donde podían pasar esas fechas. Ninguna era más imponente que el Belvedere. El palacio había sido construido para el príncipe francoitaliano Eugenio de Saboya, quien se convirtió en un famoso general, diplomático y estadista austriaco. Sophie empezó a referirse cariñosamente al palacio como «nuestro Belvedere» tras el nacimiento de su hijo Max en el mismo.[23] Pero ella y su familia tradicionalmente celebraban la Navidad en el castillo Konopiste, a cincuenta kilómetros al sureste de Praga. Fue ahí donde la pareja pasó su luna de miel, comenzó su vida de casados, tuvo su primer hijo y a donde iban a pasar sus vacaciones familiares. Pero, lo más importante, Konopiste era el único hogar donde ella podía ser la anfitriona y la indiscutible señora de la casa.[24]

Sophie no tenía permitido ser la anfitriona de su esposo en Belvedere. Se le podían preparar un lugar y una silla a la mesa, pero el protocolo de la corte le prohibía usarlo.[25] Cuando el archiduque dejaba el palacio por más de un par de horas, sus guardias y porteros se retiraban. Dado que no había ningún miembro de la casa Habsburgo presente, tenían orden de retirarse a sus barracas hasta el regreso del heredero. A los hijos de Franz Ferdinand les encantaban sus ausencias. En la mente mágica de un niño, eso les daba la oportunidad de jugar en las casetas vacías de los centinelas.[26]

A Max, Ernst y Sophie Hohenberg nunca les dijeron qué significaba la ausencia de guardias o por qué había dos tipos distintos de carruajes en los establos de Belvedere. Los que estaban bañados en oro eran para uso exclusivo de su padre como miembro de la familia real e imperial. Cuando viajaban con él, los llevaba un cochero mejor vestido que muchos mariscales. Si iban con él en su enorme automóvil Graf & Stift, conducido por un chofer, los hombres se quitaban el sombrero y las mujeres y los niños les hacían reverencias. Cuando iban sin él en carruajes más simples, los ignoraban.[27]

Nueve años después del único matrimonio realmente feliz en la familia Habsburgo, la corte seguía manteniendo a la esposa del archiduque completamente apartada de la vida pública de su marido. El juramento de renuncia que le permitió casarse con su madre no era un secreto para los hijos. Franz Ferdinand le dijo a su hija que fue un regalo para ella y sus hermanos. El juramento les permitiría casarse por amor, justo como sus padres lo habían hecho.[28] Sophie, que recibió el nombre en honor a su madre, recordó después:

> Nunca les preguntamos a nuestros padres sobre los problemas que tenían, y no recuerdo que se pusieran a explicarnos ninguna de las dificultades. La situación simplemente no se mencionaba, como si no existiera. Pero claro que lo sabíamos. Siempre nos poníamos

nerviosos cuando nos llevaban a la corte porque sentíamos que estábamos en una categoría distinta.[29]

Su madre tenía permitido ir a los eventos de la corte, pero no podía entrar ni salir con su padre, ni sentarse o comer con él ni ser vista con él cuando supervisaba a los pelotones o recibía los honores de estos. Para su gran frustración, Franz Ferdinand incluso tenía prohibido usar la expresión «mi esposa y yo» durante cualquier evento o discurso público.

El archiduque protegía a su familia en una jaula de oro que amortiguaba la mayoría de los insultos y el acoso que les dirigían. Cuando era posible, se los llevaba a tomar unas largas vacaciones para escapar del esnobismo y el rechazo de la corte de los Habsburgo. Durante enero y febrero, el punto más alto de la época del Carnaval de Invierno de Viena, ellos disfrutaban de los deportes invernales en St. Moritz. En marzo celebraban el cumpleaños de la duquesa en el castillo de Miramar, en el mar Adriático. En junio visitaban la costa belga, en el calor de agosto se iban al fresco de Carintia y en otoño cazaban en Eckartsau y Blühnbach.[30] En general evitaban Viena, dependiendo del calendario social de la corte y de las temporadas de caza. Solo Konopiste seguía siendo su hogar. Para Hitler y otros críticos, el arrogante archiduque desdeñaba a Viena, la ciudad de habla alemana más grande de Europa. Para el archiduque, estaba protegiendo a su familia de la hostilidad de los Habsburgo y de la corte imperial. Pocas personas entendían la dinámica y la verdad detrás de su matrimonio. Una de ellas era la esposa del archiduque Karl, Zita.

La familia de Franz Ferdinand amaba la música, pero tenían prohibido usar el palco imperial en el teatro de la ópera de Viena. El archiduque tenía un palco privado junto a aquel para que él y su esposa Sophie pudieran recibir invitados. Poco después de su boda, Karl y Zita fueron invitados a acompañarlos a la ópera.

Cuando Sophie entró a su palco, Zita se levantó para besarle la mano, pero su tía se escondió rápidamente entre las sombras. «Por favor», le susurró a su sobrina, «no vuelvas a hacer eso en público». Zita quedó desconcertada. «Pero siempre beso la mano de mis tías cuando las saludo», le dijo. La esposa de Franz Ferdinand le explicó que había recibido cartas de odio, incluso amenazas de muerte, por gestos tan simples como ese. Ese hecho en la ópera, más que cualquier otro, le dio a Zita una idea de la vida tan limitada que vivía su tía Sophie en Viena.[31] Más tarde escribió sobre ella:

> Fuera de su impactante belleza y su encanto tan femenino, era su aire de paz lo que la hacía tan irresistible. Era la pareja ideal para un hombre tan tenso, y ella sabía cómo manejarlo. Casi siempre podía hacer que se relajara, y cada vez que él tenía uno de sus arrebatos de ira, ella lo calmaba con solo tomarlo por los brazos y decirle «Franzi, Franzi».[32]

La esposa del archiduque se convirtió en el Androcles de ese león tan lastimado que era su marido. Se volvió experta en aliviar su dolor y calmar sus arrebatos. Como agradecimiento, él le regaló un pequeño broche de cordero con hermosos diamantes y perlas. Cuando el mal genio de su esposo hacía erupción, ella acariciaba suavemente el broche, que siempre llevaba sobre el corazón. Por lo general, ese simple gesto lo tranquilizaba más que las palabras. A lo largo de su vida juntos, él le regalaba pequeños corderos de cerámica que guardaban en una vitrina en el castillo de Artstetten.[33] El león y el cordero se convirtieron en un símbolo de su amor, pero las restricciones, los menosprecios y los mezquinos desaires públicos y privados continuaron.

Konopiste siguió siendo su refugio. Cuando era joven, Franz Ferdinand compró el castillo tras heredar una enorme fortuna de un primo lejano de apellido d'Este. Al agregar el d'Este a su nombre, evitó que desapareciera y obtuvo seguridad financiera para el resto de su vida.[34] Le tomó cinco años reparar, restaurar y modernizar el castillo, de setecientos años, instalar tuberías, electricidad, teléfonos, calefacción, una docena de bañeras con agua caliente y fría, y el primer elevador eléctrico en Europa Central. Sus trofeos de caza, antigüedades y recuerdos de infancia llenaron el palacio, de 85 habitaciones. Toda un ala quedó dedicada a las armaduras medievales heredadas de su primo d'Este, pero, más que otra cosa, era un hogar familiar.[35]

El archiduque rescató la fortaleza derruida y la reconstruyó para convertirla en una ciudadela moderna, cómoda y tranquila. Sus cimientos y su fachada antigua se preservaron, pero entre sus paredes creó un modelo de todo lo que era nuevo y bueno en el siglo XX. Y esperaba hacer lo mismo con el Imperio Habsburgo.

El castillo ocupaba un lugar especial en su corazón, como ningún otro. Después de que los problemas pulmonares de la infancia se convirtieron en una tuberculosis que le costó la vida a su madre a los 28 años, pasó una Navidad solitaria, navegaba en el Nilo, y buscaba el calor del sol egipcio.[36] Solo una pequeña planta enviada desde Konopiste alivió su melancolía.[37]

Su salud mejoró considerablemente tras su matrimonio, y convirtió a Konopiste en un santuario para los intereses que compartía con su esposa y sus hijos. En todas las paredes había fotografías y retratos familiares. La hacienda, de seiscientas hectáreas, estaba rodeada de bosques llenos de árboles, lagos y un rosedal de doscientas hectáreas. Él aseguraba que conocía cada planta y cada árbol en sus tierras. «Puedo reconstruir caminos y casas, pero los árboles son irremplazables. Algún día estos bosques serán de mis hijos. No voy a talar su herencia»,[38] le dijo a su capataz. El archiduque disfrutaba de su buena salud, su esposa, su familia y del hogar que compartía con ellos en Konopiste. Dos veces pasaron la Navidad en otra parte, pero en ambas ocasiones sus árboles de Navidad salieron de Konopiste.[39]

Pese a sus frustraciones de entonces con la corte, para finales de 1909 Franz Ferdinand tenía mucho que celebrar. En San Petersburgo, su íntimo amigo, el príncipe Konrad Hohenlohe, había recibido una respuesta cálida y positiva a su petición personal de paz y solidaridad dinástica con Rusia.[40] En octubre el emperador le dio, aunque de mala gana, el título de duquesa de Hohenberg a su esposa, y elevó así su estatus en el imperio y fuera de él.[41] Ya solo la archiduquesa de Habsburgo estaba por encima de ella en la corte. Sophie recibió el honor público de bautizar el nuevo buque de guerra del imperio. Previamente, ese mismo año, él y Sophie hicieron un viaje triunfal a Rumania, donde ella fue recibida con calidez por la familia real rumana.[42] Al parecer, el éxito de ese viaje fue lo que convenció al emperador.

Luego vino un viaje a Berlín igualmente exitoso. Ahí, en la capital del aliado más cercano de Austria, el archiduque y la duquesa fueron recibidos con majestuosidad por el emperador y la emperatriz de Alemania.[43] En un inicio, el káiser se había opuesto a su matrimonio, y confesó: «Si cedo, un día veré a mis hijos casados con una camarera o incluso con sirvientas».[44] Pero la realidad política prevaleció. El rey Edward VII de Inglaterra predijo que tarde o temprano las familias reales de Europa, incluyendo a los Habsburgo, tendrían que «enfrentar la realidad» y aceptar a Sophie.[45]

El mundo estaba cambiando. Poco después del nacimiento de su segundo hijo, Ernst, en 1904, el archiduque le escribió a su leal madrastra, la archiduquesa Maria-Theresa. Ella fue una pieza fundamental para persuadir al emperador Franz Joseph, gracias a la intervención personal del papa León XIII, de que permitiera al fin su matrimonio:[46]

> Querida mamá,
>
> ... Soy tan feliz con mi familia, ¡y no puedo agradecerle lo suficiente al Señor por mi felicidad! Y junto al Señor debo agradecerte *a ti*, que

> hiciste tanto para que esta felicidad existiera. Casarme con mi Soph es *lo mejor* que he hecho en mi vida. Ella lo es todo para mí, mi esposa, mi consejera, mi doctora, mi compañera… en una palabra, toda mi felicidad. Tras cuatro años estamos tan enamorados como el primer día de nuestro matrimonio, y nuestra felicidad no se ha visto ensombrecida ni por un segundo […] Y tú, mi queridísima mamá, fuiste la única que no me abandonó cuando estaba derrotado; que yo sea tan feliz es gracias a ti.[47]

La semana antes de la Navidad de 1909 Franz Ferdinand celebró su cumpleaños 46. Su salud nunca había estado mejor. Durante sus enfermizas infancia, adolescencia y el inicio de su adultez había sido trágicamente delgado y tísico. Por primera vez en su vida se veía sano, incluso regordete, y en Konopiste estaba rodeado de la familia a la que amaba. Para disgusto de sus enemigos dentro y fuera de la corte, su matrimonio lo había convertido en un Lázaro moderno, un hombre que regresó de entre los muertos. Tras años de desprecios, desaires y chismes malintencionados, su esposa al fin había comenzado a ser aceptada en las capitales de Europa. El archiduque esperaba que esa aceptación provocara que también fuera respetada y aceptada en Viena.

También creía que al fin había encontrado un aliado entre las víboras de la corte de Habsburgo: su sobrino y heredero político, Karl.[48] Franz Ferdinand fue el padrino de Karl cuando nació y se convirtió en su tutor legal cuando murió su escandaloso hermano Otto. Tío y sobrino disfrutaban estar juntos, cazaban y respetaban las opiniones del otro, amaban a sus esposas y tenían matrimonios inusualmente felices, una rareza en la familia Habsburgo. Además, compartían opiniones políticas similares sobre el futuro del imperio.

La Navidad de 1909 llegó y pasó, y Franz Ferdinand era tan feliz como Adolf Hitler era miserable. El archiduque Habsburgo, a quien Hitler odiaba más que a nadie, celebró las fiestas rodeado de su familia en la campiña checa a las afueras de Praga. En Viena, Hitler, hambriento, sin hogar y derrotado, estaba en el punto más bajo de su vida.

Nunca se hubiera imaginado una Navidad peor que la que pasó dos años atrás, cuando vio a su madre morir lenta y dolorosamente por el cáncer junto al pequeño árbol de Navidad de su familia.[49] Klara Hitler siempre lo apoyó, y fue la única persona cuya lealtad y fe en él nunca vacilaron. Habían pasado su cama a la cocina porque era la habitación más cálida de las tres pequeñas estancias que componían su departamento. El árbol estaba ahí en un intento fútil por animar la melancólica escena. Cuando Klara murió, la enterraron junto a su difunto esposo. Hitler pasó la víspera de Navidad solo junto a la tumba de su madre, recién excavada en el cementerio católico a las afueras de Linz.[50]

En el segundo aniversario luctuoso de su madre, Adolf Hitler se encontraba en un refugio para indigentes en Viena, rodeado de las imágenes, los sonidos y los olores de las vidas fracasadas. En ocasiones encontraba en la lectura un único escape de la sofocante realidad de sus sueños frustrados. Los escritores alemanes como Goethe y Schiller le daban consuelo, pero siempre volvía al escritor al que consideraba superior: William Shakespeare.[51] El bardo inglés, traducido al alemán, se había convertido en su escritor favorito; *El mercader de Venecia* era su obra preferida, y Shylock, su villano favorito.[52]

Ese invierno —el de 1909, cuando paleaba nieve para los Habsburgo en el Hotel Imperial, la Navidad que pasó invisible y solo en un abarrotado refugio para indigentes en Viena mientras la estrella de Franz Ferdinand se elevaba y la suya caía— podían ser las líneas iniciales de *Ricardo III*, de Shakespeare, las que lo atormentaban. Fue el invierno de su descontento.

5

Los cimientos de granito

«Él valida a la clase más baja de Viena en todos sus atributos, en su carencia de deseos intelectuales, en su desconfianza hacia la educación, en su alegre insensatez, en su amor por las canciones callejeras, en su devoción por lo anticuado, en su estrepitosa petulancia; y ellos enloquecen, enloquecen de alegría cuando él les habla».

FELIX SALTEN, autor austriaco

FRANZ FERDINAND necesitaba tiempo. El heredero al trono de los Habsburgo poseía riquezas, salud y una familia a la que amaba, pero para concretar sus otros sueños necesitaba tiempo. Le preocupaba que la creciente amenaza del nacionalismo pudiera destruir al imperio y la paz en Europa.[1] Para evitar que los agitados grupos étnicos acabaran unos con otros, también necesitaba ideas y aliados.[2] Durante su viaje a Rumania en 1909 se reunió con los representantes de las minorías étnicas del imperio, incluyendo a Aurel Popovici, un exiliado húngaro. El controvertido libro de Popovici, *Los Estados Unidos de la Gran Austria*, proponía federalizar los Estados nación del Imperio Habsburgo para convertirlos en 16 unidades como en Estados Unidos. Aunque las autoridades húngaras lo consideraban un traidor, el archiduque lo reclutó para formar parte de su equipo en el Belvedere. El libro de Popovici se convirtió en su biblia.[3]

De joven, el archiduque viajó por el mundo. Quedó impresionado por Estados Unidos, una nación de inmigrantes, y por el gobierno federal que los unía.[4] Creía que las ideas de Popovici podían ser un modelo no solo para Austria, sino para toda Europa. Su aprecio por Popovici, su disposición para reunirse con las minorías étnicas y el equipo diverso de visionarios que formó en el palacio de Belvedere lo alejaron aún más de la corte tradicionalista del emperador, de las élites de Austria, de los oligarcas de Hungría y de Adolf Hitler.[5]

Los sueños del archiduque para sus dos hijos y su hija eran mucho menos ambiciosos. «Por favor, enséñales a mis hijos que gobernar y usar corona son una pesada carga impuesta por el cielo y que uno nunca debería anhelar tales cosas. Mis hijos están destinados a ser simplemente grandes terratenientes de Bohemia»,[6] le dijo a uno de sus tutores. Su secretaria recordaba:

> Franz Ferdinand parecía envidiar el tranquilo futuro de sus hijos. En toda la educación que buscó para ellos no había nada que pudiera considerarse una preparación para ser herederos al trono en algún momento. Quería que sus muchachos disfrutaran la existencia normal de los terratenientes, y no de la vida artificial impuesta por la corte. Y tenía intenciones parecidas para su hija. Creía que ella sería mil veces más feliz junto a un compañero socialmente apropiado al cual amara, en vez de someterse a esos matrimonios por conveniencia, que por lo general terminaban mal, a los que se llegaba al ser princesa de la casa real.[7]

El archiduque era un hombre reservado que en la corte estaba rodeado de enemigos, de una férrea burocracia que le temía al cambio y de familiares a los que no les agradaba o que incluso lo odiaban. Por eso se guardaba sus ideas, esperanzas y planes. Muchos creían que la apertura del príncipe heredero Rudolf respecto a la necesidad de reformas políticas lo condujo a su muerte prematura.[8] Los conspiracionistas susurraban que su «suicidio» había sido un plan de los conservadores del gobierno o incluso de miembros de la propia familia Habsburgo. En vida, Franz Ferdinand y Rudolf fueron cercanos, y quizá lo fueron más tras la muerte. Él no cometería los mismos errores fatales de su primo al escribir y hablar abiertamente sobre reformas, pero el equipo diverso de reformistas que lo acompañaba en el Belvedere revelaba el rumbo de sus ideas. Para Adolf Hitler, ellos confirmaban sus peores temores sobre el futuro de los austriacos alemanes.[9]

En febrero de 1910, uno de los miembros de su familia al que Hitler llamaba «filisteo» le envió dinero suficiente para mudarse a un barrio pobre al norte del centro de la ciudad.[10] El distrito que rodeaba a su nueva residencia, el hostal para hombres Mannerheim, estaba conformado por inmigrantes, judíos y dialectos extranjeros, pero la renta era barata, había una habitación individual disponible y podía tener tanto la privacidad como el público que tanto anhelaba. El refugio fue construido en 1905 por la Fundación del Aniversario de Franz Joseph para la Vivienda Pública y las Instituciones de Caridad. El emperador mismo lo visitó, pero fueron el barón Rothschild y otros filántropos judíos quienes financiaron su construcción.[11]

Ahí, en una habitación de metro y medio por dos metros, en el tercer piso, el soñador frustrado intentó recuperar el control de su vida. Las cuatro grandes maletas que había traído de Linz se reducían ahora a una delgada chaqueta de verano y unos pantalones desgastados por el uso, un par de calcetines y unos zapatos maltratados. A diferencia de los quinientos residentes del hostal, Hitler no fumaba, no bebía y no buscaba trabajo. Aunque decía que los judíos eran de «una raza diferente» y tenían «un olor distinto», se hizo amigo de muchos habitantes judíos y ellos aceptaron su amistad.[12] Los blancos preferidos para sus ataques verbales venían de sus años de infancia en la clase media de Linz: checos, comunistas y sacerdotes jesuitas a los que les gustaba meterse en política.[13] Su recién descubierta dependencia de las amistades judías pudo atemperar su antisemitismo.

El área común en la planta baja le proporcionaba un espacio para leer, con vista al jardín del hostal, donde podía pintar, y un público muy poco entusiasta para escucharlo. Hitler y Reinhold Hanisch, quien se mudó al hostal con él, formaron una sociedad de negocios. Hitler pintaba acuarelas basándose en postales y Hanisch se las vendía a comerciantes de marcos, clientes de cantinas y tiendas judías de baratijas. Se dividían las ganancias a la mitad.[14] Hanisch era un buen promotor de sí mismo que causaba una impresión mucho mejor que el artista antisocial y mal vestido.[15] Se necesitaron tres años de vida comunitaria en el Hostal Mannerheim para socializar a Hitler.

Por su parte, el matrimonio había pulido las bruscas e introvertidas habilidades sociales de Franz Ferdinand. No tenía recuerdos de que durante su infancia lo tocara o abrazara su madre enferma, quien murió de tuberculosis cuando él tenía siete años. Casi todos asumieron que él la seguiría pronto a la tumba. Para su sorpresa, el pequeño sobrevivió a una infancia inquieta pero enfermiza, y lo mismo durante su adolescencia, hasta que obstinadamente alcanzó la edad adulta. Su autoritario padre, Karl Ludwig Habsburgo, hermano menor del emperador Franz Joseph, lo separó de sus hermanos y hermana menores, quienes estaban sanos, y lo llenó de oraciones, doctores, enfermeras y sacerdotes jesuitas.[16]

Al igual que Adolf Hitler, el archiduque era un mal estudiante. Pero, a diferencia del hijo del palurdo agente aduanal, a él no le permitieron abandonar la escuela. Desde los seis años hasta los 19, cuando no estaba confinado en la cama por sus enfermedades, pasaba 11 horas al día, seis días a la semana, en su mesa de estudio. Tenía permitidos veinte minutos para comer. Su energía nerviosa, su mente inquieta, su impulsividad, su tendencia a la distracción y su hiperactividad lo ponían en conflicto constante con las rutinas de memorización y los recitados infinitos que le exigían sus maestros. Y así se convirtió en el Habsburgo más castigado a nivel físico de todos los de su generación. Franz Ferdinand recordaba sus primeros estudios con amargura, y así se los relataba a su hija:

> Todo se mezclaba de la mañana a la noche, una hora tras otra. Teníamos permitido salir solo una vez, entre clase y clase, para dar una breve caminata tomados de la mano del jefe de la casa. Como resultado de semejante educación, se nos obligaba a aprender todo y al final no sabíamos nada.[17]

El archiduque, al igual que Hitler, dedicó el resto de su vida a aprender lo que no le habían enseñado. Hitler complementó su escasa educación con su amor por la ópera, la pasión por la arquitectura y la lectura voraz. Más tarde escribió: «Desde muy joven intenté leer de la forma correcta y me apoyé de la mejor manera posible en mi memoria y entendimiento. Visto así, el tiempo que pasé en Viena fue especialmente fructífero y valioso».[18]

Los tratados de Schiller, Dante, Carlyle y el compositor Richard Wagner sobre raza, política y religión aparecían como suplementos en los periódicos que Hitler leía cada mañana en el hostal. Volvía una y otra vez a las historias de héroes y villanos del novelista James Fenimore Cooper y a las novelas *western* de Karl May, llenas de estereotipos raciales sobre indios y vaqueros americanos. Los sesenta libros de May se encontraban entre los favoritos del Hitler niño para leer «a la luz de las velas con una enorme lupa bajo el brillo de la luna».[19] Para Hitler, los alemanes eran los vaqueros, y todos los demás eran los indios. Citaba a Shakespeare con frecuencia, pero el *Fausto* de Goethe era otro de sus favoritos, sobre el cual decía que «contenía más de lo que la mente humana puede comprender».[20]

Aunque sus pinturas y acuarelas al fin le proporcionaban ingresos económicos, prefería pasar su tiempo hablando de política.[21]

Su odio por los Habsburgo, su heredero al trono y su esposa checa eran sus temas favoritos. La Constitución de 1867 de Austria proclamaba: «Todos los grupos étnicos en la nación tienen derechos iguales, y todos los grupos étnicos tienen el derecho inalienable de preservar y cultivar su nacionalidad e idioma».[22] La aceptación de los Habsburgo de las etnias, su tolerancia religiosa hacia los judíos y los arios no alemanes, y el matrimonio checo de Franz Ferdinand agitaban y avivaban constantemente su engreída indignación.[23]

Con frecuencia, Adolf Hitler compartía su ira con sus compañeros del hostal. Le hacía rabiar que hubiera más checos en Viena que en Praga, más croatas que en Zagreb, y mascullaba que había más judíos que en Jerusalén.[24] Había comenzado a usar un largo abrigo oscuro y un bombín grasiento que lo hacía verse como los inmigrantes bohemios a los que tanto odiaba. Su apariencia no lo ayudaba a ganarse a sus escuchas, quienes disfrutaban molestándolo y burlándose de él.[25] Los bromistas a veces ataban su abrigo al respaldo de la silla. Cuando saltaba para enfatizar un punto, la silla lo seguía con un estruendo, acompañada de las carcajadas de sus verdugos. Hitler apretaba los dientes, agitaba los brazos y les gritaba.[26] Los supervisores del hostal se veían forzados a intervenir, pero incluso sus detractores comenzaron a notar que se estaba volviendo muy bueno para los discursos.

Viena le ofreció un menú de modelos demagógicos que seguir. Las oficinas editoriales del periódico pangermano de George Schönerer estaban a unas puertas del lugar que en su momento compartió con Kubizek.[27] Durante meses, encabezados escandalosamente proalemanes debieron ser lo primero que le daba los buenos días cada mañana. Aunque, para cuando Hitler se fue a vivir a la ciudad, el éxito de Schönerer ya se había acabado, el periódico que fundó siguió reproduciendo sus ideas, llenas de prejuicios. Schönerer se declaró a sí mismo Führer de los austroalemanes del imperio, incorporó la música de Richard Wagner en mítines políticos, llamó a la expulsión de judíos, gitanos, checos y otros eslavos del imperio e hizo campaña por la unión de Austria y Alemania.[28] Hitler encontró en la retórica de Schönerer muchas ideas que le gustaron y que usaría en el futuro.

Poco antes de su muerte, el príncipe heredero Rudolf condenó a Schönerer y su retórica antisemita. Los ataques pangermanos a los periódicos de Viena por parte de sus salvajes seguidores provocaron que lo arrestaran y lo expulsaran del parlamento.[29] El prestigio y el movimiento de Schönerer se dañaron aún más cuando ordenó que sus adeptos se convirtieran al protestantismo. Muchos vieron su cruzada de «Fuera Roma» como un paso hacia la anexión de Alemania.[30] Eso fue demasiado para el corazón de la Austria católica. «Fuera Roma significa fuera de Austria», declaró Franz Ferdinand.[31] El archiduque selló el destino de Schönerer poniendo en su contra a los católicos, con su lealtad política y religiosa.[32] Su papel en la caída de Schönerer le dio a Hitler otra razón para odiar al heredero al trono de los Habsburgo.

Karl Lueger, el alcalde antisemita de Viena, demostró ser un tutor aún más carismático para Hitler. Mientras la inmigración a la ciudad alcanzaba su punto más alto, lo mismo pasaba con la popularidad de Lueger. Hábilmente, se presentaba como el defensor de los austriacos que temían que su lugar en la sociedad fuera ocupado por los extranjeros. Su lema «Debemos ayudar al más pequeño» les hablaba directo al corazón, al alma y al temor de sentir que estaban amenazados su idioma, su cultura y su dominio político.[33] Felix Salten, un popular escritor austriaco de esa época, escribió sobre Lueger:

> Él entrega todo lo que intimida y confina a las masas. Lo tira y lo pisotea entre carcajadas. Los zapateros, los sastres, los cocheros, los verduleros y los tenderos se llenan de emoción. Estallan de alegría

> [...] Valida a la clase más baja de Viena en todos sus atributos, en su carencia de deseos intelectuales, en su desconfianza hacia la educación, en su alegre insensatez, en su amor por las canciones callejeras, en su devoción por lo anticuado, en su estrepitosa petulancia; y ellos enloquecen, enloquecen de alegría cuando él les habla.[34]

Karl Lueger vociferaba: «La tierra sobre la que se levanta la antigua ciudad imperial es suelo alemán y seguirá siendo suelo alemán. Viena no está en posición de hacer concesiones a los elementos eslavos que se cuelan hasta el centro del imperio, sino que, por el contrario, les toca a los checos, etcétera, que aceptan la hospitalidad de Viena, renunciar a cualquier demostración evidente de su afiliación tribal y acostumbrarse al entorno alemán».[35]

Cuando Hitler escuchó hablar por primera vez al alcalde demagogo, encontró a su mentor en política y oratoria. La misma retórica antisemita que atraía a Hitler había puesto a Lueger en una trayectoria de colisión con Franz Joseph. En cuatro elecciones seguidas, el emperador se negó tajantemente a aceptar su elección como alcalde de Viena. Su quinta victoria consecutiva lo convenció de aceptar, aunque a regañadientes, la voluntad del pueblo. En 1897 Lueger se convirtió en el alcalde de la sexta ciudad más grande del mundo.[36]

Durante dos décadas modernizó y gobernó exitosamente a la ciudad con el apoyo de un poderoso bloque de votantes que reunía a austroalemanes jóvenes y viejos, a católicos conservadores y a monarquistas pro-Habsburgo. Reclutaba a niños y adolescentes en su movimiento a través de canciones, eslóganes, actividades recreativas y elegantes uniformes. Hitler quedó fascinado con la visión y las habilidades políticas del alcalde.[37]

Uno de cada cuatro vieneses afirmaba tener ascendencia checa, pero el alcalde centraba sus diatribas raciales más despiadadas en los judíos. «Abajo el terrorismo judío» era el grito de guerra que se escuchaba en sus multitudinarios mítines políticos.[38] Era una decisión política bien calculada. En Cracovia, Budapest y Praga había mayores concentraciones de judíos que en Viena, pero era en la capital de Habsburgo donde los inmigrantes judíos encontraban mejores oportunidades educativas, libertad política y movilidad ascendente. Casi la mitad de los estudiantes de secundaria de la ciudad y un tercio de sus universitarios eran judíos.[39] Las palabras de Lueger reforzaron las cada vez más paranoicas teorías de conspiración de Hitler. Dos veces lo habían rechazado de la escuela. Dos veces su talento y su ingenio fueron despreciados por académicos no judíos, pero de algún modo consideraba responsables a los judíos de no haber podido prosperar. Su ética de trabajo era opuesta a la de muchos de los diligentes inmigrantes, pero él culpaba a los judíos tanto del éxito de aquellos como de su propio fracaso.

Los discursos del alcalde fueron como un bálsamo para el alma atormentada de Hitler. Lueger clamaba: «Aquí, en casa, todo lo que influye en las masas está en manos de los judíos, la mayor parte de la prensa está en sus manos, por mucho la mayor parte del capital y, en particular, de los grandes negocios está en manos de los judíos, y los judíos aplican aquí una especie de terrorismo que no podría ser peor».[40]

El despiadado racismo de Lueger amenazaba con volverse violento, pero, para decepción y frustración de Hitler, nunca cumplió esa amenaza. Los seguidores del alcalde «llevaban la efigie de un judío ahorcado en las cadenas de sus relojes», pero no ahorcaban judíos.[41] Al final, Lueger suavizó su antisemitismo. Se hizo amigo de unos judíos selectos para asegurarse la amistad con la corte de los Habsburgo. Esa conducta frustró a Hitler, aunque nunca dejó de admirar las habilidades políticas y oratorias del alcalde.

El 10 de marzo de 1910 la muerte de Lueger reunió al artista, al emperador y al archiduque. Cuando la diabetes cobró la vida del alcalde, de 66 años, Adolf Hitler, Franz Joseph y Franz Ferdinand estuvieron acompañados por un cuarto de millón de vieneses afligidos. Por un breve instante, amigo y enemigo se unieron. El emperador y el archiduque encabezaron el cortejo de dolientes hasta la catedral de San Esteban.

A Franz Joseph nunca le agradó el alcalde. Pero el archiduque lo admiraba genuinamente.[42] Cuando Franz Ferdinand se casó con Sophie Chotek, Lueger reconoció públicamente su matrimonio como «un triunfo del corazón».[43] El archiduque nunca olvidó el gesto. Ningún otro empleado público de Viena tuvo el valor de apoyar su controvertido matrimonio.

Más tarde, Hitler escribió: «Cuando el imponente cortejo fúnebre llevó al alcalde muerto del ayuntamiento hasta el Ring, yo estaba entre los muchos cientos de miles que contemplaban el trágico espectáculo. Estaba profundamente conmovido y mis sentimientos me dijeron que el trabajo, incluso de ese hombre, estaba condenado a ser fútil por culpa del fatal destino que conduciría inevitablemente a este Estado a la destrucción».[44]

Ese verano Adolf Hitler hizo que arrestaran a su socio, Reinhold Hanisch, por defraudarlo con las ganancias de sus pinturas. Hanisch había subestimado a Hitler. Pensó que podía manipularlo y usarlo. Otros cometerían el mismo error con consecuencias fatales. Hitler llamó a un amigo judío de su hostal como testigo, y ganó en el tribunal contra Hanisch.[45]

Hitler era realmente un hombre de contradicciones. Pese a su creciente antisemitismo, seguía dependiendo de amigos judíos. Nunca olvidó al doctor Bloch, el judío que cuidó amorosamente de su madre moribunda. En una postal que le envió a Bloch, escribió: «Le envío saludos desde Viena. Siempre suyo. Adolf Hitler».[46] También le envió una acuarela al doctor, la cual secó frente al fuego para conservarla y darle la apariencia de una imagen antigua. Llevaba una leyenda que decía: «La familia Hitler le envía los mejores deseos de feliz Año Nuevo. Con eterna gratitud. Adolf Hitler».[47]

Libre de Hanisch y con confianza renovada, Hitler comenzó a venderles sus pinturas y acuarelas directamente a los comerciantes judíos.[48] Con la esperanza de conseguir un mejor precio, a veces se presentaba como graduado de la Academia de Bellas Artes. Otras veces les decía a los vendedores que los problemas financieros lo habían llevado a dejar la escuela, o que lo habían echado por sus ideas políticas. Había aprendido mucho de Hanisch, incluyendo cómo hacer autopromoción, pero la habilidad para mentir y engañarse a sí mismo eran totalmente propias.[49]

Hitler compró ropa nueva, se rasuró, se cortó el cabello y mandó reparar y pulir sus zapatos. Volvió a pasar algunos días en los museos y algunas noches en la ópera. Incluso consideró volver a aplicar a la Academia de Bellas Artes, pero las mentiras sobre sus credenciales artísticas le pasaron factura. Cuando lo amenazaron con arrestarlo, no podía entender por qué la suerte se había puesto en su contra.[50] Uno de sus versos favoritos de la ópera *Die Meistersinger*, de Wagner, sonaba una y otra vez en su cabeza: «Y aún no alcanzo el éxito. Lo siento y aún no puedo entenderlo; no puedo retenerlo ni olvidarlo, y si lo tengo entre mis manos, no puedo entenderlo».[51]

A Adolf Hitler se le estaba acabando su tiempo en Viena. Aunque su arresto por fraude parecía inminente, una amenaza más seria se presentó ante él. Había esquivado el servicio militar en 1909. Pero desde el reclutamiento de su compañero de piso y la crisis de anexión de Bosnia-Herzegovina, prestaba mucha atención al creciente número de hombres que eran llamados al ejército.[52] Otro residente que lo conoció recordaba que Hitler dijo: «No puedo esperar a estar libre del polvo de este país, en especial porque quizá tenga que atender el llamado militar. Pero bajo ninguna circunstancia quiero servir en el ejército austriaco».[53]

En una de sus últimas e inconexas peroratas, Hitler denunció a la burocracia austriaca por sofocar el genio. «Los mecenas y un origen distinguido era lo único que contaba [...] Toda la gente talentosa y todos los inventores de Austria solo hallaron reconocimiento en el extranjero, fue ahí donde encontraron fama y honor».[54] Cuando se aproximaba su cumpleaños 24, Hitler huyó a Múnich, a la que llamaba «la más alemana de todas las ciudades alemanas».[55]

Hitler fue a Viena buscando educación, y la encontró. Sus calles, sus albergues de indigentes y hostales fueron sus salones de clases, George Schönerer y Karl Lueger sus profesores, y su retórica antisemita su currículo para ascender al poder. La pompa, las ceremonias y los palacios de la corte de los Habsburgo, como los escenarios de las óperas que tanto amaba, y la escuela católica de su infancia le enseñaron cómo engatusar la vista y el oído del público. Hitler aseguraba que los cinco años que pasó en la ciudad le dieron «una imagen del mundo y una filosofía que se convirtieron en los cimientos de granito de todos mis actos».[56] En su libro *Mein Kampf* (*Mi lucha*) declaró:

> Viena fue y siguió siendo para mí la escuela más dura de mi vida, pero también la más fructífera. Llegué a esa ciudad cuando era aún casi un niño y me fui convertido casi en un hombre, adusto y callado. Ahí obtuve los cimientos para una filosofía en general y una visión política en particular que más tarde solo necesité complementar con detalles, pero que nunca me abandonó.[57]

6

El espía, el desertor y el pacificador

«Paz exterior para nosotros... ese es mi credo, ¡y por él trabajaré y lucharé mientras viva!».
Archiduque Franz Ferdinand

«El archiduque ve las cosas a través de los ojos de su mujer».
Papa Pío X

Adolf Hitler no viajó solo a Múnich. Una vez más, había encontrado un amigo que se convirtió en su público conformado por una persona. Rudolf Häusler tenía 19 años cuando conoció a Hitler en el hostal para hombres en Viena. Al igual que su nuevo mentor, era un malhadado pintor que se encontraba distanciado de su padre, que también era servidor público, pero era muy cercano a su fiel madre. Aunque Häusler era corto de vista, tenía excelentes habilidades para escuchar. Hitler le mostró las óperas de Richard Wagner. Enseguida cayó bajo la influencia de la música de Wagner y las palabras de Hitler.[1]

Una última parte de la herencia de su padre le permitió a Hitler comenzar de cero en Múnich. Vestido con un nuevo y elegante traje y zapatos bien pulidos, dejó Viena el lunes 26 de mayo de 1913. Hitler llevaba consigo una pequeña maleta, una completa filosofía racista que le serviría de mucho en los años por venir y a su recién reclutado discípulo.[2] Sobre su nuevo hogar, escribió:

> ¡Una ciudad alemana! ¡Qué diferente de Viena! ¡Ya me asqueaba hasta pensar en esa Babilonia de las razas![3]

Un día después de que Hitler se fue de Viena, en Konopiste Franz Ferdinand recibió un breve telegrama del general al mando del segundo cuerpo del ejército. Decía: «Alfred Redl, coronel del Estado Mayor, jefe general del octavo batallón, se suicidó esta noche en el Hotel Klomser por razones hasta ahora desconocidas. Dejó cartas».[4] El coronel Redl era la cabeza del servicio de contraespionaje de Austria, el mejor espía del imperio. Sus responsabilidades incluían informar personalmente al emperador y al archiduque sobre las actividades de espionaje del ejército. El suicidio no era algo poco común en la Viena de los Habsburgo. La ciudad tenía la tasa más alta de suicidios en Europa, pero el suicidio del jefe de los espías de Austria era diferente.[5]

Redl había regresado de Praga el día anterior y no mostró señales de estar por quitarse la vida. El archiduque había estado recibiendo reportes «extensos y brillantes» de su parte.[6] Un periódico escribió: «El muy talentoso oficial, quien estaba en el umbral de una gran carrera, se quitó la vida con un disparo en la boca, un acto provocado, según se cree, por un agotamiento mental consecuencia de una severa neurastenia».[7] Franz Ferdinand, que siempre sospechaba de todo, dudaba de la versión de los eventos acontecidos en Viena.[8] Su intuición no se equivocaba.

La investigación del archiduque descubrió que Redl era homosexual y que lo estaban chantajeando para convertirse en un espía ruso muy bien pagado. Para proteger la reputación del ejército y ocultar lo profundo de la brecha de seguridad, el jefe del Estado Mayor Conrad von Hötzendorf incitó el suicidio de Redl antes de que lo interrogaran. Su muerte evitó que el ejército y el gobierno descubrieran los detalles completos de los secretos que habían sido filtrados, durante cuánto tiempo y qué otras naciones estaban involucradas. Franz Ferdinand llamó a Von Hötzendorf a Konopiste.

El general luego recordaría la reunión como «una de las audiencias más incómodas durante el tiempo que pasé como jefe del Estado Mayor. Su Alteza Imperial estaba indignada por el caso Redl… Un alud de reproches cayó sobre mí».[9] Al día siguiente, durante el almuerzo con el nuevo ministro de Relaciones Exteriores, Leopold Berthold, Von Hötzendorf reconoció abiertamente que él había incitado el suicidio de Redl. También dijo que el archiduque le comentó: «Es una suerte que no hayamos ido a la guerra contra Rusia con un traidor entre nosotros». Con una carcajada poco común en él, le aseguró a Berthold: «Lo que Redl reveló era bastante insignificante… El daño que causó fue mínimo».[10]

El jefe del ejército austrohúngaro estaba perdido en sus fantasías, negación o mentiras. Durante un periodo de diez años, Redl le había vendido los planes completos de guerra de su nación a Rusia, quien luego se los pasó a sus aliados de los Balcanes. El enemigo al que los Habsburgo temían obtuvo todos los detalles de las fortalezas austriacas, sus planes de movilización y sus estrategias de batalla. Redl también subestimó a propósito la fuerza militar de Rusia sobre la de sus colegas austriacos. En la gran guerra europea que estaba por llegar, Austria estaría casi indefensa.[11]

Franz Ferdinand actuó rápidamente para despedir a los oficiales implicados en el fiasco de Redl, incluyendo a Von Hötzendorf. El reto era quitarlos sin darles pistas a los enemigos de Austria sobre el desastre que había entre los altos mandos del ejército. Von Hötzendorf fue especialmente problemático. Había sido el protegido personal del archiduque, fue fundamental en la modernización del ejército y era el líder popular del partido belicista del gobierno. El archiduque había usado su reputación de beligerante para ocultar sus esfuerzos secretos de paz. Encontrar a su reemplazo sería una tarea delicada que requeriría tiempo.[12]

Detrás de su fachada de seguridad, Von Hötzendorf y su equipo temían que el asunto de Redl destruyera sus carreras y socavara sus agresivas políticas bélicas. Esperaban que una guerra, cualquier guerra, descarrilara la investigación de Redl. Al igual que su amigo cercano, el jefe del Estado Mayor alemán Helmuth Moltke, Von Hötzendorf creía que la guerra que estaba por llegar sería una guerra racial entre «el germanismo y el eslavismo».[13]

Secretamente, tenía más razones personales para anhelar la guerra. Esperaba que le permitiera a su amante, una mujer casada y madre de seis hijos, divorciarse de su esposo y casarse con él. Solo la distracción de una guerra podría convencer a Franz Ferdinand y a la Austria católica de aceptar un escándalo como ese.[14]

Esa primavera, Adolf Hitler también estaba nervioso. Al ser nuevos residentes de Múnich, él y Rudolf Häusler tuvieron que registrar su nombre, dirección y ocupación en la policía local. Hitler se identificó como «pintor artístico y escritor», pero la policía de su natal Linz lo tenía catalogado como desertor.[15] Había evadido el servicio militar durante cuatro años. En 1913 las autoridades austriacas comenzaron a buscarlo. Fue cuestión de tiempo que descubrieran que estaba en Alemania.

Con poco dinero para pagar por la habitación que rentaban y sin prospectos de trabajo, Hitler volvió a hacer acuarelas copiadas de postales mientras Häusler las enmarcaba e intentaba venderlas. También pintaban carteles para negocios locales a cambio de sencillas comidas de pan y leche. Hitler consideró brevemente entrar a la Academia de Arte de Múnich para estudiar arquitectura, pero nunca se inscribió.[16] Su nueva vida en Alemania se parecía mucho a la que había dejado en Viena. Pero a la preocupada madre de Rudolf Häusler le escribió que todo estaría bien:

> Las oportunidades en el Reich alemán, con sus casi cincuenta ciudades de más de cien mil personas y su enorme economía global,

> sin duda serán infinitamente mejores que en Austria. Me atrevo a decir que él no se debería arrepentir de estar aquí, aunque no pueda ascender, pues en todo caso estaría peor en Austria. Pero no creo que vaya a ser así.[17]

Franz Ferdinand no era tan naturalmente optimista como Adolf Hitler, pero para la primavera de 1913 el tiempo al fin pareció estar de su lado. Las enfermedades debilitaban la decadente salud de Franz Joseph. Durante una crisis médica reciente, los boletines de palacio que solicitaban oraciones les recordaron a los súbditos que incluso el emperador era mortal. Siempre había un tren preparado con una carga de vapor cerca de Konopiste, listo para llevar al archiduque a Viena para reclamar la corona de los Habsburgo.[18]

Pero las oraciones de la gente hicieron su magia. Franz Joseph se recuperó milagrosamente. Un periódico vienés especuló abiertamente que el emperador, de 83 años, se obligó a vivir «por el puro deseo de molestar a su sobrino y retrasar su ascenso al trono imperial lo más posible».[19] Pero tanto amigos como enemigos reconocían que más temprano que tarde Franz Ferdinand sería emperador.

Como preparación para ese día, el emperador alemán Wilhelm II cultivó a conciencia su amistad con el archiduque, su esposa e incluso con sus hijos. Ambos hombres se habían vuelto muy cercanos. Franz Ferdinand admiraba genuinamente a Wilhelm por haberle dado a su país 25 años de paz y prosperidad, pero temía por su ceguera en los temas militares.[20] Wilhelm disfrutaba tanto jugar al soldadito que solía ponerse distintos uniformes militares a lo largo del día, uniformes que él mismo diseñaba a veces.[21] El emperador alemán adoraba la precisión de los entrenamientos, los saludos militares, la música estimulante, la gloria que implicaba ser el comandante de una gran nación. Las florituras militares complacían a su frágil pero insaciable ego. A Franz Ferdinand le preocupaba que, en un momento de debilidad, Wilhelm pudiera poner su juicio político, y el destino de su imperio, en manos de sus generales.[22]

El archiduque había recibido entrenamiento militar durante toda su vida. Como Franz Joseph, creía que el ejército era la articulación indispensable que unía a los diversos grupos étnicos de su imperio multicultural. Sin embargo, Franz Ferdinand carecía de la confianza ciega que Wilhelm tenía en sus generales. La guerra era cosa de militares, pero la paz, la política y la prevención de la guerra eran responsabilidad de los emperadores, en especial de los Habsburgo, cuyo compromiso con la paz era una de las razones por las que Adolf Hitler odiaba a la dinastía.[23]

Hitler creía que la paz, tan idolatrada por el emperador y su heredero, era un cínico intento de su parte para proteger su posición de privilegio, aunque esto deteriorara la influencia y el privilegio de los austroalemanes. Se convenció de que el pueblo alemán solo podría tomar el lugar que les correspondía cuando una guerra separara al multicultural Imperio Habsburgo.[24] Cualquier cosa que fuera menos que una guerra equivaldría a aceptar la derrota racial. La idea de servir junto a no alemanes en las «fuerzas unidas» del ejército de Franz Joseph fue uno de los factores principales en su decisión de irse de Viena.[25]

Al igual que Adolf Hitler, Conrad von Hötzendorf ansiaba la guerra. En 1913, hizo 25 propuestas distintas que llamaban a la guerra contra enemigos reales o imaginarios, incluyendo a los propios aliados del imperio.[26] Su último y casi desesperado intento fue una llamada telefónica a Konopiste el día de Navidad. El famoso mal genio del archiduque estalló y le colgó al general.[27]

Franz Ferdinand no creía que las guerras «rápidas y casi alegres» de los siglos anteriores fueran posibles con el armamento del siglo xx. «Paz exterior para nosotros [...] ese es mi credo y ¡por él trabajaré y lucharé mientras viva!», le dijo tajante a Von Hötzendorf.[28] Para el general y su grupo de guerra estaba claro que, mientras Franz Ferdinand viviera, no habría guerra.

A inicios de 1914 el compromiso de paz de Franz Ferdinand era más fuerte que nunca. Se trataba de una postura solitaria e impopular, pero la compartía con su esposa, la duquesa de Hohenberg. Pese a haberse ganado con toda justicia, y hasta entre sus críticos, la reputación de ser una mujer religiosa, una esposa leal y una madre amorosa, la duquesa no llenaba el molde de lo que se esperaba de una mujer austriaca de 1914.[29] Había leído y viajado mucho y era políglota. Como hija de un diplomático de toda la vida y prima de la condesa Bertha von Suttner, fundadora de las Asociaciones de Paz por toda Europa, tenía una visión del mundo única, que pocos hombres y mujeres de su tiempo podían igualar. Su amiga de años, la americana Maria Longworth Storer, esposa del ministro estadounidense de Relaciones Exteriores de Austria-Hungría, escribió: «El archiduque Franz Ferdinand no solo quedó cautivado por la inusual belleza de su esposa, sino también por su mente brillante y la integridad y el fervor católico de su carácter».[30]

En la cínica atmósfera patriarcal de la corte de los Habsburgo, uno de los asistentes del archiduque explicó con pesar: «La simple felicidad de este matrimonio, por más ejemplar que sea, tiende un velo de desconfianza sobre Franz Ferdinand».[31]

Durante la crisis de la anexión de Bosnia-Herzegovina el archiduque le pidió a su esposa que compartiera su opinión con sus asistentes militares sobre la necesidad de una solución pacífica. La solicitud de él y la opinión de ella no pasaron desapercibidas en Viena, Berlín o Roma. Citaron que el papa Pío X, al parecer un experto en matrimonios además de en temas eclesiásticos, dijo: «El archiduque ve las cosas a través de los ojos de su mujer».[32] Y no pretendía ser un halago.

Pese a su amistad con Wilhelm II, al archiduque le preocupaban el aislamiento político y la dependencia militar de Austria con

Alemania. Tras viajar a Rusia para reunirse con el zar Nicolás II, les ordenó a los diplomáticos y a sus amigos personales que les dijeran a todos «que soy amigo de Rusia y amigo de su gobernante. Los soldados austriacos y rusos nunca se han encontrado en el campo de batalla, y sería un granuja si esto cambia mientras pueda evitarlo».[33]

Las propuestas de paz de Franz Ferdinand no ayudaron en nada a aumentar su popularidad en Viena. Von Hötzendorf presionaba en público y en privado para que se declarara la guerra, y oficiales con vistosos uniformes militares marchaban por la Ringstrasse y hablaban en cafés llenos de gente sobre la guerra que estaba por llegar. El frustrado archiduque recurrió a la diplomacia personal para ganar influencia política para él y aceptación social para su esposa. En 1912 él y la duquesa hicieron una visita privada al Festival de las Flores de Chelsea, en Inglaterra. Esperaba que su amistad con el duque de Portland, compañero de caza y patrocinador del festival, pudiera abrirles las puertas del palacio de Buckingham. El duque era primo de la familia real británica y un miembro influyente de los asesores de la monarquía del gobierno. El viaje fue un éxito público y privado. La pareja fue invitada a regresar al año siguiente a Inglaterra para cazar y visitar al rey George V y la reina Mary.[34]

Para disgusto de la corte de Habsburgo, cuando el archiduque y la duquesa volvieron a Londres en 1913 fueron recibidos con vítores de la multitud y llevados en un carruaje real al castillo de Windsor. El rey y la reina quedaron encantados con sus invitados y aceptaron visitarlos en Austria al año siguiente. La reina Mary escribió en su diario: «La influencia de ella ha sido y es buena en todos los sentidos. Toda nuestra gente que lo conoció a él antes ha comentado lo mucho que cambió para bien».[35]

Cuando el archiduque y la duquesa regresaron a Konopiste, recibieron una invitación muy esperada. El emperador Franz Joseph pedía conocer a sus tres hijos. Franz Ferdinand debía representar al emperador en un servicio religioso muy temprano en la capilla imperial. Él y su familia pasarían la noche previa en el palacio de Hofburg. Más tarde, la princesa Sophie, de 12 años, el príncipe Maximilian, de diez, y el príncipe Ernst, de nueve, serían presentados con su tío abuelo por primera vez.

El emperador había dejado de ir a las reuniones del gabinete, de presenciar maniobras militares e incluso había dejado de cazar. Al archiduque le parecía que se empezaba a retirar una barrera más entre su familia y el trono. Pero no había desaparecido por completo. Para su gran decepción, los niños no fueron invitados a ninguna de las actividades formales de la mañana.

La hija del archiduque, Sophie, decidió arreglar la falta de invitación. Convenció a su institutriz de que les permitiera a sus hermanos despertar temprano y los llevara a un alto balcón desde el que se alcanzaba a ver la capilla. Desde aquel lugar invisible podrían observar a su padre y las ceremonias sin ser vistos y luego volver a sus aposentos para prepararse para su reunión con el emperador.

Sophie despertó a sus hermanos antes del alba y los llevó en pijama por los oscuros pasillos del palacio hasta el balcón. Desde ahí podían ver, pero no ser vistos. La fuerte música del órgano, las oraciones en latín, el olor del incienso y las velas y las voces angelicales del coro infantil de Viena disimulaban sus discretos grititos de alegría mientras espiaban a su padre allá abajo.

Su amplia visión y la naturaleza clandestina de su aventura crearon un recuerdo mágico. Al final, los niños se fueron de puntitas de su escondite y cerraron con cuidado la pesada puerta de madera del balcón, pero se encontraron con los sonidos ahogados de pasos que se aproximaban. Una figura encorvada y fantasmal levantó la cabeza y salió despacio de entre las sombras. Reconocieron ese rostro marchito que habían visto en un millón de retratos. Era el mismísimo emperador Franz Joseph.

Sophie, Maximilian y Ernst gritaron y se fueron corriendo a sus habitaciones. No les contaron el encuentro matutino a sus padres. Más tarde, la joven princesa recordó haberse sentido mareada por la emoción y el miedo conforme se aproximaba su reunión oficial con el emperador.

Ella, sus hermanos, su despistada madre y su majestuoso padre subieron por la imponente escalera del palacio y entraron al vestíbulo blanco y dorado. Ahí esperaron nerviosos bajo los ojos de los guardias, elegantemente uniformados y con las espadas ceremoniales desenvainadas. Cuando Sophie entró a la sala de juntas descubrió que su tío abuelo estaba transformado. Ya no era el viejo gris que arrastraba los pies por los oscuros pasillos horas antes; se había convertido en Su Real, Imperial y Apostólica Majestad por la Gracia de Dios, emperador de Austria, rey de Hungría y otra docena de títulos que ella no podía recordar.

Franz Joseph sabía cómo impresionar e intimidar. Estaba tan erguido como un joven cadete, con el imponente uniforme de un capitán general austriaco. Su túnica azul combinaba a la perfección con sus ojos azul claro. Con su postura de hierro, el cabello blanco, un bigote de manubrio y los pantalones almidonados, negros y con rayas rojas, se veía como Dios mismo.

La duquesa de Hohenberg hizo una reverencia. El archiduque se inclinó en gesto respetuoso y presentó formalmente a cada uno de sus hijos. El emperador hizo una pausa y luego, con voz firme pero intrigada, dijo: «Pero si ya nos conocimos esta mañana». La compostura de Franz Ferdinand vaciló por un momento, y luego se quedó helado cuando el emperador le preguntó: «¿Por qué tus hijos me tienen miedo?». El silencio incómodo se rompió cuando la hija del archiduque dio un valiente paso hacia el frente. Tras respirar profundamente, explicó con cuidado su encuentro de esa mañana con la lógica sintáctica de una niña de 12 años.

El emperador inclinó la cabeza hacia delante. Escuchó la respuesta con atención y luego, por un brevísimo momento, sonrió ligeramente. Por un instante, casi pareció humano. En los años que siguieron, los hijos de Franz Ferdinand se rieron muchas veces de sus encuentros imperiales, el oficial y el no oficial, con su tío abuelo. Su madre, que tocaba con suavidad el broche de cordero, y el sentido del humor de su padre los salvaron del castigo. Si su padre hubiera vivido, el castillo de Hofburg se habría convertido en su hogar, pero nunca volvieron a pasar una noche en el palacio imperial.[36]

Ese enero Adolf Hitler tuvo un encuentro mucho menos agradable con la burocracia de los Habsburgo. La policía de Múnich notificó a las autoridades de Linz que el desertor del ejército que buscaba se encontraba en su ciudad.[37] Su huida de Viena no logró proteger al desertor austriaco. El largo brazo del ejército «inseparable e indivisible» del emperador lo alcanzó hasta Alemania. Un Hitler bastante agitado fue arrestado e imputado por «residir fuera de Austria con el objetivo de evadir el servicio militar».[38] Le ordenaron regresar a Austria de inmediato.

7

Fatalidad

«Sé que pronto seré asesinado».
Archiduque Franz Ferdinand

«Cada paso de la pareja archiducal era jugar con fuego [...] prácticamente un reto al destino».
Asistente militar de Franz Ferdinand en Sarajevo

«Aún creo que el mundo perdió mucho al no permitirme entrar a la academia y aprender el oficio de la pintura. ¿O el destino me tenía reservado otro propósito?».
Adolf Hitler

Pese a que realmente tenía miedo, no pasó mucho tiempo antes de que Adolf Hitler recuperara la compostura, la seguridad y la arrogancia. A un día de su arresto, solicitó una reunión con el cónsul general de Austria en Múnich. Luego preparó una carta de tres páginas para el consejo municipal de Linz en la que defendía descaradamente su caso:

> En relación con mi falla al no haberme presentado al servicio militar en el otoño de 1909, debo decir que fue un momento infinitamente amargo para mí. Entonces era un joven sin experiencia que no recibía ayuda financiera de nadie y que tenía que mendigar. Sin apoyo y obligado a depender de mi propio esfuerzo, apenas ganaba unas cuantas coronas y generalmente apenas unos centavos por mi tra-

> bajo, y eso solía ser insuficiente para pagar mi alojamiento por una noche. Durante dos largos años no tuve más compañía que la pena y la necesidad, nada más que un hambre eternamente insatisfecha. Nunca conocí la palabra *juventud*. Aun ahora, cinco años después, tengo las cicatrices de las ampollas en mis dedos, mis manos y mis pies. Y aun así no puedo recordar esos días sin algo parecido al placer, ahora que esas vejaciones han quedado atrás. Pese a un gran deseo y en medio de un entorno casi siempre cuestionable, mantuve limpio mi nombre, un récord inmaculado frente a la ley y la conciencia tranquila, salvo por el hecho siempre presente de no haberme registrado para el servicio militar. Esa es la única cosa de la que fui responsable. Parece que una multa moderada sería pena suficiente, y por supuesto que la pagaré de buena gana.[1]

La habilidad camaleónica de Hitler para venderse a su público resultó evidente no solo en su carta, sino en una carta de apoyo que recibió después de la reunión en Múnich con el cónsul general de Austria. El servidor público de los Habsburgo escribió: «Hitler parece muy merecedor de consideraciones [...] En vista de las circunstancias y la pobreza del hombre, deberían considerar el aceptar que comparezca en Salzburgo».[2]

El éxito de la solicitud del cónsul general salvó a Hitler de la humillación de volver a su ciudad natal custodiado por la policía. Su reunión el 5 de febrero de 1914 en la bellísima ciudad de la música y de Mozart tuvo un final feliz para él. El examen físico determinó que Hitler era «no apto para los deberes de combate y asistencia, demasiado delgado e incapaz de portar armas».[3] Quedó libre para volver a su país adoptivo, Alemania, donde estaba seguro de que el destino lo esperaba.[4]

Cuando regresó a Múnich, se enteró de que Rudolf Häusler se había ido de la habitación que compartían.[5] Häusler ya había pasado suficientes noches en vela por culpa de los discursos y peroratas políticas sin fin de Hitler. Solo de nuevo y con el estudio del arte y la arquitectura cerrado para él, un inquieto Adolf Hitler buscó otro propósito en la vida y un nuevo público.

Los esfuerzos de Franz Ferdinand por hacerse autopromoción fueron recompensados con un perfil en el *London Times*.[6] El periódico más influyente de Inglaterra presentaba al duque y la duquesa como representantes poco tradicionales de su clase social y posición real. Cuando estaba en casa, el heredero al trono de los Habsburgo comenzaba y terminaba cada día en el cuarto de los niños. Parecía más feliz que nunca mientras jugaba en el suelo con sus pequeños hijos. La costumbre de Sophie de cuidar personalmente a sus hijos cuando se enfermaban y de arroparlos por la noche era otra peculiaridad que se resaltaba en el artículo. A una de las pocas aliadas Habsburgo, la viuda del príncipe Rudolf, Stéphanie, no le sorprendió que esos pequeños detalles se ganaran un lugar en el periódico. «En ese tiempo se estilaba despreciar las alegrías de la vida familiar», señaló con tristeza.[7]

En marzo de 1914, los Hohenberg volvieron a uno de sus lugares vacacionales favoritos, el castillo de Miramar en el Adriático. Aún hoy el castillo se aferra como puede a esos riscos que parecen a punto de lanzar el palacio hacia el mar. Había sido construido cincuenta años antes por el tío de Franz Ferdinand, Maximiliano de Habsburgo. En 1864 él y su esposa, Carlota, zarparon de su muelle para convertirse en emperador y emperatriz de México. Tres años después sus sueños de un Imperio mexicano terminaron con la muerte de él frente a un pelotón de fusilamiento y la locura de Carlota.[8] Cada habitación del interior del castillo, profundamente gótico y con paredes blancas, tenía algún recuerdo de la pareja condenada al fracaso.[9] El hijo del archiduque, Maximilian, recibió su nombre en honor del tío fallecido al que nunca conoció. Pese a su trágica historia, para la familia de Franz Ferdinand, Miramar era un mundo de maravillas. La duquesa de Hohenberg celebró allí su cumpleaños 46, y el último.

Pasaban los días nadando en las vigorizantes aguas y navegando hasta el atardecer. Por la noche los niños recorrían las enormes habitaciones, las imponentes escaleras y los pasillos oscuros de Miramar con linternas eléctricas de bolsillo, pues el palacio no tenía electricidad. Reservaban un tiempo para recorrer la costa y disfrutar de picnics con vista al mar. El asistente militar del archiduque le advirtió sobre el riesgo de seguridad, pero él rio y le dijo: «Estoy seguro de que tienes algo de razón, pero no podemos vivir bajo un cristal. Nuestras vidas siempre están en peligro. Debemos confiar en Dios».[10]

El emperador alemán Wilhelm II los visitó en Miramar. Navegó hasta el castillo en una pequeña embarcación desde su elegante yate real, el *Meteor*. Dos buques de guerra alemanes, gran parte de la marina austriaca y la ciudad de Trieste fueron su telón de fondo. Mientras avanzaba con paso decidido y arrogante hacia el muelle del castillo, se dispararon balas de cañón, se tocaron las campanas y sonaron los agudos silbatos. El séquito del emperador incluía a almirantes alemanes y austriacos, varios ayudantes y sus perros salchicha, Wadl y Hexl. A los niños Hohenberg, que estaban sorprendidos, les confesó que prefería viajar con sus perros que con su familia.[11] Pese a la inusual elección de compañeros de viaje, a su fijación por cambiarse de uniforme militar durante el día y a su personalidad escandalosa, trataba muy bien al archiduque y a su esposa. La hija de Franz Ferdinand, Sophie, recordaba que, para ser emperador, parecía bastante agradable. Wilhelm prometió volver a visitarlos en Konopiste en junio.[12]

Para el archiduque, el verano fue un periodo familiar. Tras la visita de Wilhelm en junio, lo único que nubló sus planes fueron las maniobras militares en Bosnia. El agosto anterior el emperador Franz Joseph designó a Franz Ferdinand como Inspector del

Ejército, un puesto que llevaba 18 años vacante.[13] Entre sus nuevas responsabilidades estaba el viaje a Bosnia, una provincia balcánica famosa por sus altas temperaturas y a la cual nunca quiso como parte del imperio.[14]

Además del clima, quizá tenía en mente la acalorada situación política de Bosnia-Herzegovina. Las provincias compartían una extensa frontera con Serbia, un semillero de terrorismo y terroristas. Los serbios, oprimidos durante siglos por la dominación extranjera, hacían poco por ocultar su odio a los Habsburgo o su resentimiento por su expansión por los Balcanes.[15] Esa primavera, durante una visita a Viena, Franz Ferdinand invitó a cenar a su sobrino, el archiduque Karl, y a Zita. La archiduquesa Zita nunca olvidó esa noche, la cual describió así años después:

> A inicios de mayo de 1914 mi esposo y yo estábamos en Viena y el tío Franz llamó una noche para invitarnos a cenar en el palacio de Belvedere. Solo era una pequeña reunión familiar con nosotros como únicos invitados. Todo transcurrió normal, y de hecho bastante alegremente, hasta después de la cena, cuando la tía Sophie se llevó a los niños a acostar. Cuando salió de la habitación, el archiduque de pronto se volteó hacia mi esposo y dijo: «Tengo algo que decirte, pero debo decirlo rápido, pues no quiero que tu tía escuche nada de esto. Sé que pronto seré asesinado. En este escritorio hay papeles que tienen que ver contigo. Cuando pase, tómalos; son tuyos».[16]

El esposo de Zita afirmó que debía tratarse de una especie de broma de mal gusto, pero el archiduque le recordó: «La cripta en Artstetten ya está terminada. Y ahí me van a enterrar».[17] En ese momento volvió la duquesa y la conversación terminó abruptamente. Karl y Zita no volvieron a estar a solas con Franz Ferdinand para hacerle más preguntas.[18]

Ese junio, el más hermoso en la memoria de muchas personas, las doscientas hectáreas de rosas de Konopiste florecieron a tiempo para la visita del emperador. Además de sus perros salchicha, Wilhelm llevó a su almirante, Alfred von Tirpitz, fundador de la fuerza naval alemana. Franz Ferdinand amaba el mar desde el crucero que hizo alrededor del mundo cuando era joven, y el almirante amaba las rosas. El archiduque acompañó personalmente al emperador y al almirante al baño más grande del castillo. Desde la alta ventana de esa habitación les mostró lleno de orgullo su vista favorita a su rosedal.[19]

Los niños Hohenberg siempre comían con sus padres, a menos que estos tuvieran una cena formal.[20] En esas ocasiones saludaban a los invitados y luego desaparecían para cenar con su tutor. Por el evento especial de la visita de Wilhelm II, tras un día de disfrutar las aromáticas rosas, la suave brisa y el hermoso clima, la hija de casi 13 años del archiduque, Sophie, recibió una invitación especial: tendría permitido acompañar a los adultos en la cena de despedida del emperador.[21] Wilhelm tomó a la duquesa por el brazo y el archiduque le ofreció el suyo a su hija, que estaba llena de orgullo. Caminaron hasta el comedor seguidos del almirante y dos docenas de invitados. El único otro familiar presente fue la hermana de la duquesa, Henrietta Chotek, la pariente favorita de todos los Hohenberg.

Todos llevaban sus mejores trajes, vestidos y uniformes. Una comida de nueve tiempos con ingredientes de los mismos jardines y reservas de cacería de Konopiste, la voz estruendosa del emperador alemán, las carcajadas graves del archiduque, el ritmo y vaivén de la música y las conversaciones en murmullos entre amigos y vecinos hicieron que la velada fuera como un sueño.

La princesa Sophie recordaría cada exquisito detalle de esa noche. Incluso mientras la vivía, deseó detener el tiempo, pero no pudo. Wilhelm II, el almirante Tirpitz y los dos perros salchicha del emperador pronto volvieron a Berlín. La primera cena formal de adultos que compartió con sus padres también sería la última. El archiduque y la duquesa se irían a Bosnia en unos días.[22]

Esa primavera, nacionalistas, terroristas y anarquistas serbios, en lugares tan remotos como Chicago, recibieron la noticia del viaje del archiduque a Sarajevo, la capital de Bosnia. Nunca se supo cómo se enteraron de su viaje antes de que se anunciara públicamente en Viena. Un periódico serbio escribió: «Si el heredero al trono va a Bosnia, nos aseguraremos de que lo pague [...] A los serbios: usen cualquier arma que tengan a su disposición, dagas, pistolas, bombas y dinamita. La venganza es sagrada; muerte a la dinastía Habsburgo».[23]

La propaganda antiaustriaca en los Balcanes nunca había sido tan violenta como en las semanas previas a la visita del archiduque. En las iglesias cristianas ortodoxas circulaban panfletos que denunciaban en textos y caricaturas a la duquesa católica de Hohenberg como «una monstruosa ramera bohemia». En los descarados encabezados se leía: «¡Abajo con el perro de d'Este y la asquerosa cerda bohemia!».[24] Los rumores de asesinato se volvieron el tema de conversación favorito en los cafés de los Balcanes. Agentes de contrainteligencia austriacos seguían los pasos de terroristas conocidos y desconocidos, pero no se reportaron actividades inusuales ni hubo necesidad de establecer una seguridad especial durante el viaje del archiduque.

El día en que Franz Ferdinand dejó Konopiste parecía extrañamente callado, incluso deprimido. Esa mañana le entregó las llaves de su escritorio en el palacio de Belvedere a Franz Janaczek, su antiguo asistente, que para entonces ya se encargaba de todo el lugar. Le dio instrucciones de entregarle las llaves a su sobrino Karl si no regresaba.[25]

Janaczek llevaba muchos años al servicio del archiduque, pero era mucho más que un empleado o un cuidador de Konopiste.

Era la sombra del archiduque y su confidente, la primera persona que sostuvo en sus brazos a la princesa Sophie tras su nacimiento en 1901.[26] Ese día Franz Ferdinand sorprendió a Janaczek con un reloj de oro por sus años de lealtad y discreción. Luego lo sorprendió con una solicitud personal cuando le pidió que, si algo le pasaba, se quedara con su esposa y sus hijos.[27] Janaczek aceptó de inmediato.

Fue en Chlumetz, la otra propiedad del archiduque en Bohemia, donde la familia Hohenberg pasó sus últimos días antes de Sarajevo. Su hijo Maximilian estaba haciendo sus exámenes escolares en Viena. La última mañana que la familia pasó reunida fue como otras miles. Fueron temprano a misa y tomaron un desayuno ligero juntos. Franz Ferdinand llevó a Max, de 11 años, a dar un largo recorrido por el lugar. La princesa Sophie y el príncipe Ernst pasaron una mañana tranquila con su madre. No hubo nada especial en ese día, salvo que nunca volvería a haber otro igual.[28]

A la hora del almuerzo, nadie mencionó el viaje a Bosnia, hasta que el archiduque dijo de pronto: «¡Soy el inspector general de las fuerzas armadas austrohúngaras! Debo ir a Sarajevo. Los soldados no entenderían mi ausencia».[29] Parecía discutir consigo mismo. Siguió un silencio incómodo. Tras un momento extraño, su ánimo sombrío cambió y continuaron con la comida.

No fue hasta más tarde que sus hijos supieron que sus padres no estaban convencidos de hacer el viaje. Franz Ferdinand le dijo a un amigo: «Esto no es realmente un secreto. No me sorprendería que ya me esperaran algunas balas serbias».[30] No temía por su vida en lo personal, pero le preocupaba dejar a sus hijos sin padre. La duquesa le confesó sus propios miedos a su capellán, concluyendo con las palabras: «Si hay algún peligro, mi lugar está junto a mi esposo».[31] Un vecino de Konopiste escribió después: «Creo que, en su cabeza, la pobre mujer predijo la catástrofe cientos de veces».[32]

Más de una vez el archiduque amenazó con cancelar el viaje. Su asistente militar, el barón Albert von Margutti, escribió luego: «El viaje lo tuvo tenso de principio a fin».[33] Tradicionalmente, se planeaban maniobras para preparar al ejército para desplegarse en caso de guerra. Pero las tropas en Bosnia ya se habían movilizado con éxito dos veces y les había ido bien durante las recientes crisis en la región.

Tras su matrimonio, Franz Ferdinand había tenido una salud excelente, pero en los últimos tiempos le habían diagnosticado asma. Su doctor temía que el clima de Bosnia pudiera agravar su condición. La archiduquesa Zita recordó después:

> El archiduque usó la excusa del gran calor de Bosnia para no ir a las maniobras. Por lo general siempre se imponía al viejo emperador en las decisiones sobre sus viajes [...] Pero en esa ocasión y en un viaje relativamente de rutina, falló. Al dejarle la decisión final a él, el emperador dejó en claro que quería que fuera el archiduque. Tal deseo, en especial en un tema militar, equivalía a una orden. Viéndolo con lo que ahora sabemos, es impactante pensar que ese viaje a Sarajevo haya sido la única ocasión en la que no se salió con la suya.[34]

Como incentivo para hacer el viaje, Franz Joseph hizo lo impensable. Dio marcha atrás a su férrea política de excluir a la duquesa de Hohenberg de acompañar a su esposo en sus deberes oficiales.[35] Las visitas previas a Rumania, Alemania e Inglaterra habían sido consideradas asuntos privados entre las familias reales, pero ese viaje sería diferente. La decisión del emperador sorprendió a todos. El que suspendiera una regla que había sostenido con firmeza durante 14 años terminó por convencer a su reacio sobrino de viajar a la región que llevaba mil años como zona de guerra. Fue la primera y única excepción que Franz Joseph hizo respecto a una aparición pública de la pareja como tal.

Acompañar a su esposo a Bosnia-Herzegovina le permitiría a la duquesa, a quien el archiduque consideraba su mejor enfermera, monitorear su salud. También le daría la oportunidad de visitar las beneficencias de Sarajevo que llevaba años financiando. Él creía que Sophie era su amuleto de buena suerte y siempre se sentía mejor con su esposa a su lado.

El viaje le dio a Franz Ferdinand la oportunidad de ponerle punto final al escándalo de Redl al encontrar un reemplazo para el jefe del Estado Mayor. Ordenó que la estructura de mando de las maniobras fuera dividida en tres generales. Von Hötzendorf no se equivocaba al suponer que Franz Ferdinand aprovechaba para buscarle un reemplazo.[36] Hacía poco tiempo, el general y el archiduque se habían enfrentado una vez más porque Von Hötzendorf seguía insistiendo en la guerra contra Serbia.[37] Solo se hablaban cuando era absolutamente necesario.

Todas las minucias del viaje se planearon con cuidado, salvo la seguridad. Los cincuenta mil habitantes de Sarajevo tuvieron muchas oportunidades de ver a los visitantes reales. El jefe de protocolo de Franz Joseph, el príncipe Alfred Montenuovo, publicó la agenda de eventos a los que el archiduque y la duquesa asistirían juntos y por separado. Fue la primera vez que el palacio de Hofburg hizo publicidad por adelantado a un viaje de Franz Ferdinand.[38] Se colocaron carteles por toda la ciudad que anunciaban la ruta de la caravana e invitaban a la gente a darle la bienvenida:

> ¡Ciudadanos! Su Alteza Imperial y Real, nuestro Misericordioso Sucesor, el archiduque Franz Ferdinand, honrará a nuestra ciudad con su ilustre visita. Nuestros profundos sentimientos de filial gratitud, devoción, fidelidad y lealtad […] nos permiten mostrar nuestra gran alegría por esta augusta visita, sobre todo en las calles por las que

> pasará Su Majestad, que son: Ferrocarril, Mastajbeg, Franz Joseph, Príncipe Rudolf y el muelle Appel.[39]

El asistente militar de Franz Ferdinand, el barón Margutti, estaba furioso. Sentía que anunciar «cada paso de la pareja archiducal era jugar con fuego... prácticamente un desafío al destino».[40] Aunque había veinte mil tropas disponibles en las cercanías, ninguna se usaría para proteger a la pareja. El gobernador militar de Bosnia, Oskar Potiorek, insistió en que los 120 hombres de la policía de Sarajevo se podían encargar de la seguridad, aunque no tenía control directo sobre ellos.[41] Esa responsabilidad descansaba en su rival político de tiempo atrás, el doctor Leon Bilanski, un burócrata Habsburgo y amigo del emperador cuya oficina en Viena estaba a más de 1200 kilómetros de Sarajevo.

El día después de que se hizo público el itinerario de viaje del archiduque, Jovan Jovanovic, el ministro serbio en Viena, se reunió con Bilanski. Le advirtió claramente que la visita del archiduque a Sarajevo el 28 de junio pondría en riesgo su vida. No solo era el Día de San Vito, una celebración serbia en honor al dios eslavo de la guerra, sino también el 525 aniversario de la batalla de Kosovo.[42] Dicho aniversario, el día más oscuro en la historia serbia, marcaba la pérdida de la independencia de Serbia hacía cinco siglos ante los turcos otomanos. El héroe solitario que surgió de esa debacle fue un asesino serbio que mató al líder turco del ejército islámico que los conquistó.[43]

Hacía poco que los serbios cristianos ortodoxos habían ganado la independencia de sus rivales musulmanes del sur. Y ahora se sentían cada vez más amenazados por el avance de sus rivales católicos del norte. Jovan Jovanovic advirtió que el viaje en el aniversario de la batalla de Kosovo se entendería como una provocación directa a Serbia.

Bilanski era un hombre ocupado e impaciente. No tenía tiempo para recordarle a nadie que hiciera lo que le correspondía, incluyendo a la fuerza policial responsable de proteger a Franz Ferdinand.[44] Antes de ignorar las advertencias del ministro serbio y volver a su trabajo administrativo, le agradeció bruscamente con estas terribles palabras: «Esperemos que no pase nada».[45]

8

Destino inescrutable

«El 28 de junio de 1914 se tiró un disparo en Sarajevo, el disparo que en un segundo destruyó el mundo de seguridad y racionalidad creativa en el que él había sido criado, en el que creció y en el que se sentía en casa, como si fuera una olla hueca que se rompía en mil pedazos».

STEFAN ZWEIG

«Se había echado a rodar una piedra cuyo avance ya no podría detenerse».

ADOLF HITLER

NADIE ESCUCHÓ los gritos del obispo, ni sus sirvientes, ni los jardineros ni los cocineros, ni sus invitados ni su madre, que estaban de visita para celebrar su cumpleaños; todos dormían. Afuera de sus aposentos, en la madrugada del 28 de junio de 1914 las 119 habitaciones del palacio del obispo en la ciudad austrohúngara de Grosswardein estaban en silencio y a oscuras.

Ahora el palacio se encuentra en Oradea, Rumania, pero esa noche, como durante un siglo y medio, se ubicaba dentro de las fronteras del Imperio Habsburgo en Europa Central. Los gritos rebotaron en las paredes de su cuarto y se quedaron ahí, suspendidos. Afuera y alrededor del palacio todo estaba en silencio. Nadie se movió siquiera en las casas barrocas y modernistas de las cercanías, pintadas de pálidos rosas, vedes y azules. Las muy decoradas iglesias y sinagogas de la ciudad, el río indolente y los montes Cárpatos de Transilvania estaban también en silencio.

El reloj de la torre del edificio más alto de la ciudad marcaba poco más de las tres de la madrugada, pero solo el obispo notó la hora. Para quienes aún se aferraban a las antiguas leyendas y al folclor de la religión, la hora del diablo acababa de pasar, la hora en que la delgada cortina entre este reino y el otro se levanta y se sueltan pingos y cosas peores en este mundo.

La lluvia de junio había provocado que las 365 ventanas del palacio, una por cada día del año, estuvieran cerradas. La enorme casa era una versión a escala del palacio de Belvedere en Viena, hogar del amigo y antiguo alumno del obispo el archiduque Franz Ferdinand. La pesadilla que hizo despertar entre gritos al obispo Joseph Lanyi fue sobre el archiduque y su esposa. Soñó que los asesinarían esa mañana.[1]

El obispo Lanyi no era un hombre supersticioso. Los teléfonos, la electricidad, los automóviles y los aviones hacían la vida cada vez mejor y más segura. Al día siguiente cumpliría 46 años, pero Lanyi ya llevaba casi ocho años como obispo. Su ascenso en la Iglesia católica, que no era conocida por avanzar a paso veloz o tener líderes jóvenes, había sido meteórico. La mayoría de la gente, incluyendo a Lanyi, no podía imaginar que el mundo como lo conocía estaba por llegar a su fin. El clérigo, profundamente seguro de sí, era un hombre conservador pero muy moderno que no le tenía miedo a la oscuridad, los horrores de la noche o el futuro. No podía recordar la última vez que gritó o que lo despertó un mal sueño, pero esa pesadilla lo dejó temblando y llorando.

El archiduque Franz Ferdinand, su esposa Sophie y sus pequeños hijos eran todavía cercanos al obispo. Durante muchos años él fue parte de su hogar, vivió en su casa y fue su capellán. Bautizó a dos de sus hijos, celebró el nacimiento con salud del tercero y enterró al que nació muerto. Nunca había conocido a una familia más feliz ni más llena de amor, y tampoco a un hombre más íntegro. El obispo Lanyi creía que el futuro de Europa dependía de que ese príncipe de paz se convirtiera en el emperador de Austria.[2]

Para él, el archiduque era un hombre indispensable, el catalizador de la paz y la unidad europeas. Ahora temía por él, por su familia y por toda Europa. Lanyi se levantó y fue a mirar por su ventana hacia la oscuridad. No podía dejar de temblar. Al fin, para aclarar su mente, se sentó en su pequeño escritorio y anotó los detalles del sueño.

> Fui a mi escritorio para revisar la correspondencia. Una carta con bordes negros estaba hasta arriba, sellada con el escudo del archiduque. Reconocí la letra de inmediato. La abrí y vi en el membrete una imagen clara, como si fuera una postal, en la que se mostraban una calle, un callejón estrecho, con Su Alteza sentado en el automóvil, un general frente a ellos y un oficial junto al conductor. Había una multitud a cada lado de la calle, y entonces dos jóvenes salieron y le dispararon a Su Alteza…

La carta con el sobre de bordes negros decía:

> Querido doctor Lanyi,
>
> Se le informa que hoy, junto con mi esposa, seré víctima de un asesinato. Nos encomendamos a sus piadosas oraciones y sagrado sacrificio, y le rogamos que continúe tan amoroso y leal con nuestros pobres hijos como hasta ahora.
>
> Saludos cordiales de su archiduque Franz
> Sarajevo, 28 de junio de 1914. 3:30 a. m.[3]

Lanyi nunca había tenido un sueño así, ni de niño ni cuando era un joven seminarista y mucho menos ya como un hombre. Dos horas después, su sirviente entró a la habitación para despertarlo y encontró al obispo de rodillas rezando el rosario en silencio. Lanyi le pidió que llevara a su madre y a sus otros huéspedes a la capilla. Iba a oficiar una misa por el archiduque Franz Ferdinand y la duquesa. Después les contó de su sueño y les hizo un bosquejo de la escena del asesinato, del carro que entraba a un callejón estrecho, de la ubicación del asesino y otros detalles. No podía dejar de pensar en la pesadilla. Volvió a su habitación y escribió una carta para su hermano Edward, sacerdote jesuita, con los detalles de su sueño junto con un dibujo de lo que había visto.[4]

Nueve horas después del grito del obispo y casi quinientos kilómetros al sur, seis terroristas esperaban el automóvil descapotable de Franz Ferdinand y su esposa. Cuatro de ellos se petrificaron y solo observaron su paso en silencio. El quinto lanzó una bomba que el archiduque desvió con la mano. Explotó detrás de su carro, hiriendo a veinte personas. En el caos tras el intento de asesinato, nadie guardó tanto la calma como él y su esposa. Tras preguntar cómo estaban los heridos, Franz Ferdinand dijo: «Pensé que algo así podría pasar».[5] Luego bromeó diciendo que el hombre que lanzó la bomba, y a quien ya habían capturado, probablemente recibiría una medalla y un puesto en el gobierno en Viena.[6] Nadie rio.

El viaje a Sarajevo estuvo plagado de malos augurios desde antes que él y la duquesa salieran de Konopiste. Poco después de que el tren de Wilhelm II saliera de la estación para llevarlo de regreso a Berlín, el archiduque y la duquesa notaron una enorme parvada de cuervos que revoloteaba sobre ellos. No era común ver cuervos en esa época del año. Sorprendido, Franz Ferdinand se levantó de su asiento y masculló: «¡Los cuervos son un mal augurio para nuestra casa!». El príncipe heredero Rudolf los había visto en el camino a Mayerling poco antes de su trágica muerte.[7]

Tras despedirse de sus hijos en Chlumetz, el eje del vagón que los llevaba a Viena se descompuso de pronto. El archiduque respondió con su característico sarcasmo: «Así comienza. Primero el carruaje se calienta, luego un intento de asesinato en Sarajevo ¡y probablemente termina con una explosión de las calderas en el barco!». Luego se apagó la electricidad del tren nocturno a Trieste, obligándolo a viajar con velas. Las sombras lúgubres bailaban por el vagón oscuro, haciéndolo bromear: «¿Qué decir de esta iluminación? Es como una tumba, ¿no? Primero mi propio vagón se incendia, y ahora al reemplazo tampoco le agrado».[8]

Después del intento de asesinato atraparon a quien lanzó la bomba, los heridos fueron llevados al hospital y la caravana de Franz Ferdinand continuó su camino hacia el ayuntamiento de Sarajevo, de estilo morisco de ladrillo rojo, amarillo y naranja. La esposa del archiduque lo tomó por el brazo y bajaron los escalones despacio para encontrarse con el comité de bienvenida. El rostro de la duquesa estaba completamente pálido, pero la tez del archiduque estaba tan roja como la franja escarlata en las perneras de su pantalón. Al parecer nadie les había informado a los oficiales de Sarajevo sobre la bomba, las heridas y el asesinato frustrado.[9]

La ceremonia al aire libre no se había cancelado. Al calor del brillante sol esperaba una multitud a centímetros de la pareja real. El alcalde comenzó su discurso: «Su Majestad Imperial, nuestros corazones se llenan de alegría con su amable visita…».

«Señor alcalde, ¿de qué sirven sus discursos? Vengo a visitar Sarajevo y me lanzan bombas. ¡Es un escándalo!», soltó Franz Ferdinand en un tono explosivo.[10]

La duquesa de Hohenberg tocó con suavidad la manga de la chaqueta de su marido. Tras susurrarle algunas palabras, él respiró profundo y dijo: «De acuerdo, puede continuar».[11]

El confundido alcalde así lo hizo. «Nuestros corazones están llenos de alegría… Todos los ciudadanos de Sarajevo están inundados de felicidad… Recibimos la ilustrísima visita de Su Alteza con el mayor entusiasmo».[12]

Cuando al archiduque le dieron las tarjetas de lo que debía decir, estaban salpicadas con la sangre de su asistente herido, pero leyó las palabras ensangrentadas con tranquilidad. Al final de su discurso, agregó que la amigable recepción en el ayuntamiento era prueba de la lealtad de la gente y de su regocijo por «el fracaso del ataque».[13]

Aún esperaba un sexto y último asesino. Tras terminar la bienvenida en el ayuntamiento y viajar dos breves cuadras, el auto del archiduque dobló por una estrecha calle nombrada en honor a su tío Franz Joseph. Dos disparos rompieron el silencio. La duquesa se lanzó frente a su esposo. Una bala la penetró en el abdomen y la otra hizo estallar una arteria en el cuello del archiduque. Los tiros serían fatales. Mientras se desangraban, Franz Ferdinand le dijo a su esposa con tono de súplica: «Sophie, Sophie, no te mueras. Vive por los niños».[14]

La malhadada pareja murió con minutos de diferencia.

Era exactamente el decimocuarto aniversario del día en que el heredero al trono de Austria firmó el juramento de renuncia que permitió su matrimonio. Cuando se difundió la noticia del asesinato, las campanas de las iglesias católica y ortodoxa oriental sonaron en señal de luto mientras en los almuédanos llamaban a las oraciones islámicas. Un alegre cómplice de los asesinos envió un telegrama de cinco palabras a Serbia confirmando el éxito de la misión. Simplemente decía: «Excelente venta de ambos caballos».[15]

Las reacciones a la noticia de Sarajevo revelaban tanto sobre la gente que se enteraba del asesinato como el hecho mismo. Cuando un asistente militar le informó al emperador Franz Joseph de la violenta muerte de su sobrino y su esposa, él se quedó en silencio por un largo rato. Luego exclamó: «¡Terrible! No se debe retar al Todopoderoso... Un poder mayor ha reestablecido el orden que yo mismo no pude mantener».[16]

Adolf Hitler registró su propia reacción al asesinato en *Mein Kampf*:

> Cuando llegó a Múnich la noticia del asesinato del archiduque Franz Ferdinand, primero me llené de preocupación de que las balas hubieran salido de armas de estudiantes alemanes que, por la indignación ante las aparentes labores continuas de eslavización del heredero, quisieran liberar al pueblo alemán de ese enemigo interno. Las consecuencias de algo así habrían sido fáciles de imaginar: una nueva ola de persecuciones que ahora hubiera sido «justificada» y «explicable» a los ojos de todo el mundo. Pero cuando, poco después, escuché los nombres de los supuestos asesinos y, más que eso, leí que habían sido identificados como serbios, un ligero escalofrío comenzó a recorrerme ante esa venganza del destino inescrutable. El mejor amigo de los eslavos había caído ante las balas de fanáticos eslavos.[17]

El soldado de más alto rango de Austria, el jefe de Estado Conrad von Hötzendorf, le escribió de inmediato a su amante. Le dijo a Virginia von Reininghaus que el asesinato podía significar una guerra desastrosa. Con suerte, agregó, distraería a la Austria católica lo suficiente para permitirle divorciarse de su esposo y casarse con él. Su obsesiva pasión por su amante y la guerra se habían convertido en una misma cosa. «¡Gracias a Dios! ¡Tuve que esperar ocho años por esto! Ahora no vas a decir que no. ¿Ahora sí vas a aceptar mi propuesta de matrimonio?».[18]

Casi todo el mundo se enteró de los acontecimientos en Sarajevo antes que los tres niños recién huérfanos. El barón Andreas von Morsey, asistente militar del archiduque, llamó por teléfono al doctor Otto Stanowsky, el tutor de los pequeños Hohenberg, a Chlumetz. El sacerdote checo almorzaba con los niños cuando recibió la llamada y Morsey le dijo: «Por favor, dígales a nuestros queridos niños con tanto cuidado como le sea posible que las eminentes figuras públicas cayeron víctimas de las brutales manos de un asesino».[19] Morsey también llamó a Henrietta Chotek, la tía de los niños en Praga, quien salió de inmediato hacia Chlumetz.[20]

La madre del doctor Stanowsky había estado enferma. Al ver que él no volvía enseguida, los niños murmuraron que quizá había recibido malas noticias respecto a ella. Sus cuchicheos se detuvieron cuando él volvió al comedor con el rostro pálido. Durante varios minutos no los miró ni dijo nada. Los niños sabían que algo terrible debía haber pasado, pero el doctor Stanowsky no encontraba las palabras para decirles lo que le habían informado. El tenso almuerzo terminó con un silencio incómodo. Setenta años después, la princesa Sophie Hohenberg le dijo a su nieto: «Ese día fuimos a almorzar como niños, pero dejamos la mesa como adultos. Nuestras infancias se habían terminado».[21]

Incluso después de la llegada de su tía Henrietta Chotek, quien estaba hecha un mar de lágrimas, ni su tutor ni ella se atrevieron a decirles la verdad a los niños. Primero les dijeron que sus padres se habían enfermado, luego que habían tenido un accidente y necesitaban sus oraciones. Conforme pasaban las horas, la confusión, los presentimientos y el miedo fueron llenando a Chlumetz. Y, al fin, Sophie, de 12 años, se echó a llorar diciendo que sabía que sus padres estaban muertos. Maximilian, de diez años, dejó escapar un gemido profundo. Ernst, de nueve, comenzó a temblar sin control. Los niños se abrazaron, pero los adultos aún no se atrevían a decirles que sus padres habían muerto.[22]

Tras una noche en vela llena de lágrimas y rezos, por fin recibieron la noticia a la mañana siguiente de boca de la archiduquesa Maria-Theresa, la amada madrastra de Franz Ferdinand, quien llegó de Viena. Más tarde, la princesa Sophie le dijo en confidencia: «Es bueno que mamá haya muerto con papá. Si papá hubiera muerto y mamá no, mamá se habría vuelto loca».[23] El emperador de Alemania, Wilhelm II, quien sentía un cariño sincero por los hijos de Franz Ferdinand, les envió un telegrama que decía:

> No encontramos las palabras para expresarles el gran dolor que hay en nuestro corazón al pensar en ustedes y su indescriptible desgracia. Hace solo dos semanas disfrutamos de aquellas maravillosas horas con sus padres, y ahora nos enteramos de esta terrible tristeza que deben estar padeciendo. Que Dios los proteja y les dé fuerza para soportar este golpe. Las bendiciones de los padres van más allá de la muerte.[24]

La reina Mary de Inglaterra escribió en su diario:

> La horrible tragedia del pobre archiduque y su esposa causó una gran impresión en nosotros [...] éramos muy cercanos a ambos [...] Creo que es una bendición que marido y mujer hayan muerto juntos, haciendo que el futuro sobre la posición de los hijos sea menos complicado.[25]

Su hijo Edward, el príncipe de Gales de 28 años, que se encontraba aislado en un campo de entrenamiento militar para oficiales, escribió: «Ignoro por completo lo que pasa en el mundo de allá afuera, salvo que el archiduque austriaco y su esposa han sido asesinados. Supongo que eso ha causado una gran agitación en Alemania».[26] Su teoría era correcta. En Viena eran otros los sentimientos que se mezclaban en el corazón y la mente del emperador Franz Joseph. Su hija favorita, la archiduquesa Marie Valerie, escribió en su diario:

> Veo a papá increíblemente animado. Como es obvio, está conmovido y habla de los pobres niños con lágrimas en los ojos, pero, como yo ya sabía desde antes, no le afecta de manera personal. De hecho, en el

> transcurso de una conversación de sesenta minutos sin pausa el día de hoy, la única referencia que hizo a aquello fue cuando yo señalé que Karl (el nuevo heredero al trono) sin duda hará un buen trabajo, y él respondió son severidad y firmeza «Para mí, es mucho menos preocupante».[27]

Pese a las lágrimas por los pequeños huérfanos de su sobrino fallecido, no les envió un telegrama o una carta de condolencias ni los buscó por ningún medio.[28] Solo ordenó que se cerraran de inmediato las oficinas de su sobrino en el palacio de Belvedere. Todos los papeles y documentos oficiales y militares del archiduque se sellaron y se ordenó que no se abrieran durante cincuenta años. El archiduque Karl intentó abrir el escritorio privado de Franz Ferdinand para tomar los papeles que eran para él, pero también habían desaparecido.[29] Lo que la eficiente burocracia de Franz Joseph no hizo fue ordenar una investigación en las fallas de seguridad en Sarajevo.

Los tradicionalistas del Imperio Habsburgo se sintieron aliviados con la muerte de Franz Ferdinand. El embajador de Estados Unidos le escribió al secretario de Estado, William Jennings Bryan: «La noticia de la muerte del príncipe heredero se recibió sin alharaca [...] Aunque se expresó el desprecio al asesinato, en general la gente parecía sentir que el evento había resuelto un problema muy complicado».[30] Podía hablar por el emperador y su corte, pero no por todos. El conde Alphonse Clary habló por muchos cuando le escribió a la princesa británica y reformista social Daisy, princesa de Pless:

> Le escribo con el corazón muy herido y lágrimas en los ojos, lágrimas de pena y de la rabia más terrible. Oh, qué miseria, él, nuestro futuro, nuestro líder, quien iba a ser un hombre fuerte, él, a quien todos esperábamos acompañar en el futuro, nuestro salvador tras todos es-

> tos años de ineptitud; él ya no está. Lo asesinaron y a ella también, su esposa, cuya vida fue puro amor, quien lo siguió adonde el peligro lo esperaba y murió intentando protegerlo con su cuerpo. Vivieron una vida noble y llena de amor, y pensar en esos tres niñitos que aún esperan el regreso de sus padres, ellos, que conocieron todas las alegrías de la vida en familia; ahora están tan solos, sin nadie que los cuide, sin nade que los ame y los proteja de los golpes de la vida que tan pronto van a sentir [...] Todos estamos hundidos en la miseria.[31]

Viena estaba tomada por las sospechas de que agentes secretos de Austria o Alemania maquinaron el asesinato o se hicieron a un lado para permitir que ocurriera.[32] Las especulaciones respecto a si los pecados de acción u omisión asesinaron al archiduque se desvanecieron cuando el gobierno de los Habsburgo atribuyó la culpa de los asesinatos al gobierno serbio. Los rumores de la guerra disiparon cualquier pregunta sobre la seguridad fallida de Sarajevo.

La archiduquesa Maria-Theresa y los familiares Chotek llevaron a los niños Hohenberg a Viena para el funeral de sus padres. Ningún pariente Habsburgo fue a acompañarlos, pero sí miles de niños en edad escolar. Un periódico vienes sugirió que los ciudadanos más jóvenes mostraran su empatía y apoyo flanqueando las calles por donde pasarían los huérfanos reales. Mientras viajaban hacia el palacio de Belvedere por última vez, los niños de Viena les hicieron un homenaje silencioso.[33]

Una enorme corona fúnebre de rosas blancas de parte de los niños se colocó entre los ataúdes de sus padres en la capilla imperial del palacio de Hofburg.[34] Los arreglos florales blancos representaban tradicionalmente la paz. Wilhelm II de Alemania, el rey George V y la reina Mary de Inglaterra, el presidente Woodrow Wilson y otros jefes de Estado enviaron flores. Franz Joseph y sus hijas no. Los únicos Habsburgo representados por arreglos florales fueron el archiduque Karl y Zita, y la viuda del príncipe heredero Rudolf, Stéphanie.[35] Hasta el día de su muerte, Stéphanie creyó que la misteriosa muerte de Rudolf 25 años antes y los asesinatos en Sarajevo fueron obra de elementos subterráneos del gobierno de Franz Joseph.[36]

Muchas de las minorías oprimidas del imperio veían a Franz Ferdinand como su único defensor y apoyo político. El listón en un ramo de la gran minoría rumana de Hungría habló por muchos. Decía: «A nuestra mejor y última esperanza, con leal devoción».[37]

Cincuenta mil personas esperaron pacientes esa noche para rendirle homenaje a la pareja caída mientras sus cuerpos descansaban en la capilla imperial. La mayoría fue despedida a la mañana siguiente para permitir un servicio fúnebre de 15 minutos al mediodía para la familia imperial. Los niños Hohenberg no fueron invitados. Los que entraron a la capilla se encontraron con dos ataúdes idénticos rodeados de docenas de velas encendidas. Pero el ataúd del archiduque estaba medio metro más arriba que el de su fallecida esposa, pues ella no era reconocida como una Habsburgo en la corte.[38]

Esa misma noche los ataúdes fueron llevados a la estación de tren que un día llevó a Adolf Hitler a Viena. Los colocaron en un vagón de carga alquilado para transportarlos al castillo de Artstetten para su entierro. Los Habsburgo, los niños Hohenberg y sus familiares Chotek viajaron en vagones distintos. El protocolo de la corte decretaba que los niños de Franz Ferdinand fueran separados de la familia imperial. En Artstetten, la misa católica por los difuntos fue cooficiada por el obispo Joseph Lanyi, a quien su premonición del asesinato lo atormentó durante el resto de su vida.[39]

Tras el entierro en Artstetten le solicitaron al coronel Carl Bardolff, quien estuvo en Sarajevo con el archiduque y la duquesa, que fuera al palacio de Schönbrunn para darle al emperador los detalles de primera mano sobre el asesinato. Franz Joseph preguntó en específico sobre el momento en el que le dispararon a su sobrino: «¿Y cómo lo recibió el archiduque?». «Como un soldado, Su Majestad», reportó el coronel. El emperador respondió: «Era de esperarse de su Majestad Imperial». Hizo una pausa y luego preguntó: «¿Y cómo estuvieron las maniobras?».[40] No preguntó por la duquesa de Hohenberg, quien murió intentando proteger a su esposo del asesino.

El aristócrata austriaco el príncipe Ludwig Windish-Grätz escribió:

> Me indignó que todos los asnos patearan al león muerto [...] Apenas descansó en su tumba, todos sus protegidos, todas su criaturas, amigos y oficiales fueron retirados de sus puestos y oficinas. Las camarillas de la corte y los señores de la guerra del ejército, que siempre habían sido acosados por el heredero al trono, lo vieron como un nuevo inicio. Podría asumirse que a partir de ahí el viejo sistema se establecería de modo firme e inamovible hasta la muerte de Franz Joseph.[41]

El conde Otto Czernin, el último ministro de Relaciones Exteriores del Imperio austriaco y amigo y vecino del archiduque y la duquesa, vio el Armagedón que estaba por llegar y escribió:

> Hubo muchos que soltaron un suspiro de alivio al escuchar la noticia de la muerte de Franz Ferdinand. En la corte en Viena y en la sociedad de Budapest hubo más alegría que pena [...] Nadie se imaginaba que la caída de ese hombre monumental los arrastraría consigo y los hundiría en una catástrofe mundial.[42]

Feliz, Adolf Hitler celebró el asesinato y la guerra que sin duda le seguiría. En *Mein Kampf* escribió: «Cualquiera que haya tenido la oportunidad constante de observar las relaciones entre Austria y

Serbia no podría poner en duda ni por un momento que se había echado a rodar una piedra cuyo avance ya no podría detenerse».[43] Estaba profundamente convencido de que la guerra elevaría a Alemania por encima de todas las demás naciones, haría que el pueblo alemán fuera la raza dominante sobre la tierra y borraría al mestizo Imperio Habsburgo.[44]

«En ese tiempo Austria era como un viejo mosaico», escribió, «el cemento que unía las variadas piezas estaba envejecido y había comenzado a resquebrajarse; mientras la obra de arte no se tocara, podría continuar mostrando su existencia, pero en cuanto recibiera un golpe, se quebraría en miles de fragmentos».[45]

9

Algo así como un ligero estado cataléptico

«Jamás amé nuestro mundo tanto como en esos últimos años antes de la Primera Guerra Mundial; nunca deseé más una Europa unida. Nunca creí más en su futuro que en ese tiempo, cuando creíamos que estaba próximo un nuevo amanecer. Pero el brillo rojo era en realidad el resplandor del gran incendio que se aproximaba».

STEFAN ZWEIG

«Una guerra entre Austria y Rusia sería muy útil para la revolución en Europa occidental, pero es difícil imaginar que Franz Joseph y Nicolás nos hagan ese favor».

VLADIMIR LENIN a Máximo Gorki

LA MUERTE DEL ARCHIDUQUE Franz Ferdinand desanimó al partido de paz que lideraba, y claramente empoderó al partido belicista al que se oponía. Los halcones de guerra política y militar de Austria no perdieron el tiempo y usaron su asesinato como excusa para ir a la guerra que él había intentado evitar desesperadamente. Incluso muchos de sus mayores partidarios fueron arrastrados por las emociones que se desencadenaron con su asesinato.

El 23 de julio de 1914, el conde Alphonse Clary le escribió a Daisy, princesa de Pless:

> Estamos pasando unos días terribles a la espera, y nadie sabe de qué. Espero que sea de la *guerra*, porque no podemos seguir viviendo

> con un absceso de nuestro lado, lastimándonos y envenenándonos día tras día; es mejor abrirlo de golpe y ver si podemos sobrevivir a la operación [...] Parece imprudente hablar del futuro en este momento, mientras la paz de nuestro país, y quizá de Europa, pende de un hilo [...] Hemos perdido a nuestro gran líder, quien era un hombre de paz. El siguiente deberá ser un hombre de guerra.[1]

El día en que Clary escribió esa carta el embajador de Austria le entregó un ultimátum a Serbia, lugar de origen de los hombres culpados del asesinato de Franz Ferdinand. Fue un movimiento pensado para provocar una respuesta militar más que diplomática. Entre sus exigencias estaba el cierre de los periódicos serbios que eran contrarios a la monarquía Habsburgo, el despido y arresto de líderes políticos y militares hostiles con Austria, la rendición virtual del poder judicial independiente del país en la investigación del asesinato y la eliminación de todos los grupos, organizaciones y clubes que Viena considerara «terroristas».

Tras leer el contenido, un joven político británico se lo describió a su esposa como «el documento más insolente de su tipo que se pueda imaginar [...] Me pregunto si esos estúpidos reyes y emperadores no pueden reunirse y revigorizar a la realeza salvando a las naciones del infierno, pero todos estamos a la deriva en algo así como un ligero estado cataléptico».[2] El nombre del político era Winston Churchill.

La hija de Franz Ferdinand, la princesa Sophie Hohenberg, cumplió 13 años un día después de la entrega del ultimátum. Durante el resto de su vida no tuvo ni un recuerdo de su decimotercer cumpleaños. Cuatro días más tarde, justo un mes después de los asesinatos en Sarajevo, Franz Joseph le declaró la guerra a Serbia.[3] No quería un conflicto armado, pero estaba reacio a perder la fe. Sin Franz Ferdinand para fortalecer sus decisiones, le dio su apoyo a un hombre al que odiaba y a una guerra a la que le temía. El general Conrad von Hötzendorf y su partido belicista habían ganado la batalla.

El káiser Wilhelm II de Alemania predijo sin miedo a equivocarse: «El zar no se pondrá del lado de los regicidas».[4] Pero se equivocó. Como temía Franz Ferdinand, Rusia salió de inmediato en defensa de Serbia. Leon Trotsky, que en ese momento vivía en Viena, escribió sobre lo que vio ese día en la capital del Imperio Habsburgo.

> Recorrí las principales calles de la conocida ciudad y observé las multitudes inusualmente grandes reunidas en la magnífica Ringstrasse... Estaban enardecidos por la esperanza... Algo nuevo, algo extraordinario apareció en escena. El futuro prometía cambios. ¿Cambios para mejorar o cambios para empeorar?[5]

El Imperio Habsburgo y Alemania ahora estaban en guerra con Serbia y Rusia. En privado, el zar Nicolás II de Rusia parecía honestamente angustiado al ordenar la movilización, y les dijo a sus secretarios de gobierno: «¡Piensen en la responsabilidad que me están aconsejando tomar! Recuerden que se trata de enviar a miles y miles de hombres a la muerte».[6] Wilhelm II de Alemania dijo sobre su primo el zar: «El zar no es un traidor, pero es débil. La debilidad no es traición, pero cumple todas sus funciones».[7] Bien podría haberse estado describiendo a sí mismo.

La declaración de guerra de Austria-Hungría se lanzó en 15 idiomas, reflejo del carácter multinacional de su ejército. Francia, aliada de Rusia, declaró enseguida la guerra a Alemania. Le siguió Inglaterra, así como sus colonias alrededor del mundo. La Primera Guerra Mundial había comenzado. En Múnich, Adolf Hitler se describía a sí mismo como un hombre que estaba envuelto en un «turbulento entusiasmo [...] Caí de rodillas y le agradecí al cielo con el corazón abrumado por concederme la gran fortuna de tener permitido vivir en este tiempo».[8] Tras evitar con cuidado el servicio militar austriaco durante cinco años, se enlistó de inmediato en el ejército bávaro, y escribió:

> Mi alegría y gratitud no conocen límites [...] Para mí, como para todo alemán, comienzan los mejores y más inolvidables tiempos de la existencia sobre la tierra. En comparación con los eventos de esta enorme lucha, todo lo demás se va convirtiendo en vacío y en nada.[9]

Una guerra de otro tipo se libraba dentro de la familia Habsburgo por el futuro de los huérfanos de Franz Ferdinand. Henrietta Chotek, su tía soltera, se había mudado a Konopiste para vivir con ellos. El conde Jaroslav Thun, esposo de su tía Marie Chotek, tomó el control de sus asuntos legales y financieros. El administrador del patrimonio de su padre, Franz Janaczek, siguió dirigiendo Konopiste. Pero los acreedores no perdieron tiempo para exigir el pago total de las deudas del archiduque. El dinero se convirtió muy pronto en un problema.[10]

El juramento de renuncia que el archiduque firmó en 1900 permitió su matrimonio, pero hizo que su esposa y sus hijos fueran exclusivamente su responsabilidad financiera. El testamento del archiduque tardaría años en resolverse, pero sus hijos e hija no podrían heredar dinero de las reservas familiares de los Habsburgo ni de los d'Este. Pese a su riqueza en papel, Franz Ferdinand en realidad era un terrateniente pobre. Los huérfanos que dejaba podrían heredar las casas de su padre y la tierra que las rodeaba, pero no recibirían fondos para mantenerlas.[11] El emperador creía que el asesinato de un sobrino al que no amaba y de su esposa, una mujer que no le agradaba, no cambiaba sus obligaciones financieras respecto a unos huérfanos a los que apenas conocía.

Tras Sarajevo, el gobierno de Franz Joseph incluso se negó a pagar las autopsias y el embalsamamiento del archiduque y la duquesa. Algunos oficiales dijeron que los acontecimientos dieron por terminada cualquier responsabilidad financiera de su parte con el heredero muerto, su esposa morganática y su familia. El conde Thun insistió en que Franz Ferdinand había muerto cumpliendo sus deberes oficiales. El embalsamador estaba «cumpliendo los deberes que le correspondían como médico estatal austriaco [...] No puede haber dudas sobre el pago».[12] La corte Habsburgo nunca pagó el adeudo de cuatrocientas coronas. Las crecientes deudas obligaron al conde Thun a vender rápidamente la cabaña de caza del archiduque en los Alpes, e incluso las joyas de la duquesa de Hohenberg. El emperador siguió sin conmoverse por las peticiones financieras de los tutores. Si se había negado a pagar la autopsia de su heredero asesinado, ¿por qué estaría obligado a ayudar a los hijos?[13]

Maria-Theresa, su abuela Habsburgo, estaba decidida a arreglar la situación. Amenazó con hacer un anuncio público de que vendería todas sus posesiones para darles seguridad financiera a sus nietos huérfanos.[14] Pocas cosas eran tan importantes para la corte de los Habsburgo como la fachada cuidadosamente construida del emperador como un padre benévolo para sus súbditos. Muchos creían que era esa imagen, y no su ejército, lo que sostenía en pie su fracturado reino. El chantaje funcionó. De mala gana, Franz Joseph se ofreció a entregarles a los huérfanos un estipendio anual. El archiduque Karl hizo una contraoferta: «¿No sería mejor darles propiedades?».[15] Sabía que Franz Ferdinand no querría que sus hijos dependieran de la corte Habsburgo. El emperador aceptó la propuesta de Karl. Discretamente transfirió dos mil hectáreas de tierras arboladas y ricas en minerales de las montañas de Estiria a los niños Hohenberg.[16] Por lo general, el viejo monarca habría resistido a las amenazas de Maria-Theresa y a la solicitud de su quinto y nuevo heredero. Pero durante el verano de 1914 necesitaba todo el apoyo que pudiera sacar del asesinato de Franz Ferdinand para llevar a su pueblo a la guerra.

La guerra «rápida y casi alegre» del general Conrad von Hötzendorf comenzó mal para las fuerzas de los Habsburgo. Dos semanas y cincuenta mil muertos después de la invasión a Serbia, el ejército derrotado del incompetente gobernador general Oskar Potiorek fue llevado de regreso a Bosnia. Tras la invasión de Rusia por el norte, el ministro de Guerra de Austria declaró que la conflagración contra Serbia se había convertido en «un tema secundario».[17] En el frente ruso cerca de la ciudad de Lemberg, que hoy es la ciudad ucraniana de Lviv, los ejércitos de Von Hötzendorf sufrieron cuatrocientas mil pérdidas humanas. La desastrosa guerra que Franz Ferdinand temía se había convertido en una realidad en dos frentes.

En ese tiempo, Von Hötzendorf escribió: «Si Franz Ferdinand hubiera sido el comandante en jefe, me habría fusilado tras Lemberg».[18] La ciudad de Lviv era hogar del coronel Alfred Redl, el espía que, al revelar los secretos del ejército a Rusia, dejó al imperio militarmente lisiado. El último ministro de Relaciones Exteriores de Austria escribió en su autobiografía: «Teníamos la libertad para elegir cómo moriríamos, y elegimos la más terrible».[19] El caos y la matanza en el frente occidental de Europa era equivalente al estancamiento y la carnicería en el oeste. El jefe del Estado Mayor de Alemania, Helmuth von Moltke, que estaba tan ansioso por la guerra como su amigo Conrad von Hötzendorf, sufrió una gran crisis nerviosa seis semanas después de empezar a pelear. El príncipe heredero de Alemania declaró públicamente a un periódico estadounidense: «Sin duda esta es la guerra más estúpida, innecesaria y sin sentido de los últimos tiempos».[20] El káiser Wilhelm II regañó a su hijo por decir la verdad.

Soldados, oficiales y civiles encontraron mucho que odiar de la guerra. Adolf Hitler encontró mucho que le agradó. Muy pronto fue ascendido a cabo, y se ofreció como voluntario para la muy peligrosa posición de emisario, y en diciembre de 1914 ya se había ganado la Cruz de Hierro de segunda clase por su valentía. Sobre esta condecoración, le escribió a su casera de Múnich:

> Fue el día más feliz de mi vida. Cierto, la mayoría de mis camaradas que se la ganaron estaban muertos [...] Durante cuatro días estuvimos metidos en la batalla más salvaje, y puedo decir con orgullo que nuestro regimiento peleó con heroísmo. Durante el primer día perdimos a casi todos nuestros oficiales [...] Y, pese a todo, derrotamos a los ingleses [...] Nuestra compañía quedó reducida a 42 hombres [...] Desde entonces, por decirlo de alguna manera, arriesgo mi vida a diario, mirando a la muerte directo a los ojos.[21]

Los únicos disparos que se escuchaban en Konopiste eran de las armas de caza de Max y Ernst. No se libró ninguna batalla cerca del hogar de los Hohenberg, pero la guerra nunca estuvo lejos de sus pensamientos. Las listas de decesos contenían los nombres de muchos oficiales que trabajaron para su padre. Los jardines de sus tierras y muchas de sus presas les daban alimento, pero sus comidas eran espartanamente simples, en solidaridad con los sacrificios que se hacían en los lejanos campos de batalla.[22]

Como respuesta a las muchas cartas y telegramas de condolencias que ella y sus hermanos recibieron, la princesa Sophie escribió una breve declaración que se publicó en todo el mundo. Decía: «Nos conmueve mucho la empatía y las oraciones del público. Les pido que sigan rezando por nuestros padres y por nosotros».[23] Una carta que recibieron se destacaba entre todas las demás. Era del sacerdote jesuita de 55 años que ofició los últimos ritos de la fe católica para sus padres. El padre Anton Puntigam había estado a cargo de las organizaciones benéficas a las que apoyaba la duquesa de Hohenberg en Sarajevo. Tras ir a ver los programas para la juventud del sacerdote el día previo a ser asesinada, la duquesa donó cinco mil dólares extra en oro para que continuara su obra. Había sido su último regalo para los niños de Bosnia.[24]

La archiduquesa Maria-Theresa invitó al sacerdote a Viena, donde dio un muy publicitado sermón en el que retrataba al archiduque y a la duquesa como mártires católicos. Puntigam tenía otra conexión única con los huérfanos Hohenberg. Conocía a Nedeljko Cabrinovic, el terrorista de 19 años que intentó matar a sus padres con una bomba. El pequeño pero locuaz Cabrinovic visitó una vez el centro juvenil de Puntigam, y tuvo con él una conversación que el sacerdote nunca olvidó.[25] Durante el juicio de Cabrinovic en Sarajevo, reconoció que nunca se imaginó que el asesinato desencadenaría una guerra mundial, incluso cuando se podían escuchar los disparos de los ejércitos enemigos hasta en el tribunal. Terminó sus sentimentales comentarios con esta declaración:

> Hay algo más que quisiera decir [...] Aunque todos nos hacemos los héroes, sin duda lo lamentamos mucho, pues no sabíamos de entrada que el fallecido Franz Ferdinand era padre de familia. Nos conmueven profundamente las palabras que le dijo a su difunta esposa: «Sophie, no te mueras. Vive por nuestros hijos». Crean lo que quieran de nosotros, pero no somos criminales. Por mí y a nombre de mis camaradas, les ruego a los hijos del fallecido heredero real que nos perdonen. Dennos el veredicto que prefieran. No somos malvados. Somos gente honesta, honorable, idealista. Queríamos hacer algo bueno. Amamos a nuestra gente. Moriremos por nuestros ideales.[26]

El padre Puntigam creyó a Cabrinovic. Les escribió a los niños Hohenberg para pedirles que siguieran el ejemplo de Cristo escribiéndole una carta de perdón al terrorista serbio. La princesa Sophie leyó una y otra vez la carta del padre. Habló con su tía

Henrietta, con su tío Thun y con su abuela Habsburgo. En algún punto se consultó a los abogados jesuitas, porque Thun temía que cualquier respuesta de los niños pudiera ser usada por Cabrinovic para buscar un recurso legal de clemencia. Sus tutores permitieron que Sophie decidiera por sí misma si responder o no. Ella escribió la carta y les pidió a sus hermanos que también la firmaran. Maximilian lo hizo.[27] Ernst se negó.

Años después, el recuerdo de esa misiva seguía encendiendo una chispa de paz sobre ese tiempo oscuro de su vida. Nunca se arrepintió de su decisión, pues creía que fue la primera vez que sintió alivio tras los asesinatos. Los superiores jesuitas de Puntigam le ordenaron que no entregara la carta, pero él lo hizo de cualquier modo. Le escribió a Sophie que convenció a los celadores de la prisión, entró a la celda de Cabrinovic y le leyó la carta en voz alta. Cabrinovic lloró al escuchar su contenido y confesó que estaba listo para recibir cualquier castigo porque sus palabras habían salvado su alma.[28]

Pese a las largas cartas que Adolf Hitler les escribió a las personas que consideraba sus amigos en Linz, Viena y Múnich, nunca recibió ni una sola respuesta en los cuatro años que pasó en la guerra. Un soldado que sirvió con él escribió: «Todos los hombres habían recibido cartas o paquetes de casa. Todos, claro, menos Hitler. ¡Por alguna razón Hitler nunca recibía ni una carta!».[29] Ese invierno Hitler le escribió a un conocido en Múnich contándole sus pensamientos, sus sentimientos y sus deseos de que la guerra purificara a Alemania. «Nosotros, los que tengamos la gran suerte de volver a ver nuestra tierra, la encontraremos como un lugar puro, menos atestado de influencias extranjeras, y así los sacrificios y sufrimientos diarios de cientos de miles de nosotros y el torrente de sangre que no deja de correr aquí día tras día contra un mundo de enemigos internacionales no solo aplastarán a los enemigos alemanes de afuera, sino que nuestro internacionalismo interior también caerá. Esto valdrá mucho más que ganar cualquier territorio».[30] Conforme la guerra alcanzaba su segundo verano, hasta el mismo Hitler se sintió abrumado por la sangre, el lodo y la lucha, y le escribió a su casera en Múnich: «El entusiasmo se enfrió poco a poco y la eufórica alegría fue ahogada por un miedo mortal. Llegó el momento en que todos los hombres tuvieron que luchar entre el instinto de autoconservación y las amonestaciones del deber».[31]

El 7 de julio de 1916 un artículo en *The New York Times* que publicaron también otros periódicos de Estados Unidos decía: Los muchachos en Austria oran por la paz. El hijo del archiduque asesinado formó una liga que atrajo a catorce mil miembros. La historia decía:

> Una misiva de Viena dice que el príncipe Maximilian Hohenberg, hijo del archiduque asesinado, Franz Ferdinand, el heredero al trono austriaco, fundó la «Asociación Juvenil de Oración por una Paz Pronta y Favorable». La asociación ya tiene 14 mil miembros [...] Dado que el príncipe Maximilian apenas tiene 14 años, debió recibir mucha ayuda, posiblemente de sus círculos de altos oficiales, para lograr una tarea tan grande. La organización, o el anuncio de su existencia, tiene por tanto una fuerte carga del espíritu austriaco [...] Pero esa, más que una revelación, confirma lo que ya se sabía, que los austriacos están cansados del conflicto por el que han sufrido tanto.[32]

A excepción de las felicitaciones de cumpleaños formales al emperador, los niños Hohenberg no habían tenido contacto con «círculos de altos oficiales» en la corte de los Habsburgo. El círculo *no* oficial detrás de la liga parecía conformado por la archiduquesa Maria-Theresa, el archiduque Karl y la archiduquesa Zita.[33] La labor de Maria-Theresa como supervisora de enfermeras y el cuidado de los heridos en los hospitales de Viena la habían puesto en contra de la guerra. Karl y Zita estaban igualmente horrorizados y asqueados por los decesos y la matanza provocados por las pifias en el campo de batalla del jefe del Estado Mayor, Von Hötzendorf.[34]

El futuro emperador, la emperatriz y la abuela Habsburgo que compartían con los huérfanos Hohenberg querían que se hiciera público el deseo de paz para Austria. Maria-Theresa concluyó que los periódicos de un gran país neutral como los Estados Unidos podrían comunicar el mensaje mejor que nadie. Fue ella quien decidió que el hijo mayor de Franz Ferdinand era el mensajero perfecto.[35] Al igual que los anteriores herederos del emperador Franz Joseph, a Karl también lo excluían, para su frustración, de las decisiones militares y de gobierno dentro de Austria. El 16 de noviembre de 1916 eso cambió drásticamente.[36]

Tras 67 años en el trono, su Real e Imperial Majestad Franz Joseph murió en el palacio de Schönbrunn, el mismo palacio en el que había nacido 87 años antes. En muchos sentidos, nunca salió de esas paredes sofocantes.

Entonces, Karl Habsburgo no perdió tiempo para ganarse el título del «emperador de la paz». Su primera declaración decía: «Haré todo lo que esté en mi poder para terminar con los horrores y sacrificios de la guerra lo más pronto posible, y para restaurar la bendición de la paz en cuanto el honor, los intereses de nuestros aliados y la cooperación de nuestros enemigos lo permitan».[37] Para los niños Hohenberg y otros millones, la paz de pronto pareció posible. El emperador, de 29 años, llamó de regreso a Viena a muchos de los consejeros de Franz Ferdinand que se encontraban por todas partes.[38] El nuevo primer ministro y el nuevo canciller habían sido miembros del círculo íntimo del fallecido archiduque en el Belvedere.

Para gran disgusto del grupo de guerra de Austria y de Adolf Hitler, el mariscal de campo Conrad von Hötzendorf fue retirado del puesto. Pese a sus repetidos errores militares y la matanza que estos provocaron, Hitler declaró más tarde que Von Hötzendorf fue «el comandante más inteligente de la Primera Guerra Mundial».[39] Karl envió a su nuevo ministro de Relaciones Exteriores a reunirse con el káiser con una oferta y una pregunta: «Nos aferraremos hasta que la monarquía colapse, pero, dígame, ¿de qué sirve eso?».[40] En Berlín, Adolf Hitler había sido llevado a la Cruz Roja para recuperarse de una herida en el muslo, y lo que encontró ahí lo dejó sorprendido. «Miseria extrema por todas partes» y «unos cuantos canallas haciendo campaña por la paz».[41] Para Hitler, Karl era uno de esos canallas.

El emperador de la paz de Austria no se olvidó de los niños de Franz Ferdinand. Le concedió a Maximilian el título hereditario de duque de Hohenberg. Era el título que Franz Ferdinand había querido y esperado para su hijo.[42] Además, él y Zita se convirtieron en los patrocinadores reales de los planes del padre Puntigam para construir un templo expiatorio en Sarajevo dedicado a Franz Ferdinand y a su esposa, y copatrocinadores de un albergue para jóvenes que se construiría en la ciudad, nombrado en honor de la duquesa de Hohenberg.[43] Justo frente al lugar del asesinato, se estaba construyendo un majestuoso monumento como homenaje a la pareja caída, que coincidiría con el tercer aniversario de sus muertes. Puntigam invitó a los tres niños Hohenberg a la inauguración religiosa el 28 de junio de 1917. Sophie le agradeció, pero declinó la invitación en nombre de ella y sus hermanos.[44]

La archiduquesa Maria-Theresa continuó su trabajo para asegurar el futuro de los huérfanos de su hijastro. Le escribió al emperador alemán recordándole la oferta que alguna vez le hizo a Franz Ferdinand. Wilhelm sugirió que el hijo mayor del archiduque, Maximilian, podría ser el candidato ideal para convertirse en el duque del muy peleado territorio de Lorena. Franz Ferdinand había rechazado la oferta, pero su madrastra consideraba que una Lorena independiente y gobernada por Maximilian podría ofrecer una solución pacífica para una región que llevaban siglos disputándose tanto Francia como Alemania. Wilhelm le escribió a Maria-Theresa diciéndole que estaba de acuerdo, pero que no era el momento propicio para las negociaciones de paz. De hecho, las relaciones entre Austria y su aliado alemán estaban por empeorar aún más.[45]

En 1917 Estados Unidos entró al conflicto debido en parte a la guerra submarina sin restricciones de Alemania, una política a la que el emperador Karl y Zita se habían opuesto tajantemente. Pero el emperador alemán ya no escuchaba a sus aliados austriacos. Como Franz Ferdinand había temido, el káiser se volvió rehén de sus generales. Karl le pidió personalmente a Wilhelm II que buscara la paz. «Estamos luchando contra un nuevo enemigo [...] una revolución internacional que encuentra a su aliado más fuerte en la hambruna generalizada. Le suplico que no pase por alto este aspecto ominoso del asunto y que reflexione respecto a que el pronto fin de la guerra, aunque implique un gran sacrificio, nos dará la oportunidad de enfrentar las turbulencias con éxito».[46] Convencido por sus generales de que la victoria estaba a solo una batalla de distancia, Wilhelm rechazó la petición de Karl.

Otra de las predicciones de Franz Ferdinand resultó ser profética. La guerra que temía provocó revoluciones. El zar Nicolás II abdicó del trono de Rusia en 1917, pero la abdicación no los salvó ni a él ni a su familia. Su Majestad Imperial, el emperador y autócrata de todos los rusos, su esposa y sus cinco hijos fueron brutalmente asesinados por el gobierno revolucionario. Las muertes conmovieron y asustaron a los niños Hohenberg.[47] Su padre había conocido al zar y a la zarina y le agradaban. La hija menor de Nicolás, Anastasia, tenía la edad de Sophie. Otro hijo, Alexis, también asesinado, tenía la misma edad que Maximilian.

La agitación política y las revoluciones no pararon en Rusia. El 28 de octubre de 1918, a 48 kilómetros de Konopiste, la asamblea nacional checa declaró su independencia del Imperio austrohúngaro. Miles de checos marcharon en Praga para celebrar el evento en la plaza de Wenceslao. Se rompieron, aplastaron y quemaron retratos, banderas, pancartas e insignias de los Habsburgo. Tres días después los soldados de la Guardia Roja en Budapest irrumpieron en el hogar del primer ministro húngaro, quien fue asesinado frente a su familia. El imperio multinacional de los Habsburgo se derrumbó.[48]

Otto von Bismarck, el mejor estadista de Alemania, había declarado una vez: «Continuar con la estabilidad de Austria-Hungría es indispensable para el equilibrio de Europa».[49] A la luz de dos guerras mundiales, el racismo y la limpieza étnica desatados por Hitler, y la subsecuente subyugación de Europa Central y occidental a manos del comunismo durante medio siglo, Winston Churchill concluyó que Bismarck tenía razón.

En los últimos días de la guerra las tropas serbias al fin tomaron Sarajevo. Tras cuatro años de lucha un autoproclamado vocero local les dio a los guerreros la bienvenida a la ciudad sitiada en nombre de los asesinos de Franz Ferdinand. Los soldados encontraron una enorme pila de ladrillos y materiales de construcción para el templo expiatorio del padre Puntigam y un asilo para jóvenes cercano. Se habían reunido 940 mil coronas (ocho millones de dólares de la actualidad) para construir los monumentos. Pero la construcción no había comenzado. El detallado monumento de granito en Sarajevo recientemente dedicado al archiduque y la duquesa asesinados fue derribado enseguida.[50] En los difíciles años que estaban por llegar serían las vidas de los niños Hohenberg, y no ladrillos y argamasa, el homenaje a sus padres.

Cinco días después de la caída de Sarajevo, Alemania se rindió. El 11 de noviembre de 1918 se firmó un armisticio. Era el cumpleaños del exjefe del Estado Mayor, Conrad von Hötzendorf.

Él perdió a dos hijos en la guerra y vio cómo se destruía el imperio para el que trabajó, pero se retiró al pueblo vacacional austriaco de Klagenfurt con su examante como esposa. Como esperaba, la guerra le había permitido casarse con Gina von Reininghaus. Su exmarido se quedó con la custodia de sus seis hijos.

Obreros en huelga y soldados desilusionados llenaron las calles de Berlín y Viena. El káiser Wilhelm II y su príncipe heredero abdicaron y huyeron al territorio neutral de Holanda. El emperador Karl se negó a abdicar, pero firmó un documento que decía: «Renuncio a cualquier participación en los asuntos de Estado».[51] Por primera vez en dos mil años no había ningún emperador en un trono europeo. Los huérfanos Hohenberg y sus tutores se quedaron solos y aislados. En su última declaración pública, el último emperador Habsburgo terminó su discurso con las palabras: «Solo la paz interior podrá sanar las heridas de esta guerra».[52] No había «paz interior» en Konopiste ni para Adolf Hitler, temporalmente ciego por un ataque con gas venenoso. Poco antes de que lo hirieran, Hitler había recibido la Cruz de Hierro de primera clase de manos de Hugo Gutmann, el comandante judío de su batallón. La distinción militar que lo validaba como un verdadero héroe de guerra decía: «Por su impávida valentía y su constante disposición a sacrificarse a sí mismo».[53] Usó la condecoración con orgullo por el resto de su vida. Hitler se enteró de la rendición incondicional de Alemania mientras se recuperaba del ataque con gas en un hospital militar. Quedó tan impactado por la noticia que le volvió la ceguera temporal. Mientras luchaba por recuperar la vista y comprender la derrota alemana, imaginó que los judíos y los marxistas serían los culpables intercambiables de «la villanía más grande del siglo».[54] Escribió:

> ¡Criminales miserables y degenerados! El káiser Wilhelm II fue el primer emperador alemán en extenderles una mano a los líderes del

> marxismo sin sospechar que los canallas no tienen honor. Mientras estrechaban su mano imperial, con la otra mano tomaban la daga. Es imposible hacer pactos con los judíos.[55]

Años después, Hitler escribió que aquella fue la epifanía que lo convenció de entrar a la política.[56] Su admiración por el káiser se desvaneció, su repulsión por el marxismo se reforzó y su odio por los judíos se consolidó. «El ejemplo de Wilhelm II muestra que un mal monarca puede destruir a toda una dinastía. De la misma forma, aquellos que quieren participar en la historia deben entender que una sola generación mala puede llevar a la ruina a mucha gente», escribió Hitler.[57]

Al igual que el archiduque Franz Ferdinand, Adolf Hitler tenía el don de la profecía.

10

Exilios

«En la vida, las cosas resultan de un modo distinto, muy distinto, de lo que uno desea».
Archiduque Franz Ferdinand

«Nací [...] en un imperio enorme y poderoso, en la monarquía de los Habsburgo. Pero no lo busquen en el mapa; lo hicieron desaparecer sin dejar rastro».
Stefan Zweig

Los periódicos en Praga y en toda la recién creada nación de Checoslovaquia buscaban villanos y chivos expiatorios a quienes culpar por las muertes, la destrucción y la derrota de la guerra. El archiduque «austriaco» asesinado y su esposa checa se volvieron blancos populares. Encabezados, artículos, caricaturas y editoriales denunciaban por su riqueza, su origen aristocrático y también por su amistad con el exiliado emperador alemán a la pareja muerta. Nadie salió en su defensa.[1]

Los nuevos líderes de Checoslovaquia trabajaron rápidamente para decidir el futuro de las haciendas más grandes de la nación y de los aristócratas a quienes pertenecían. Konopiste fue puesto bajo el «cuidado protector» del gobierno.[2] Pronto llegaron los burócratas para hacer inventario de su contenido. Se contó y se catalogó cada animal de granja y cada pieza de equipo de agricultura, cada mueble, pintura al óleo, obra de arte y mascota de la familia. Se enviaron a Konopiste detectives y a la policía estatal para buscar la cámara secreta y a prueba de sonido en la que Franz Ferdinand y el emperador alemán planearon la guerra. Jamás se encontró una habitación así.[3]

Para los tres adolescentes Hohenberg la incertidumbre continuaba en sus vidas desde la muerte de sus padres. Cuatro años después de la muerte de su padre, el testamento del archiduque fue legitimado al fin, convirtiendo a Maximilian, de 16 años, en el dueño legal de Konopiste. Ernst, de 13 años, heredó Chlumetz. Sophie, de 17, recibiría un ingreso anual por ambas propiedades. Como se esperaba que se casara y viviera en la casa de su futuro esposo, no recibió un bien inmueble.[4] Los acuerdos de las cortes locales e internacionales no les dieron paz.

Había días y noches en que las líneas telefónicas ya no funcionaban, dejándolos aislados de vecinos, amigos y parientes. Los guardas de caza y pesca reportaban que los invasores se envalentonaban cada día más. El conde Thun y los dueños de todas las grandes haciendas luchaban contra pandillas locales de saqueadores y soldados que regresaban del frente con armas y propaganda revolucionaria contra terratenientes y aristócratas.[5]

En marzo de 1919 las amenazas de muerte llevaron al emperador Karl y a su familia a exiliarse en Suiza.[6] La tía Henrietta les aseguró a sus tres pupilos que todo estaría bien. Pero por todas partes parecía haber rumores de revolución y caos, de hogares saqueados y vidas amenazadas. Nadie sabía si los saqueadores llegarían a expulsar a los dueños de las grandes haciendas o a matarlos. Muchos capataces reportaron que sus trabajadores del campo y del hogar habían huido. En Konopiste, Franz Janaczek y casi todo el personal se mantuvieron leales y al servicio de los huérfanos.[7]

A mediados de abril un primo lejano cuyo padre había sido compañero de caza de Franz Ferdinand visitó Konopiste. El conde Friedrich von Nostitz-Rieneck era un atractivo héroe de guerra de 26 años. Su familia y amigos le decían Fritz. Les dijo a Sophie,

Maximilian y Ernst que no había podido dejar de pensar en ellos desde que regresó del frente. Quería asegurarse de que estuvieran a salvo. Ellos agradecieron su consideración, en especial Sophie. La visita les dio consuelo y compañía a ella, a sus hermanos y a su tía.[8]

Sophie llevaba un diario desde que era muy niña, pero la única página de aquellos días tristes que leía y releía era en la que escribió sobre la llegada del conde. Ella le pidió que firmara el libro de visitas que sus padres tenían en el castillo para los invitados distinguidos. Ninguno lo sabía en ese momento, pero Fritz von Nostitz-Rieneck sería el último visitante que recibirían en Konopiste.[9]

Durante su estancia, la policía checa llegó al castillo para informarles a todos los que ahí se encontraban que ya no estaban a salvo. El presidente recién electo, Tomáš Masaryk, les ordenaba que se fueran de inmediato hasta que se pudiera garantizar su seguridad. Pese a todo lo que sucedía a su alrededor, la orden de dejar Konopiste los tomó por sorpresa. Les aseguraron que podrían volver en cuanto se despejara el campo de saqueadores armados.[10]

En ese momento Sophie no se lo dijo a sus hermanos menores, pero le vino a la mente el destino del zar y su familia en la Revolución rusa. En los periódicos seguían apareciendo historias de horror sobre aristócratas rusos que eran cazados y asesinados. Procuró no mostrar ninguna emoción ni dejar que su miedo se notara frente a sus «protectores» checos.[11]

Cada uno de los huérfanos Hohenberg tuvo permitido empacar una pequeña maleta con un cambio de ropa y sus libros de estudio. Nada de recuerdos, posesiones personales, fotografías familiares o álbumes. Los niños y la tía Henrietta empacaron con cuidado bajo la mirada atenta de quienes los desalojaban. Cuando uno de los policías desvió brevemente la mirada, Sophie echó su diario en la maleta. Maximilian intentó volver a su habitación para tomar una foto de sus padres, pero se lo impidieron.[12]

Les aseguraron que todo lo que había en Konopiste y Chlumetz sería protegido por el gobierno checo para que nada fuera robado, dañado o destruido por los saqueadores. Mientras salían del castillo, quedó claro que no era un desalojo común. La policía revisó sus maletas. Encontraron el diario de Sophie, pero le permitieron quedárselo.[13]

Fritz von Nostitz-Rieneck viajó con ellos hasta que llegaron con bien a la casa de su tío Thun. Konopiste, el castillo que su padre salvó y restauró con tanto cariño, se había convertido en propiedad del gobierno. Cada uno de los niños viviría en distintos lugares a lo largo de su vida, pero en su mente Konopiste siempre fue su verdadero hogar.[14] Tras una breve estancia con sus parientes Thun, viajaron a Viena para visitar a su abuela Habsburgo, la archiduquesa Maria-Theresa. Luego se fueron a Artstetten, donde esperaron la llamada para volver a Konopiste que nunca llegó.[15]

Franz Ferdinand había renovado y modernizado Artstetten, rematando sus siete famosas torres con unas cúpulas bulbosas como las que había visto en las catedrales ortodoxas orientales. El vecino más famoso al este del castillo era la milenaria abadía benedictina de Melk. Al oeste estaba el lugar de oración favorito de sus padres, la basílica de Maria Teferl. La enorme capilla de Artstetten hacía las veces de iglesia local. Bajo su santuario estaban las tumbas de sus padres.[16]

En la plaza de un pueblo cercano había un monumento a los soldados locales muertos en la Primera Guerra Mundial. Como en muchos otros monumentos de piedra y madera de Austria y alrededor del mundo, ahí se conservaban los nombres de los caídos. Los dos primeros nombres en el monumento de Artstetten eran los del archiduque Franz Ferdinand y la duquesa de Hohenberg.[17] El castillo era grande y cómodo, pero no tenía ni uno solo de los recuerdos felices de Konopiste.

El año y medio posterior al armisticio fue un tiempo de desilusiones en toda Europa. Adolf Hitler permaneció en lo que quedaba del ejército alemán. No tenía otro hogar ni más sitio dónde desarrollar sus habilidades políticas. Tras resguardar a los prisioneros de guerra rusos y la estación ferroviaria de Múnich, fue seleccionado para un entrenamiento en campañas políticas y discursos públicos. En ambos le fue muy bien. Luego le ordenaron espiar las actividades revolucionarias dentro y fuera del ejército.[18]

Fue enviado a una cervecería en Múnich para presenciar una reunión del diminuto partido obrero de Alemania. Le dijeron que fuera lo más discreto posible, vestido de civil, que tomara nota de cualquier propaganda revolucionaria y que luego desapareciera. Pero él desobedeció las órdenes. Un vocero que proponía la unión de la Baviera alemana con Austria lo hizo enfurecer. Hitler atacó verbalmente al orador, un profesor con mucha educación, se burló, le gritó y lo denigró hasta que lo dejó callado. Luego fue a otras reuniones del partido, incluyendo una en la Hofbräuhaus, una cervecería mucho más grande en Múnich. Ahí soltó un apasionado discurso ante una atenta audiencia de más de cien personas. Un policía encubierto que reportó el evento puso especial atención en «su extraordinario talento como orador».[19]

La respuesta del público a su discurso fue una revelación para Hitler. Escribió: «¡Puedo hablar! Tras treinta minutos la gente en el pequeño lugar quedó electrizada y el entusiasmo se expresó primero por el hecho de que mi llamado al autosacrificio de los presentes condujo a la donación de trescientos marcos».[20] Tres días después se unió oficialmente al pequeño partido.[21] Hitler había encontrado un espacio político en el cual canalizar su ira, su racismo y sus habilidades retóricas. Más tarde escribió: «De 1919 a 1923 no pensé en otra cosa que no fuera la revolución».[22]

Adolf Hitler creía que el partido podía usarse para revitalizar y unir a Alemania contra sus enemigos políticos y militares.[23] Su nombre pronto cambió a Partido Nacionalsocialista Obrero Alemán, con Hitler como vocero principal. El 24 de febrero de 1920 Hitler presentó públicamente su nueva plataforma en la Hofbräuhaus de Múnich. Dos mil escuchas entusiastas vitorearon su presentación. Cualquier persona que lo conociera de sus años en Viena habría podido reconocer sus temas. Pero parecía transformarse al hablar sobre una Alemania unida y canalizaba los miedos, los prejuicios y los deseos secretos de su audiencia. Hitler animó a su público a unirse a él en «una Alemania mejor [...] solo gente de sangre alemana podrá ser ciudadana del Estado [...] los judíos no caben en la nación [...] los extranjeros nacionales (no ciudadanos) deben ser deportados del Reich [...] Se debe evitar cualquier inmigración no alemana».[24]

Hitler ni siquiera intentó esconder su antisemitismo. Pese a haber tenido amigos judíos en el hostal para hombres de Viena, al comandante en jefe que le otorgó la Cruz de Hierro y al doctor judío que cuidó a su madre, se refería a los judíos como «una tuberculosis racial entre las naciones».[25] Su antisemitismo rampante encontró un público que lo recibía de buena gana. En marzo dimitió del ejército para trabajar de tiempo completo en lo que llegó a conocerse popularmente como el Partido Nazi. En ese tiempo casi nadie en Alemania, y sin duda nadie en Inglaterra, había escuchado hablar de Adolf Hitler.

Pero sí sabían sobre los huérfanos reales de Franz Ferdinand.

Cuando la noticia de su expulsión de Konopiste llegó al duque de Portland en Inglaterra, este tomó el asunto en sus manos. En un inicio el duque creía que el desalojo había sido un error burocrático, pero también temía que pudiera ser un acto de venganza ciega contra los Habsburgo. Portland le escribió una carta al presidente Masaryk de Checoslovaquia en la que le decía: «El evidente secuestro de la casa y las tierras de Konopiste fue ilegal, si consideramos que el matrimonio del archiduque fue morganático».[26]

El presidente le respondió personalmente: «La propiedad en cuestión se embargó para evitar daños por parte de la gente que habita en los alrededores [...] En cuanto pase ese peligro los hijos del archiduque podrán recuperar la posesión de la casa y lo que hay dentro de ella [...] El resto de las tierras las comprará el gobierno para beneficio de los niños».[27]

La carta de Masaryk les dio una esperanza incierta a los huérfanos, pero algo positivo salió de los últimos días de los Hohenberg en Konopiste: Sophie y Fritz von Nostitz-Rieneck comenzaron a intercambiar cartas. Y a través de ellas se enamoraron.[28]

Un año y medio después de su expulsión, Sophie, Max y Ernst volvieron a Checoslovaquia, pero no a su casa. En 1920 viajaron a las tierras de su tío Thun en Kwassitz para la boda de Sophie y Fritz. Ella y su esposo tendrían un gran hogar en Praga, además de tierras y casas de campo. A Maximilian, de 17 años, y a Ernst, de 16, se les permitió asistir a la ceremonia, pero se les ordenó irse de inmediato del país tras la recepción. La novia, de 19 años, se quedaría en Checoslovaquia para iniciar su nueva vida de casada.[29]

Antes de su matrimonio, a Sophie y a su tía Henrietta se les permitió visitar Konopiste con la esperanza de encontrar algo de su madre para usar el día de su boda. El regreso fue doloroso. Los antiguos empleados que aún cuidaban el lugar les dieron una cálida bienvenida, pero unos guardias hoscos las siguieron a todas partes. A Sophie no la dejaron tocar nada que hubiera pertenecido a sus padres. Los tesoros familiares ya no estaban donde los dejaron. Algunos habían desaparecido.[30] Pese a estar muy vigiladas, entre notas y susurros del cocinero de la familia Sophie se enteró de que la familia del presidente Masaryk había usado la casa como tienda departamental. Su esposa estadounidense salió de ahí con el abrigo de piel de la duquesa de Hohenberg. Su hija tomó las monturas y el equipo de equitación de Sophie. Habían sido los últimos regalos que le dieron sus padres. La única hija de Franz Ferdinand dejó el hogar de su infancia con un par de zapatos suyos y algo de ropa interior, pero nada de su madre.[31]

Los tres Hohenberg no habían estado separados desde que nacieron. El matrimonio de Sophie implicaba que ahora los separarían kilómetros, fronteras nacionales y burócratas gubernamentales. Ella podría visitar a sus hermanos en Artstetten, pero el hostil gobierno checo iba a dificultar las visitas. El día de su boda tuvo un dejo de tristeza.[32]

A Sophie nunca le gustaron las fotos de su boda. La única persona que sonreía en ellas era el conde Thun. Las imágenes de ese día revelan que Ernst heredó el cabello rubio de sus primos Habsburgo y se había vuelto alto y guapo. Era un joven bien formado, pero se veía molesto e infeliz. Maximilian, con su cabello oscuro y las facciones de su madre, parecía azorado. Sophie, que ya era más baja en estatura que sus hermanos, había crecido hasta convertirse en una belleza majestuosa de cabello oscuro, pero en su rostro no se reflejaba la alegría.[33]

Semanas antes de la boda de Sophie Hohenberg el príncipe Joachim de Rusia, hijo menor del emperador alemán exiliado, se suicidó.[34] Se rumoraba que no pudo enfrentar el futuro incierto. El abatido príncipe no estaba solo. Nadie en Europa sabía qué le deparaba el futuro. La incertidumbre económica y el caos político parecían estar por todas partes.

De los tres hijos del archiduque Franz Ferdinand, solo su hija tuvo sueños que brevemente parecieron cumplirse. Se casó con un hombre al que amaba y que compartía su fe, valores e intereses. Se establecieron en el lugar, aunque no en el país, donde nacieron. Las grandes tierras de su esposo al noroeste de Praga les ofrecieron la vida cómoda de los terratenientes. Fritz podía cazar en las tierras que su aristocrática familia poseía desde hacía años, y él y su esposa aceptaron de buena gana la naturaleza y la vida atlética que llevaban.[35]

Su enorme mansión barroca al centro de Praga contenía 15 mil libros raros, incluyendo manuscritos originales de Nicolás Copérnico. Su ubicación, a la sombra del castillo de Praga en la plaza de los Malteses, les daba acceso directo a la cultura, los teatros y la música de la ciudad. La familia de Fritz había sido mecenas musical de Chopin y Mozart. Ellos construyeron el teatro donde se estrenó la famosa ópera *Don Giovanni*. Con el tiempo, su familia se completó con tres hijos y una hija.[36]

Si la vida de Sophie Hohenberg hubiera sido orquestada como una de las sinfonías que tanto amaba, su infancia habría tenido un ritmo *allegro tranquillo*: ágil, luminoso, lleno de vida, pero tranquilo. El segundo movimiento, los años que anduvo como sonámbula tras Sarajevo, podrían haber sido un *adagio lento*, casi letárgico. Sus años de esposa y madre joven, el movimiento *scherzo* o *allegro* principal, habría sido rápido y alegre, pero con una coda inesperada, un final impredecible y abrupto.

En 1921, el gobierno checo aprobó una ley de embargo a las haciendas más grandes del Estado, redistribución de tierras y el despojo de los títulos aristocráticos. Casi todos siguieron refiriéndose a los nobles por sus antiguos títulos, pero el gobierno impuso la estricta política de confiscar sus tierras. Sophie y Fritz conservaron sus casas de campo en Falkenau y Heinrichgrun, pero las tierras que las rodeaban desaparecieron con un simple movimiento de pluma.[37]

Maximilian y Ernst Hohenberg no tuvieron tanta suerte. Konopiste y Chlumetz, y todos los edificios y la tierra que los rodeaban, fueron confiscados. Para ellos no quedó en Checoslovaquia nada más que sus recuerdos. Pese a las solicitudes previas y los acuerdos escritos con el duque de Portland, el presidente Masaryk no cumplió ninguna de sus promesas.[38]

Masaryk citó una cláusula del tratado de Saint Germain que permitía el embargo de «todas las propiedades de la Corona y las propiedades privadas de miembros de la antigua familia real de Austria-Hungría».[39] El conde Thun interpuso de inmediato una demanda contra los embargos a las propiedades de los Hohenberg, en la que señalaba que los hijos del archiduque nunca fueron reconocidos como miembros de la familia real ni por sus parientes Habsburgo ni por el Estado.[40]

El juramento de renuncia firmado en 1900 separó a los hijos nonatos de Franz Ferdinand de la casa imperial. Tras el asesinato del archiduque en 1914, sus hijos se convirtieron en dueños de Konopiste y Chlumetz, propiedades que él compró con su propio dinero y que nunca pertenecieron a la Corona. Esa herencia se confirmó en las cortes de Praga en 1916, dos años antes de que se firmara el tratado de Saint Germain, tres años antes de que Sophie y sus hermanos fueran expulsados de su hogar y cuatro años antes de que el tratado se pudiera aplicar legalmente.[41]

Cuando el gobierno checoslovaco embargó las propiedades «Habsburgo» de los jóvenes Hohenberg, Franz Ferdinand llevaba ocho años muerto. Tras perder su demanda inicial en los tribunales checos, el conde Thun llevó su caso al Comité Aliado de Reparaciones en La Haya. El comité declaró que no tenía autoridad para interpretar el acuerdo que le puso fin a la guerra. Thun siguió interponiendo demandas en nombre de Max y Ernst, pero no les devolvieron ni las propiedades ni las tierras que las rodeaban. Nunca los compensaron por el embargo. Los hermanos de Sophie conservaron sus tierras en Austria, pero la pérdida de Konopiste y Chlumetz les robó el futuro que siempre habían imaginado, en el que administrarían sus tierras y criarían a sus familias en la campiña bohemia de su juventud.[42]

Los hijos de Franz Ferdinand no carecían de opciones, oportunidades ni tentaciones. Eran príncipes jóvenes, atractivos, famosos y solteros con una historia reconocida y pocas responsabilidades. Miembros anteriores y actuales de la realeza llenaban los encabezados de los periódicos con sus escándalos, romances, matrimonios, divorcios, hijos ilegítimos y desventuras políticas, pero Maximilian y Ernst Hohenberg se negaban a formar parte de eso.[43]

A Ernst, el Hohenberg más joven, le había costado trabajo terminar sus estudios. No fue hasta que tomó un curso de dasonomía y agricultura que encontró al fin su camino. Tras su graduación, se fue a la campiña de Graz, en el norte de Austria. Ahí, en la aislada belleza de Estiria, como administrador de las tierras que se le dieron a su familia por la intervención del emperador Karl, al fin comenzó a sanar de las heridas de Sarajevo.[44]

Maximilian tomó un camino distinto. Mientras se acercaba su cumpleaños número veinte realizó su primera reunión política en una posada de Austria. Con palabras muy bien pensadas, anunció sus planes para dirigir una campaña de restauración de la monarquía constitucional de su país y traer de vuelta a su primo, el emperador Karl, al trono vacío de los Habsburgo.[45] La tarea no sería fácil. La punitiva Constitución austriaca escrita después de la guerra se apoderó de todos los activos de los Habsburgo y les prohibió al emperador Karl y a sus descendientes volver a su tierra. Fue necesario renunciar a reclamar el trono, a las influencias políticas y a todos los palacios, granjas y tierras.[46] La reunión convocada por Maximilian Hohenberg fue un evento discreto, muy distinto a los pomposos mítines políticos que ofrecía Adolf Hitler en la Hofbräuhaus de Múnich. Solo fueron 26 personas. Ernst fue una de ellas, pero eso puso a los Hohenberg en una trayectoria de colisión con Adolf Hitler.[47]

11

El más astuto de los demagogos

«¡Todo lo que no es Raza es escoria!».
ADOLF HITLER

«Los dictadores son muy populares en estos días,
y pronto podríamos querer uno en Inglaterra».
Príncipe EDWARD DE GALES

«Un discurso público se debe juzgar no por el sentido
que tenga para los analistas que lo lean al día siguiente,
sino por el efecto que tenga en las masas».
ADOLF HITLER

LAS AMENAZAS DE VIOLENCIA y de guerra civil, y una marcha en Roma de miles de simpatizantes fascistas, dieron como resultado que Benito Mussolini, de 39 años, fuera nombrado primer ministro de Italia en 1922.[1] Un año después Adolf Hitler y dos mil seguidores intentaron hacer una marcha similar en Múnich, pero esta falló y Hitler fue arrestado por traición.[2]

Hitler usó brillantemente su juicio para promoverse como un patriota y no como traidor. Presentó su golpe de Estado como un intento de rescatar a Alemania de los comunistas y de los verdaderos traidores que habían apuñalado al país por la espalda, perdiendo la guerra para poder tomar el poder. «No existe tal cosa como alta traición contra aquellos que traicionaron al país en 1918», dijo.[3] Su defensa fue increíblemente atrevida y engañosa y, de hecho, llevó a juicio al gobierno de posguerra de Alemania.

Tras cumplir 264 días de una sentencia de cinco años, Hitler salió de la prisión con más fama y apoyo que cuando entró. En el día de su liberación la Cámara de Comercio de Múnich, que buscaba un aliado que protegiera sus márgenes de ganancias, le regaló un automóvil Mercedes nuevo.[4] Hitler pasaría la siguiente década estableciendo al Partido Nazi como la fuerza política más relevante de Alemania. Imaginaba un Reich alemán que fuera racialmente puro y homogéneo, el exacto opuesto del tolerante, inclusivo y multinacional Imperio Habsburgo que tanto odiaba. Hitler no era el único activista político que buscaba un cambio. Disidentes en Checoslovaquia promovían el regreso del antiguo reino de Bohemia a sus raíces monárquicas. Un nombre que se sugirió como posible futuro rey fue el del príncipe Maximilian Hohenberg. Sus hermosos rasgos y encantadores modales reflejaban su herencia noble, pero él se negaba a presumir su posición, su riqueza o su inteligencia. Al igual que su madre, tenía una voz suave, vestía bien y nunca llevaba ni un pelo fuera de su lugar. Siempre andaba erguido, jamás llegaba tarde y era el caballero perfecto. El hijo mayor del archiduque Franz Ferdinand y la duquesa de Hohenberg tenía todos los instintos naturales de un talentoso diplomático, un abogado exitoso y un excelente jugador de ajedrez. Sus cálidos ojos café eran amigables, pero su rostro serio no revelaba ni sus pensamientos ni sus verdaderos sentimientos, cualidades que le servirían de mucho en los días difíciles que estaban por llegar. Rápida y diplomáticamente, Max rechazó cualquier conexión con la política checa, pero las sospechas de sus ambiciones políticas hicieron que para los hermanos Hohenberg fuera aún más difícil visitar a su hermana en Praga.[5]

Sophie von Nostitz-Rieneck se mantuvo en contacto con sus hermanos a través de cartas, llamadas y visitas a Austria.[6] Es posible que la felicidad del matrimonio de Sophie motivara a la archiduquesa Maria-Theresa, su abuela Habsburgo, a asumir activamente el papel de celestina de la familia. Ernst rechazó sus propuestas con amabilidad. Conseguir la paz en su alma le había tomado años de vivir en la dura soledad de las montañas, los bosques y los lagos de Estiria. Cuando salió de su capullo estiriano, su timidez y su belleza juvenil atrajeron la compañía de mujeres fuertes y hermosas que querían cuidar de él. Ernst disfrutaba mucho de las atenciones, pero no tenía prisa por cambiar las alegrías de la soltería por la tranquilidad doméstica.[7]

Maria-Theresa redobló sus esfuerzos por hallar una esposa adecuada para Maximilian. Encontró una aliada en su amiga de la infancia, la princesa Marie Lobkowicz Waldburg-Wolfegg.[8] Dos años de organizar reuniones entre el nieto de la archiduquesa y la nieta de la princesa dieron el resultado deseado.[9] Semanas después de conseguir su título en leyes en la Universidad de Graz, el 2 de julio de 1926 un periódico vienés anunció: «El doctor Maximilian von Hohenberg, hijo mayor del archiduque Franz Ferdinand de Austria, quien fue asesinado en Sarajevo en 1914, se comprometió hoy con la condesa Elisabeth Waldburg-Wolfegg».[10]

No había forma de escapar de Sarajevo. Hasta en el anuncio de la boda de Maximilian se destacó el asesinato de su padre.

Y aunque Elisabeth Waldburg-Wolfegg también descendía de una familia de abolengo, su hogar ancestral al sur de Alemania, un castillo en una fortaleza medieval del siglo XII, no pudo protegerla de la violencia del siglo XX. Dos de sus hermanos habían muerto en la Primera Guerra Mundial. Tras su matrimonio, el doctor Hohenberg y su esposa fueron conocidos en Austria como el duque y la duquesa de Hohenberg, pero por lo general sus títulos iban acompañados de menciones de Sarajevo.

El 16 de noviembre de 1926, la boda de Max y Elisabeth les dio a los Hohenberg la oportunidad de celebrar una reunión familiar.

Sophie y Fritz von Nostitz-Rieneck viajaron a Alemania para la ceremonia. Ernst fue el padrino de su hermano, de 24 años. El matrimonio de Maximilian con su esposa, de 22 años, le dio a su hermana recuerdos maravillosos, una cuñada a la que amaba y fotografías de boda que al fin podía disfrutar.[11]

Maximilian eligió Lequeitio, un pequeño pueblo pesquero en la costa noroeste de España, para pasar su luna de miel. Era el hogar de la exiliada, pobre y viuda de treinta años antes conocida como la emperatriz Zita.[12]

En 1921 el emperador Karl intentó dos veces restaurar la monarquía en Hungría. Dos veces fracasaron sus intentos. Él y Zita se exiliaron a más de tres mil kilómetros de su tierra en la rocosa isla atlántica de Madeira, frente a la costa de África. En unos meses la neumonía, el agotamiento y el corazón roto cobraron la vida del emperador. Tenía 38 años.[13] La tragedia de su vida y su muerte parecía representar la incertidumbre de la vida y la muerte en el siglo xx. Esto también puso fin a los intentos de Max por regresar a Karl al trono.

Pero Karl y Zita tenían ocho hijos, cinco de ellos varones.[14] Durante la visita a Lequeitio había algo más que un airecillo de curiosidad sobre la posibilidad de que uno de los primos varones de Max pudiera ser un futuro monarca. Durante los últimos meses del reinado de Karl el último emperador Habsburgo había propuesto federalizar el multinacional Imperio austrohúngaro siguiendo las propuestas del padre de Max, pero ya era demasiado tarde. Los millones de vidas perdidas, rivalidades étnicas y la creciente oleada de nacionalismo acabó con cualquier esperanza de unir a los pueblos de Europa Central. Antes de su prematura muerte, Karl temía que Austria y Europa Central quedaran atrapadas en un vacío de poder que Alemania y Rusia llenarían a la fuerza,[15] por lo que bosquejó una propuesta para una Federación del Danubio neutral que uniera, cuidara y protegiera a su pueblo.

En el año en que se casó, Maximilian quiso conectar con alguien que compartiera la visión de su padre. Su visita a la viuda del emperador y su hijo mayor, Otto, cumplió ese propósito. Y también le dio un nuevo sentido a su vida.[16]

En 1921 el mercado de valores de Nueva York se desplomó, seguido del colapso del banco Creditanstalt de Rothschild en Viena. La subsecuente depresión desestabilizó el panorama político y económico de Europa. Esto los golpeó a todos. El vecino austriaco de Artstetten, la abadía benedictina de Melk, vendió su Biblia de Gutenberg de 1455 a la Universidad de Yale. En Viena se rentaron los espacios vacíos en el palacio de Schönbrunn de Franz Joseph para pagar el mantenimiento. Una *suite* de habitaciones para una familia de cinco se anunciaba en siete dólares al mes. Había pocos interesados.[17]

Los miembros de las antiguas casas reales tampoco fueron inmunes al desastre financiero. La archiduquesa Maria-Theresa intentó vender discretamente sus joyas familiares. La más famosa era el collar de diamantes de 263 kilates que Napoleón le dio a su segunda esposa, la emperatriz Marie Louise Habsburgo, tras el nacimiento de su hijo. El valor estimado era de $450 000 dólares. La joya se puso a la venta en Nueva York por $100 000 y se vendió por $60 000. El sobrino nieto de Maria-Theresa, Leopold Habsburgo, y dos socios hicieron el trato, pero exigieron $53 730 por gastos. La abuela Hohenberg reclamó que se le devolviera el collar e hizo que su sobrino nieto, un archiduque Habsburgo, fuera arrestado y encarcelado por fraude.[18]

La desesperación del momento nubló la razón de muchas personas. Los países en toda Europa buscaban un líder, un salvador, un dictador que los rescatara de sus calamidades económicas y políticas. Hitler creía que él era ese hombre. Solo hablaba alemán, pero era un extraordinario lingüista, un camaleón capaz de articular el lenguaje emocional y no verbal de su auditorio. Su talento para la oratoria le permitió forjar una coalición política que el alcalde de Viena, Karl Lueger, podría haber envidiado.

Empresarios industriales de grandes riquezas financiaron en secreto el ascenso al poder de Hitler tras 1924. A cambio, por debajo de la mesa él les prometió destruir el floreciente Partido Comunista del país, aplastar a los sindicatos obreros y proporcionarles ganancias sin parangón a sus benefactores.[19] Los desempleados recibieron la esperanza de conseguir trabajo, y los olvidados, respeto. A los militares Hitler les prometió reclutas, rearme y la restauración de su poder y prestigio. En sus cantos de sirena, los aristócratas escucharon la posibilidad de que ellos y la Corte Imperial alemana se convirtieran en los líderes de la sociedad europea. Los veteranos de la guerra perdida lo veían como uno de los suyos.

Pero no había grupo que apoyara a Hitler tanto como los jóvenes. Para ellos, sus deslumbrantes discursos prometían una nueva generación de líderes llenos de juventud, vigor y carisma. Dos tercios de los seguidores de Hitler eran menores de cuarenta años.[20]

Adolf Hitler tenía apoyo financiero y cientos de miles de seguidores, pero anhelaba legitimidad y poder político para hacer realidad su visión. Dicho poder le fue otorgado por el respetado presidente del país, Paul von Hindenburg, el popular exjefe del Estado Mayor alemán durante la guerra. En 1933, en un esfuerzo por reconocer la creciente popularidad de Hitler, el hombre de 86 años lo nombró canciller del Reich. Solo Hindenburg tenía más poder en el gobierno. El nuevo canciller de Alemania, de 43 años, prometió buscar una política de paz, «pese a nuestro amor por el ejército».[21] Muchos dudaron de sus palabras.

El general Erich Ludendorff, aliado de Hitler hacía una década en su golpe de Estado fallido, denunció a Hindenburg por entregarle «nuestra Patria sagrada a uno de los mayores demagogos de todos los tiempos. Profetizo solemnemente que este hombre maldito llevará al abismo a nuestro Reich y provocará inimaginables sufrimientos a nuestra nación». Terminó su advertencia profética con estas palabras: «Por este acto las generaciones futuras lo maldecirán en su tumba».[22] Los primeros mensajes de Hitler como canciller del Reich enviaban «los mejores deseos» a «los queridos hermanos alemanes de Austria».[23] Su mente, corazón y planes nunca se alejaron de ese país.

Con el fin de «superar la catástrofe económica» y desterrar «la traición a la patria y la perfidia», Hitler pronto convenció al Reichstag de aprobar la Ley Habilitante que le concedía poderes de dictador.[24] Se prohibieron los sindicatos obreros y se quemaron públicamente los libros de autores judíos y otros «enemigos del Estado». El jefe de la policía de Múnich, Heinrich Himmler, abrió el primer «campo de concentración» del país, dedicado exclusivamente a albergar prisioneros políticos. Se le puso el nombre de Dachau, en honor a una pintoresca aldea cercana, y enseguida se llenó de trabajos, comercio y líderes sindicales. Hitler no perdió tiempo y dirigió su mirada a Austria. Se impuso un arancel de mil reichsmarks para todo ciudadano alemán que viajara ahí.[25] El impuesto se creó para destruir la floreciente industria turística en Austria. En un cínico gesto de darle al César lo que es del César, Hitler neutralizó rápidamente a las iglesias alemanas que tanto poder político tenían. En el aniversario de los asesinatos en Sarajevo, el 28 de junio de 1933, las iglesias luteranas independientes de toda Alemania se unieron en la recién bautizada «Iglesia Protestante del Reich». Ludwig Müller, un apasionado nazi, se convirtió en el obispo al mando. Eligió cuidadosamente al clero luterano para asegurarse de que fueran personas «políticamente confiables», es decir, que aceptaran el principio de «superioridad de la raza aria».[26]

Un mes más tarde el secretario de Estado del Vaticano, Eugenio Pacelli, firmó un acuerdo con el vicecanciller de Alemania, Franz von Pappen. El trato fáustico acabó con la relación de la Iglesia católica con la política del país y le impidió opinar sobre temas de justicia social. A cambio de la estricta separación de Iglesia y Estado, al Vaticano se le entregaron los temas no políticos y espirituales.[27] En un año, Von Papen, un agradable aristócrata católico alemán que no cargaba con el peso de una brújula moral, se convirtió en el embajador de Alemania en Austria. Su misión era animar a los nazis austriacos a debilitar a su gobierno. Las habilidades diplomáticas de Eugenio Pacelli le ganaron su recompensa en la tierra. Cinco años después se convirtió en el papa Pío XII.

Adolf Hitler comprendía las decepciones, los miedos y los sueños de la clase baja. Los más pobres habían sido su compañía constante en las calles de Viena, en los comedores comunitarios y en los albergues para indigentes. Había seguido sus pasos en las trincheras de la Primera Guerra Mundial y durante la amarga derrota que le siguió. Reconocía su ansiedad y su temor, los prejuicios secretos de los marginados. Cuando entró a la política dijo sin tapujos lo que muchos escondían en su corazón, y lo recompensaron convirtiéndolo en el hombre más poderoso en lo que quizá era el país más culto y educado del mundo.

La periodista estadounidense Dorothy Thompson entrevistó a Hitler y lo describió como «un agitador de la inteligencia».[28] «Hitler es el más astuto de los demagogos. Ni siquiera importa que lo que dice, leído al día siguiente en la prensa, suela ser pura tontería», dijo.[29]

Thompson les hizo una advertencia a sus lectores: «Ya deben imaginarse el público al que se dirige: gente pequeña. Aplastada por los sentimientos de inferioridad [...] El patriotismo es la forma más barata de autoelogio. Aunque uno tenga deudas, aunque no haya tenido una vida exitosa, Hitler dice que aún es parte de una RAZA [...] "¡Todo lo que no es Raza es escoria!" es uno de sus dichos. Le dice a su público que "Los alemanes son una raza superior y es necesario que esta raza superior conquiste la tierra"».[30]

Hitler se presentaba como el poderoso vocero de los que no tenían voz. Sus seguidores lo amaban por validar sus sentimientos ocultos. Lo amaban porque parecía amarlos, respetarlos y apoyarlos.

Hitler también tenía un atractivo casi místico para muchos aristócratas. El exiliado emperador alemán Wilhelm II y tres de sus hijos veían a Hitler como su aliado para reclamar para ellos el trono vacío.[31] El príncipe heredero Wilhelm recibió a Hitler en su casa, y en 1930 sus hermanos menores, el príncipe August Wilhelm y el príncipe Oskar, se unieron públicamente al Partido Nazi. El príncipe August presentó a Hitler con multitudes entusiastas y, en privado, con acaudalados monarquistas.[32] Un tercio de la antigua nobleza de Alemania se unió al Partido Nazi.[33] Otros lo apoyaban con su silencio.

Pero para gran frustración y molestia de Hitler, Otto Habsburgo desde el exilio y Maximilian y Ernst Hohenberg en Austria se manifestaban claramente en su contra, condenando a su Partido Nazi y exponían y denunciaban lo abominable del racismo que buscaba legitimar.

El archiduque Franz Ferdinand había esperado un cuarto de siglo para convertirse en emperador y murió sin alcanzar su meta. Hitler esperó 599 días. Cuando el presidente Paul von Hindenburg murió en agosto de 1934, Alemania cayó en los brazos de Hitler, que ya la esperaba.

La agitación política y el creciente miedo ante las revoluciones comunistas vieron cómo Portugal, España, Polonia, Grecia y Rumania, al igual que Italia y Alemania, aceptaban dictadores. Edward de Inglaterra, príncipe de Gales, le dijo a un príncipe alemán: «Los dictadores son muy populares en estos días y pronto podríamos querer uno en Inglaterra».[34] Joseph P. Kennedy, el embajador estadounidense en Gran Bretaña, le confesó al presidente Roosevelt que Estados Unidos podría necesitar asumir «bajo otros nombres, las características básicas de un Estado fascista».[35] Para combatir y derrotar al totalitarismo, Kennedy creía que Estados Unidos quizá tendría que «adoptar métodos dictatoriales».[36] Roosevelt se opuso.

George Messersmith, un diplomático y antiguo maestro en Pensilvania que vivía en Berlín, reconoció lo que hicieron los Habsburgo, los Hohenberg y otros pocos. Escribió:

> Desearía que fuera posible hacer que nuestra gente en Estados Unidos entienda lo mucho que alimenta el espíritu militar en Alemania. Si este gobierno sigue en el poder un año más, y si sigue con las medidas actuales, irá demasiado lejos, y convertirá a Alemania en un peligro para la paz mundial durante los años venideros. Con unas pocas excepciones, los hombres que dirigen el gobierno tienen una mentalidad que ni tú ni yo podemos comprender. Algunos son casos de psicopatía y en otro lugar definitivamente recibirían tratamiento.[37]

Messersmith pronto se convirtió en embajador de Estados Unidos en Viena. No le hacía ilusión el antisemitismo de Hitler ni sus designios en Austria.[38] En 1925 Hitler había escrito en *Mein Kampf*: «Al inicio de mi juventud llegué a una conclusión muy fundamental que nunca me abandonó, y que solo se tornó más profunda: que el germanismo solo podía preservarse a través de la destrucción de Austria».[39]

Maximilian Hohenberg se negó a desestimar las palabras de Hitler como nada más que retórica, fantasía o ficción. Creía que Hitler debía ser detenido y Otto Habsburgo, el hijo mayor del emperador Karl, era la única persona capaz de hacerlo. Con la aprobación de Otto y él mismo como presidente, Maximilian ayudó a organizar y luego lideró una alianza política conocida como el «Círculo de Hierro» conformada por socialistas cristianos, jóvenes idealistas, católicos conservadores, clérigos, exaristócratas y judíos.[40] Su meta era ofrecerle a Austria a Otto Habsburgo como alternativa a Adolf Hitler.[41] Ernst y Sophie apoyaron de inmediato el trabajo de su hermano.[42]

Cuando Otto cumplió los 18 años, el pueblo austriaco de Ampass votó para nombrar ciudadano honorario al expríncipe heredero. Los 18 años fueron la edad a la que Franz Joseph se convirtió en emperador austriaco, Victoria se volvió reina de Inglaterra y Wilhelmina, quizá la monarca contemporánea más popular de Europa, reina de los Países Bajos. En los siguientes tres años 1 500 pueblos austriacos se declararon «comunidades imperiales».[43] Conforme se extendía la sombra de Hitler, el movimiento restauracionista de la monarquía también crecía. El 28 de septiembre de 1933 un periódico austriaco reportó:

> A través del duque Max [von Hohenberg], hijo del príncipe heredero Franz Ferdinand, quien fue asesinado en Sarajevo en 1914, el archiduque Otto [aspirante Habsburgo al trono austriaco] aceptó la ciudadanía honoraria en los pueblos de Hain, Mamau y Ragelsforf, y juró lealtad al aspirante, con la esperanza de que pronto se convierta en soberano [...] El duque Von Hohenberg les entregó a los alcaldes de los tres pueblos cartas firmadas por «Otto en el exilio», donde declara que el exilio sin duda es complicado cuando la patria lucha heroicamente por existir contra ataques maliciosos y sin escrúpulos. El archiduque Otto condenó el movimiento nazi y agregó que confía en que el actual régimen retirará las injustas leyes del periodo revolucionario contra los Habsburgo. Confía en que no están lejos los días en que, con fe en Dios y con mano dura, él llevará a la patria a un futuro feliz, seguro y maravilloso.[44]

Adolf Hitler no tenía intenciones de permitir que Otto ni ningún otro Habsburgo reclamara el trono de Austria. En una conversación casual con el ministro yugoslavo reveló su odio desmedido a los Habsburgo. Le dijo que su amada madre estaba enterrada en suelo austriaco. Si permitía que Austria volviera a ser gobernada por esa «dinastía degenerada», para él sería como escupir sobre la tumba de su madre.[45]

Estaba decidido a unir a Alemania y Austria bajo *su* liderazgo. *Mein Kampf* dejaba eso muy en claro. Ese libro comenzó en una celda de prisión en Alemania tras su intento fallido de hacer un golpe de Estado, pero lo terminó en una pequeña cabaña en las montañas bávaras rodeado en tres flancos por los Alpes austriacos. Salzburgo, a solo 19 kilómetros, se alcanzaba a ver a lo lejos. Después, las ganancias de *Mein Kampf* le permitieron a Hitler comprar su propia casa ahí, pero pronto la rediseñó para que quedara viendo hacia Austria.

A lo largo de los años fue ampliada, reconstruida y remodelada muchas veces, convirtiéndose en el refugio político más famoso, y tristemente célebre del mundo. La casa tenía el nombre oficial de Berghof, pero los periodistas la bautizaron como el Nido del Águila por su ubicación en las alturas. La característica más destacada del lugar eran sus ventanales de piso a techo, que mostraban espectaculares vistas de los bosques, los lagos y las montañas que lo rodeaban. Hitler, el artista y arquitecto frustrado, los orientó hacia su tierra natal.[46] Leni Riefenstahl, la cineasta más reconocida de Alemania y una de las preferidas de Hitler, visitó Berghof dos veces. Quedó impactada por su ubicación y sus paisajes. Durante su última visita antes de la guerra, Hitler le dijo:

> Mira, aquello es Austria. Todos los días subo a observarla y le ruego al Todopoderoso que me permita vivir hasta el día en que Austria y Alemania estén unidas en un único Reich alemán. Esa es la razón por la que compré esta casa, porque desde aquí puedo ver a Alemania *y* a Austria.[47]

12

Horrores inminentes

«Se prevé la restauración de los Habsburgo para este mismo año».

Encabezado de *The New York Times,* 28 de octubre de 1934

«Lo que le pasará a Austria también te pasará a ti... Tú también serás la víctima. Tú también serás destruido por los nazis».

MAXIMILIAN HOHENBERG a Benito Mussolini

UNA LUCHA ENTRE DAVID y Goliat estaba por tener lugar en Europa. El embajador estadounidense George Messersmith lo notó durante su presentación con el pequeño país de Austria y su aún más pequeño canciller. Ambos hombres se conocieron al final de una junta del gabinete, cuando Messersmith vio a un hombrecito «que iba de aquí para allá limpiando ceniceros». Dollfuss, con su metro y 49 centímetros de estatura, le sonrió tímidamente y le dijo: «Mire nada más, encontró al canciller limpiando».[1] El estadounidense y el austriaco se hicieron amigos enseguida.

Engelbert Dollfuss era un monarquista empedernido decidido a mantener a su país libre de intimidación externa e interna. Cuando el Partido Nazi de Austria y los comunistas locales incitaron a la violencia, él declaró la ley marcial que prohibía ambas actividades políticas. Junto con la mayor parte de su gabinete, Dollfuss creía que el joven Otto Habsburgo era la mejor defensa de Austria contra los nazis. Con medios grandes y pequeños, Dollfuss intentaba despertar la nostalgia por la restauración de los Habsburgo.

El himno Habsburgo volvió convertirse en el himno nacional, el ejército se vistió con los antiguos uniformes de la guardia imperial. Se animaba a los veteranos a usar sus medallas con imágenes de Franz Joseph y del emperador Karl. Se lanzaron postales de Otto Habsburgo por todo el país y de inmediato se convirtieron en un éxito en ventas.[2] La revista *Time* reportó que Otto podía poner fin a las divisiones en la política austriaca al ofrecer «una figura común para unirlos a todos... una figura más glamurosa para atraer a los impresionables jóvenes de Adolf Hitler».[3]

Austria, al igual que su vecino alemán y que la mayor parte del mundo industrializado en 1930, estaba en terribles aprietos financieros. Uno de cada tres trabajadores había perdido su empleo. Una de cada cinco granjas familiares había sido subastada para pagar deudas. Solo la industria del turismo en el país ofrecía un frágil sustento, pero la punitiva tarifa impuesta por Hitler a los viajeros alemanes que iban a Austria amenazaba con provocar un colapso económico. Engelbert Dollfuss, Maximilian Hohenberg y otros miles esperaban que Otto Habsburgo pudiera rescatar al país.

Pero la ayuda más inmediata llegó de manos de otro príncipe.

Edward, Su Alteza Real príncipe de Gales, el atractivo hijo del rey George V y la reina Mary de Inglaterra, era el heredero de la monarquía más respetada y poderosa sobre la tierra. En 1930 era indudablemente el miembro de la realeza más popular de su generación, reconocido por toda Europa y el mundo como un verdadero Príncipe Azul. El amor de Edward por las maravillosas montañas, los lagos transparentes y las ciudades de ensueño de Austria la convirtieron en su destino turístico favorito, a donde llevaba a turistas de lugares tan lejanos como América. A mitad de los años treinta bien pudo haber sido el salvador de la industria turística de Austria. Cuando su amante estadounidense, Bessie Wallis Warfield Simpson, y su cornudo y obediente esposo fueron con él hasta allá, la prensa americana fue tras ellos.[4]

Los chismes en los cafés vieneses y los periódicos de todo Estados Unidos reportaban sin descanso cada movimiento de aquella pecaminosa trinidad. Solo la prensa británica ofrecía discreción informativa, y explicaba que la visita de Edward era «no oficial y exclusivamente de placer».[5] Los comentaristas no pasaron por alto la ironía. Las andanzas del soltero de la realeza más codiciado del mundo ofrecían una agradable distracción ante las terribles noticias económicas y políticas, pero también le causaban dolores de cabeza al MI-6, el servicio de inteligencia británico.[6]

El príncipe inglés estaba encantado con Adolf Hitler pese a las quemas de libros, las persecuciones políticas y la difusión del antisemitismo por toda Alemania. Como heredero al trono de una monarquía constitucional, tenía prohibido hablar de política, pero se le escuchó afirmar: «No es de nuestra incumbencia interferir en los asuntos internos de Alemania (respecto a) los judíos ni ninguna otra cosa».[7]

La señora Simpson trajo problemas adicionales. Los servicios de inteligencia británicos temían que pudiera ser una agente de la Alemania nazi. El embajador Messersmith rápidamente entró en el círculo íntimo de Edward y describió a la señora Simpson como «encantadora e inteligente».[8] Messersmith no era un ingenuo. El camino hasta el corazón de Edward pasaba a través de su amante.

El 14 de julio de 1934, al día siguiente del cumpleaños número 33 de Sophie von Nostitz-Rieneck, Engelbert Dollfuss fue asesinado en un intento fallido de golpe de Estado por parte de los nazis. Paralizado en su oficina en la cancillería y con dos balas en el cuello, se fue desangrando poco a poco hasta morir a la sombra del palacio de Hofburg. Los asesinos nazis ignoraron sus súplicas de que le llevaran un doctor y un sacerdote. Tres cuartos de siglo después el hijo de Maximilian, Georg, quien más tarde se convertiría en un diplomático austriaco, recordó su sentir en aquel momento:

> Fue mi primer recuerdo político, una impresión horrible al saber que ese buen hombre había sido asesinado. Era un austriaco leal que intentó salvar al país. Lo admirábamos mucho porque tomó al país entre sus manos fuertes. Él no tenía miedo, y por eso nosotros no teníamos miedo. Hasta su muerte, nos sentimos a salvo.[9]

Un día antes de su asesinato Dollfuss le confesó a Karl Winter, el subdelegado de Viena, que la única esperanza para la supervivencia de Austria era la pronta restauración de la monarquía constitucional encabezada por Otto Habsburgo.[10] El sucesor de Dollfuss, Kurt Schuschnigg, también era un monarquista, admirador de Franz Ferdinand y su hijo Max. En su autobiografía, Schuschnigg escribió sus recuerdos de Sarajevo de cuando era un estudiante de 16 años. Sus presentimientos de un «desastre inminente» también podrían describir cómo se sintieron muchos austriacos tras el asesinato de Dollfuss: «Los muchachos de Austria estábamos acostumbrados a ver al archiduque Franz Ferdinand como la encarnación de nuestras esperanzas patrióticas... nadie podía imaginarse lo que vendría después. La reorganización y consolidación nacional, la idea de una Austria más fuerte [...] la esperanza estaba asociada a su nombre».[11]

El asesinato del canciller austriaco revivió la pesadilla de Sarajevo para los Hohenberg. Medio millón de austriacos acudió al funeral de Dollfuss. Los asesinos nazis fueron capturados, enjuiciados y ejecutados rápidamente. Los sentimientos estaban tan exacerbados que uno de los asesinos heridos fue llevado a la horca en camilla. El país se tambaleaba al borde del caos.[12]

Schuschnigg no inspiraba la confianza de su predecesor. Sin embargo, hizo lo mejor que pudo para encontrar aliados en la lucha contra la creciente oleada nazi. El barón Gabriel Apor, miembro del servicio diplomático de Hungría, llegó a la misma conclusión, pero con un toque Habsburgo. «Es cada vez más evidente que

Austria y Hungría deberían volver a dormir juntas… y quizá tengan que llevarse a un Habsburgo a la cama con ellas», escribió.[13] Muchos en Checoslovaquia estuvieron de acuerdo, pero su ministro de Relaciones Exteriores no. Eduard Beneš, que odiaba todo lo relacionado con los Habsburgo, habría preferido ver a Austria desaparecer en Alemania antes que a un Habsburgo de nuevo en el trono. Su declaración tuvo un efecto escalofriante en la región. Checoslovaquia y Hungría se alejaron de Austria.

Para cuando ocurrió el asesinato de Dollfuss solo un líder extranjero ofreció ayuda a Austria. Minutos después de enterarse del intento de golpe de Estado nazi, Benito Mussolini movilizó al ejército italiano. Envió tropas a la frontera austroitaliana y amenazó con repeler cualquier avance alemán hacia Austria. Hitler se retractó rápidamente. Messersmith escribió que Mussolini era el único «jefe de Estado en Europa que no se hacía ilusiones con Hitler».[14] A inicios de la década de 1930 Benito Mussolini parecía el más humano de los dictadores, que declaraba que Mark Twain era su autor favorito y menospreciaba a *Mein Kampf* como un «aburrido mamotreto». Cuando ocurrió el asesinato, la esposa y los hijos de Dollfuss estaban visitándolo en su villa adriática. Con lágrimas en los ojos, Mussolini les informó personalmente de la tragedia. Tomó el intento de golpe de Estado como una afrenta política y personal. Durante un tiempo Mussolini fue el dictador más poderoso de Europa, respetado e incluso admirado por muchos. Era la única voz pública que condenaba abiertamente el antisemitismo de Hitler. En una conocida entrevista con el editor estadounidense Cornelius Vanderbilt Jr. se citaron las siguientes palabras de Mussolini: «¡La paz! ¡Eso es lo que me mueve! Paz eterna […] ¿Otra guerra mundial? ¡Qué locura! No habrá guerra en Europa mientras Mussolini viva».[15] Muchos le creyeron. Comparado con el dictador nazi Adolf Hitler en Alemania y el dictador comunista Joseph Stalin, quien había tomado el poder en la Rusia soviética, el dictador italiano parecía la mejor y única esperanza de Austria como aliado.

Schuschnigg pudo haber enviado a Roma a cualquier diplomático como representante, pero eligió a Maximilian Hohenberg, el hombre que Adolf Hitler, Otto Habsburgo y muchos otros consideraban el líder del movimiento de restauración de los Habsburgo del país. Quería asegurarse de que el país podía contar con la lealtad de Mussolini, pero también quería descubrir la postura del dictador acerca de la restauración de los Habsburgo.[16] Quizá Schuschnigg esperaba que enviar al primo de Otto a Roma influyera de forma positiva en la respuesta. Mussolini y la monarquía italiana seguían coexistiendo. El líder fascista le confesó en privado: «Consigues el poder con un grupo de gente, pero gobiernas con otro».[17]

Mussolini no solo prometió un fuerte apoyo a la independencia de Austria, sino que, además, para alivio de Max, no puso ninguna objeción a la restauración de los Habsburgo. El dictador le dijo que Otto sería un excelente monarca constitucional. Incluso se ofreció a hacer de celestina entre el príncipe Habsburgo soltero y la hija del rey y la reina de Italia.[18]

Con el apoyo del canciller Schuschnigg y Benito Mussolini, Maximilian redobló sus esfuerzos para devolver a su primo al trono de Austria y quizá de Hungría. Un encabezado del 28 de octubre de 1934 de *The New York Times* decía: SE PREVÉ LA RESTAURACIÓN DE LOS HABSBURGO PARA ESTE MISMO AÑO. El conde Anton Sigray declaró sin miedo a equivocarse: «La restauración de los Habsburgo ha dejado de ser un tema académico y se ha convertido en un asunto urgente de política práctica [...] Solo un gran Estado en el que las distintas razas habitan con equidad ofrece la posibilidad de la paz, y solo la institución de la monarquía puede garantizar su permanencia».[19]

Un titular de noviembre en *The New York Times* y su subsecuente artículo detallaba los eventos en orden ascendente: VIE-

NA CELEBRA EL CUMPLEAÑOS DE OTTO—LOS MONARQUISTAS GRITAN «EMPERADOR» EN EVENTOS—EVIDENTE APROBACIÓN DE MUSSOLINI A LA RESTAURACIÓN.

> Hoy en Viena las celebraciones del vigésimo segundo aniversario del archiduque Otto se realizaron por parte de los monarquistas a una escala nunca antes vista [...] La mayor demostración [...] [con] más de dos mil incluía a la esposa del canciller Kurt Schuschnigg. El duque Max de Hohenberg presidió [...] El duque dijo [...] «Se acerca el momento en que el archiduque Otto regresará a su país [...]». El barón Wiesner declaró: «Uno de los grandes triunfos de la legitimación fue asegurar la aprobación del presidente Mussolini a la restauración, como se puede leer en la declaración en el periódico que él mismo fundó, el *Popolo d'Italia*».[20]

Maximilian fue entrevistado por la Asociación de Prensa Anglo-Americana tras un segundo discurso ante siete mil monarquistas. Otros miles fueron rechazados por falta de espacio. Doscientos mil austriacos le enviaron felicitaciones de cumpleaños al joven heredero de los Habsburgo. Esa misma tarde un antiguo capitán general vestido con su uniforme del ejército imperial habló frente a los veteranos de guerra judíos que celebraban a Otto en una sinagoga de Viena. Las noticias de Alemania les dieron un nuevo incentivo a las festividades. Se estaban retirando los nombres judíos de los monumentos de guerra en ese país.[21]

En el verano siguiente, el Parlamento austriaco aprobó una ley que restauraba parcialmente las propiedades de los Habsburgo embargadas en 1919. Maximilian Hohenberg representó a sus primos durante las negociaciones. Los palacios de Hofburg y Schönbrunn seguirían siendo propiedad del Estado, pero se les devolverían otras propiedades y tierras.[22] Adolf Hitler y otros vigilaban de cerca las actividades de Max, seguros de que eran los primeros pasos legales hacia el regreso de Otto. El ministro de Relaciones Exteriores de Austria respondió a los críticos del movimiento con estas palabras: «La ley que les devuelve a los Habsburgo sus propiedades no es más que un acto de justicia y no tiene relación con el tema de la restauración de la monarquía».[23] Pocas personas en Berlín o Viena le creyeron. Ese noviembre, un plebiscito en Grecia restauró a su monarquía derrocada con una abrumadora victoria en la votación de 1 491 992 contra 43 454.[24]

La legislación que el mismo Max negoció permitía que «los Habsburgo regresen a Austria como ciudadanos civiles».[25] Muchos lo hicieron, pero Otto y la exemperatriz Zita no. Ellos esperaban una invitación más específica. Schuschnigg se reunió dos veces en secreto con Otto en Francia, prometiéndole de manera inequívoca «seguir con la restauración lo más pronto posible el próximo año [...] aunque eso termine por desatar un incendio en Europa».[26] Además, prometió que cualquier intento de Alemania por anexar a Austria sería combatido con la fuerza.[27]

Más tarde, Otto escribió sobre el papel de su primo en ese tiempo:

> Max Hohenberg fue una persona clave. Era muy activo, tenía muchas reuniones y nos visitaba con frecuencia. Fue uno de nuestros nexos más importantes con el gobierno, en especial en discusiones sobre mi posible regreso a Austria. Su lealtad fue incondicional, era un excelente orador y tenía el don de unir a personas que estaban en desacuerdo entre ellas.[28]

Ese invierno la industria turística y de esquí del país se vio perjudicada por una nevada ligera y por la ausencia del príncipe de Gales. A principios de 1936 el rey George V de Inglaterra estaba muriendo, lo que obligó a Edward a cancelar sus vacaciones en Austria. Muchos esperaban que el popular príncipe se convirtiera pronto en un monarca aún más popular. El rey George, en su lecho de muerte, tenía sus dudas. «Tras mi muerte ese muchacho se arruinará en 12 meses», predijo tristemente.[29]

El rey sin duda conocía a su hijo, pero pocas personas pudieron haberse imaginado que un escándalo de la realeza en Inglaterra que involucrara al heredero del trono, su amante y su cornudo esposo tendría un impacto tan fuerte en los monarquistas de Austria. En Viena nunca se habían sentido tan seguros. El gobierno patrocinó una serie de bailes invernales en el palacio de Hofburg con importantes invitados de la familia Habsburgo. El archiduque Eugene hizo una entrada triunfal que eclipsó la del presidente de la república. La princesa Ileana de Rumania, casada con un archiduque Habsburgo, llegó con una tiara de diamantes y zafiros que anteriormente había pertenecido a la emperatriz de Rusia.[30] Muchas parejas que bailaban alegremente al ritmo de los valses vieneses esperaban que la próxima temporada del carnaval de invierno tuviera como anfitrión al emperador Otto Habsburgo.

En medio de la turbulenta década, Ernst, el príncipe soltero de los Hohenberg, le dio a su familia un feliz descanso de la política. Los periódicos por todo Europa lo anunciaron. Bajo el encabezado El príncipe Ernst von Hohenberg, hijo del fallecido archiduque Franz Ferdinand, con su prometida inglesa, la señorita Maisie Wood, el *Illustrated London News* reportó el compromiso del príncipe austriaco con la hija de un diplomático británico que vivía en Viena y de una condesa húngara.[31]

Ernst tenía 32 años, la misma edad que su madre cuando se casó. Al igual que Max, se había dejado el bigote al estilo de Franz Ferdinand. Como tenía una constitución física más grande que la de su hermano, parecía una versión joven de su padre. La futura esposa de Ernst, la radiante Maria Theresa Wood, de 24 años, recibió su nombre en honor a la emperatriz Habsburgo más famosa. Pese a su regio nombre, casi todos le decían Maisie a la humilde condesa. Dominaba el idioma de su aristócrata madre húngara y el marcado acento británico de su padre diplomático, pero hablaba muy poco alemán. Debido a una severa pérdida de audición, también era una talentosa lectora de labios.[32]

La boda tendría lugar cerca del palacio de Belvedere, en la hermosa Karlskirche de Viena, ubicada en la Karlsplatz de la ciudad. Años antes, la primera postal que Adolf Hitler envió de Viena tenía una imagen de ese famoso lugar. El día les regaló a los Hohenberg un bello recuerdo y el último antes de los años de guerra y encarcelamiento que los separaron. Y, como todo en la Austria de 1936, la boda fue vista a través de un lente político.

Karlskirche, la iglesia de San Carlos Borromeo, tenía una larga relación con los Habsburgo. Fueron invitados miembros de la antigua aristocracia del Imperio austrohúngaro, diplomáticos y líderes políticos de todo el país. Su presencia fue vista por muchos como una forma de mostrar apoyo público a los Hohenberg por su lealtad con los Habsburgo y sus esfuerzos por restaurar la monarquía.[33]

Pese a la alegría de la boda, la situación política se deterioraba. El canciller Schuschnigg envió a Max de regreso a Italia. Mussolini le había asegurado una y otra vez que seguiría apoyando a Austria, pero los conflictos militares en África oriental reajustaron sus prioridades. El atractivo del nacionalismo, las colonias y el racismo lo sedujeron. Un encabezado en *The New York Times* decía: Parece que Etiopía está condenada a la desgracia... Italia toma la carga del hombre blanco en el último país gobernado por nativos en África.[34]

Tras su invasión a Etiopía, Mussolini escribió sobre el padre de Max: «Franz Ferdinand no consideró el poder de la conciencia de raza. Albergó el sueño de unir a las tres razas. Pero yo sé que las razas son difíciles de unir».[35] Mussolini también reconsideró su relación con Austria y Alemania. El reciente llamado de Adolf Hitler a la «perpetua dominación del mundo por la raza blanca» de pronto se volvió más atractivo para él.[36] Durante una reunión privada en Roma, Mussolini le señaló su sorprendente cambio de parecer a la muy apreciada por Hitler Leni Riefenstahl: «Dile a tu Führer que creo en él y en su misión».

Sorprendida por la declaración, que refutaba su apoyo público a Austria, preguntó: «¿No tendrá problemas con Hitler a causa de Austria?».

Él frunció el ceño y le dijo: «Puedes decirle al Führer que, pase lo que pase con Austria, no interferiré en los asuntos internos de ese país».[37] Riefenstahl volvió a Berlín y le contó a Hitler de la conversión de Mussolini.

La última reunión de Maximilian Hohenberg con Benito Mussolini tuvo lugar en el Palazzo Venezia, un palacio renacentista del siglo XV que alguna vez fue la embajada austriaca. El grandilocuente Mussolini solía hablarles desde el balcón a sus eufóricos seguidores. Cerca de ahí estaban las ruinas del foro romano, donde Julio César fue asesinado por sus examigos y aliados, y el gueto judío de la ciudad, con sus dos mil años. Al igual que los vecinos austriacos, los judíos de Roma estaban por ser traicionados. Mussolini había convertido el pasillo más grande del palacio en su oficina privada. Los visitantes tenían que recorrer toda la habitación mientras los sonidos de sus pasos rebotaban estruendosamente en los pisos y paredes de mármol. Su pesado escritorio de madera era el más grande que Max había visto en su vida. El buen entendimiento de las anteriores reuniones entre el dictador italiano y el duque austriaco había desaparecido. La atmósfera fue considerablemente más fría, la discusión más corta y el final más abrupto. Con los sonidos del pesado tráfico romano de fondo, Maximilian concluyó la reunión con una profecía. Le advirtió a Mussolini:

Somos un país pequeño, lo único que queda de un gran imperio, pero lo que le pasará a Austria también te pasará a ti. Aquí, en el corazón de Roma donde trabajas, marchará el ejército alemán. Aquí se extenderán los pendones alemanes y ondearán sobre este mismo palacio en el que estamos reunidos. Del mismo modo en que ahora no hay quien nos ayude, no habrá quién te ayude mañana. Tú también serás la víctima. Tú también serás destruido por los nazis.[38]

13

Una misma sangre exige un mismo Reich

«Goethe nos dice en su mejor poema que Fausto perdió la libertad de su alma cuando le dijo al instante que pasaba: "Detente, eres tan bello"».

JOHN F. KENNEDY

«Ahora que el rey ha sido destronado, sin duda no queda nadie más en Inglaterra preparado para jugar de nuestro lado».

ADOLF HITLER

LA MAYOR NOTICIA en los corazones y la mente de casi todos en 1936 no era la alianza Berlín-Roma que Hitler y Mussolini anunciaron ese otoño. Era el escándalo de la realeza que sacudió a Inglaterra. El periodista estadounidense H.L. Mencken lo llamó «la noticia más grande desde la resurrección».[1] Trescientos veintisiete días después de que el príncipe de Gales se convirtió en el rey inglés, abdicó del trono para casarse con su amante.[2] Su decisión de casarse con la señora Simpson, una divorciada con dos exesposos vivos, provocó una crisis constitucional, una fantasía romántica para quienes creían en cuentos de hadas y una pesadilla para los monarquistas. El diplomático Harold Nicolson y otros miembros de la clase dirigente inglesa temieron que se estuviera minando la fe en la realeza misma.[3] Para los monarquistas austriacos, el momento en el que ocurrió fue su peor pesadilla. Justo cuando estaban promoviendo desesperadamente a su príncipe real como el salvador de su nación, el indiscreto enredo romántico del joven rey de Inglaterra ensombreció la institución de la monarquía.

Stanley Baldwin, el primer ministro de su país, le dijo tajantemente a Edward: «El rey, como cabeza del Imperio británico, tiene la obligación de elegir a una reina que cumpla a cabalidad con los requisitos de su posición. El rey y la reina son símbolos del imperio, no solo el rey. Si el rey quiere acostarse con una ramera, eso es asunto suyo, pero al imperio sí le incumbe que no la convierta en la reina».[4]

A Edward no le agradó la franqueza del primer ministro.

Para gran vergüenza de los Hohenberg, Winston Churchill y otros partidarios de Edward citaron el matrimonio morganático de Franz Ferdinand y Sophie Chotek como posible solución a la crisis. Edward sería rey. Su esposa sería su consorte, pero nunca la reina.[5] El gobierno británico y la Iglesia de Inglaterra vetaron la propuesta, y señalaron que la señora Simpson no era duquesa de Hohenberg.

Además de su complicada historia marital, el servicio de inteligencia británico estaba convencido de que, aun si la señora Simpson no era una espía, sin duda era una aliada de los nazis. Posiblemente identificaron al aliado incorrecto. Decepcionado, Adolf Hitler le escribió a su embajador en Londres lo siguiente: «Ahora que el rey ha sido destronado, sin duda no queda nadie más en Inglaterra preparado para jugar de nuestro lado».[6]

Tras su abdicación, el 10 de diciembre de 1936, el exrey podría haberse ido a cualquier parte, pero eligió escapar a Austria hasta que el divorcio de la señora Simpson concluyera. Se avecindó en la remota casa de campo del barón Eugène Rothschild, una visita que se alargó por cuatro escandalosos meses que nutrieron de encabezados a los periódicos. La esposa del barón, Kitty, también era una divorciada estadounidense y amiga de la señora Simpson. Para sorpresa de sus anfitriones, Edward pasó parte de su tiempo viendo viejas cintas de las celebraciones del jubileo de diamante del emperador Franz Joseph. Las películas parecían distraerlo y relajarlo. En privado, les confesó a sus amigos que lo único que odiaba era a la prensa estadounidense, sin censura, que dio a conocer en un inicio su relación con la señora Simpson. «Es por culpa de los periódicos americanos que hoy estoy aquí», se quejó ingenuamente el exrey.[7]

La baronesa Rothschild pronto visitó al embajador estadounidense Messersmith para quejarse de las hordas de periodistas que «trepaban por las paredes, merodeaban el jardín e incluso se asomaban por las ventanas».[8] El embajador habló con los corresponsales estadounidenses de siempre, pero aquellos eran solo una pequeña parte de la avalancha de periodistas enloquecidos que acosaban a Edward, cuyo título cambió a duque de Windsor tras su abdicación.[9]

Cuando el divorcio de la señora Simpson al fin concluyó, el duque dejó Austria de inmediato en el Expreso de Oriente. La pareja se casó en Francia en un hermoso castillo que les prestó Charles Bedaux, un empresario francoamericano que más tarde sería arrestado por colaborar con los nazis y moriría en prisión. El matrimonio le permitió a Wallis convertirse en duquesa. Para consternación y frustración de Max Hohenberg y sus compañeros monarquistas, los recién casados más famosos del mundo volvieron a Austria para pasar ahí su luna de miel. Sin embargo, primero hicieron una visita muy pública a Venecia, donde Benito Mussolini los trató magníficamente.[10]

Los Windsor llevaron con ellos docenas de periodistas, 266 piezas de equipaje, a Dudley Foxwood (el único sirviente británico que permaneció leal a Edward), dos cairn terrier y detectives de Scotland Yard con la tarea de protegerlos y espiarlos.[11] Cada uno de sus movimientos era tema para los periódicos. Poco después de volver a Austria, el embajador Messersmith tuvo una cena con el duque, de 42 años, al que describió como «un muchacho necio e inmaduro, pero por otra parte es un hombre sagaz e inteligente con muchos intereses».[12]

En el otoño de 1937 el antiguo rey de Inglaterra y su esposa viajaron a la Alemania de Hitler. El que algún día fuera Príncipe Azul y casi salvador de la economía turística de Austria abrazó al dictador que intentó destruirla. Luminarias nazis como Hermann Göring, Heinrich Himmler, Rudolf Hess y Joseph Goebbels fueron anfitriones de la pareja de un extremo al otro del país. La parada más tristemente célebre de los exiliados británicos fue una visita muy publicitada a Adolf Hitler en su Nido del Águila, en Baviera. Ahí, el dictador y el duque de Windsor se reunieron a solas durante casi una hora. La duquesa tomó el té con el Führer sustituto, Rudolf Hess.[13] La amplia cobertura de su viaje ayudó a legitimar al régimen nazi. Pero Ralph Wigram, un oficial del servicio diplomático, escribió que el comportamiento de Edward amenazaba con meter «un enorme clavo en el ataúd de la monarquía».[14] Los monarquistas austriacos estaban fuera de sí. El duque y la duquesa les dijeron a sus amigos que esperaban establecerse en Austria antes de volver permanentemente a Inglaterra; pero la historia intervino.

Ese otoño, el primer presidente de Checoslovaquia, Tomáš Masaryk, murió. Para la mayoría de los checos era el amado padre de su país, el mayor patriota de su nación. Pero no para Sophie von Nostitz-Rieneck, la hermana de Maximilian y Ernst Hohenberg. Ella amaba a Checoslovaquia, la antigua Bohemia donde nació. Su *collage* étnico de nacionalidades la hacía una versión a escala del que alguna vez fuera el poderoso Imperio austrohúngaro. Pero no sentía amor por el presidente Masaryk. Durante los peores inviernos de la depresión, ella y Fritz trabajaron con su gobierno patrocinando comedores comunitarios en Praga, pero Sophie siempre lo relacionó con el día en que los expulsó de Konopiste a ella y a sus hermanos huérfanos.[15]

Fuera de su pequeño país, la muerte de Masaryk ameritó pocos encabezados. Pero para Adolf Hitler el fallecimiento de Masaryk era importante, pues retiró del juego al único hombre que podría haber salvado a Checoslovaquia de la Alemania nazi. Dos meses después de la muerte del líder checo Hitler convocó a una junta secreta en Berlín para informar a los oficiales militares y del gobierno que «nuestro primer objetivo debe ser derrotar a Checoslovaquia y Austria simultáneamente, con el fin de retirar la amenaza a nuestro flanco en cualquier operación contra el oeste... Todo dependerá del grado de sorpresa y agilidad de nuestra acción».[16] Para Hitler, Checoslovaquia no era menos abominable a nivel racial que el Imperio Habsburgo de su juventud.

La descomunal biblioteca de Masaryk contenía miles de libros, pero el antiguo profesor solo tenía dos volúmenes en su escritorio. Uno de ellos era el *Fausto*, de Goethe, la historia de un intelectual que le vendió su alma al diablo. Muchos lo consideraban la mayor contribución de Alemania a la literatura. El otro libro era el *Mein Kampf* de Hitler.[17] Masaryk era un realista que no se dejaba engañar por Hitler ni por la Alemania que había transformado a su imagen y semejanza.

Cada libro reflejaba a su manera la tragedia de la Europa del siglo XX. En la guerra que estaba por llegar quedarían destruidas la casa en Fráncfort de Goethe, la casa donde nació, su museo, las pintorescas calles por donde anduvo, todo su próspero vecindario y la mayor parte de la ciudad donde escribió. Casi toda Europa sufriría el mismo destino.

En *Mein Kampf*, Hitler detalló abiertamente sus sueños de guerra, conquistas y la esclavización de aquellos a quienes consideraba racialmente inferiores. Ningún villano ni ningún otro genocida en la historia ha expuesto con tanto descaro sus planes. Hitler declaró que toda Europa sería dominada por la «raza superior» y todos los demás serían o aliados alemanes o sus esclavos. En una página declaró que Austria sería su primera conquista:

> La Austria germana debe volver a Alemania, su patria madre, y no por consideraciones políticas. No, de ningún modo, pues aun en el caso de que esta fusión, considerada económicamente, fuera indiferente o resultara incluso perjudicial, debería efectuarse a pesar de todo. Pueblos de la misma sangre se corresponde a un mismo Reich, a una patria común… el pan de cada día de las generaciones futuras crecerá con las lágrimas de la guerra.[18]

Para mediados de los años treinta Hitler ya no era el autor racista de un popular libro que muchos compraron, pero nunca leyeron. Era el peligrosamente poderoso dictador de una de las naciones más grandes de Europa decidido a poner sus discursos racistas en práctica. Las fantasías de Hitler habían hecho metástasis hasta convertirse en una amenaza real para millones de personas inocentes.

Como respuesta, Maximilian Hohenberg hizo algo que nadie más en Austria tuvo el valor, la audacia o la posición de hacer. En el vigésimo aniversario de Sarajevo, el 28 de junio de 1937, habló públicamente sobre el asesinato de sus padres. Al igual que Hitler, Max creía que las palabras importan. Como foro no eligió una publicación austriaca o checa, sino una revista francesa con dos millones y medio de lectores, el medio impreso de mayor circulación en Europa.[19] Max buscaba la audiencia más numerosa posible para desacreditar a Alemania. Escribió:

> [Franz Ferdinand] imaginaba formar una entente federal con todos los grupos nacionales que conformaban al Imperio austrohúngaro y dar la mejor solución posible según los intereses de cada pueblo al problema del Danubio… Pero esa unión de grupos nacionales, simplemente administrada desde Viena, amenazaba los intereses de ciertos poderes que tenían proyectos de anexión y conquistas. Los planes de mi padre los avergonzaban, y fue con el fin de detenerlos

> que armaron en Sarajevo a los malditos cuyo crimen consistió en provocar la matanza más aterradora del mundo.[20]

Pero fue lo que escribió después lo que desató una tormenta de controversia por toda Europa, en especial en Austria y Alemania. «Este proyecto preocupaba mucho a Berlín y se decidió que la policía secreta alemana trabajara mano a mano con los conspiradores en la preparación del asesinato en Sarajevo».[21]

No estaba claro si el duque de Hohenberg se refería a elementos menores dentro de la policía secreta alemana y serbia, o si decía que los altos mandos de uno de los gobiernos o de ambos planearon el asesinato de su padre, pero sus palabras desataron una respuesta negativa contra los alemanes por toda Austria. Max escribió su artículo al mismo tiempo que Hitler solicitaba el *Anschluss*, la anexión de Austria a Alemania.

Sus palabras enfurecieron a Hitler, a los líderes nazis y al creciente número de nazis en Austria.[22] Pronto todos los eventos deportivos tomaron un tinte político. En el estadio de Viena se desató un disturbio entre los equipos de futbol de Austria e Italia luego de que un jugador austriaco «les faltó al respeto a sus oponentes y fue derribado por uno de los jugadores italianos... Cuatro italianos resultaron heridos de gravedad».[23] La respuesta de Benito Mussolini fue expulsar al equipo de futbol de Austria del torneo de la Copa de Europa Central que se celebraba en Italia.[24]

Las tensiones seguían creciendo y los llamados de Hitler a la pureza racial y el nacionalismo alemán penetraron en el pequeño pueblo de montaña de Radmer, donde Ernst vivía tranquilamente con su esposa y su hijo recién nacido. El embajador estadounidense Messersmith reportó el aumento de actividades nazis en Estiria, Alta Austria y Carintia, donde el duque y la duquesa de Windsor pasaron su luna de miel.[25] Los saludos de «Heil Hitler» y el apoyo público de los nazis provocaron que el canciller Schuschnigg exigiera que las autoridades locales contuvieran las actividades nazis en esos lugares. Las posturas pronazis de algunos de los vecinos más cercanos de Ernst lo convencieron de convertirse en el líder de la guardia antinazi de la región.[26] Sophie von Nostitz-Rieneck, quien vivía en el centro del *collage* étnico de checos, eslovacos, húngaros, polacos y alemanes en Checoslovaquia, también reconoció el peligro detrás de la retórica de Hitler.

Otros no lo vieron. En octubre de 1937, el primer ministro británico Neville Chamberlain animó a Edward Halifax, su secretario de Relaciones Exteriores, a comenzar «reuniones relajadas e informales cara a cara con los líderes nazis».[27]

Mientras Maximilian y Sophie se escribían sobre sus preocupaciones por la amenaza nazi, ese mismo otoño Chamberlain le escribió a su propia hermana respecto a «los planes de largo alcance que tengo para el apaciguamiento de Europa y Asia y para controlar al fin la loca carrera por el armamento».[28] Cuando Lord Halifax volvió de Berlín a Londres, escribió: «El nacionalismo y el racismo son fuerzas poderosas, pero no puedo sentir que ninguno sea antinatural o inmoral».[29]

Los años previos a la Segunda Guerra Mundial Sophie recordaba rezar para que ocurriera un milagro. Praga es una ciudad de iglesias, y visitó muchas de ellas. La iglesia carmelita de Nuestra Señora de la Victoria, muy cerca de su casa en la plaza de los Malteses, se convirtió en su santuario de oración.[30] Sus paredes resguardaban a la legendaria figura del Niño de Praga. Muchos católicos rezaban ahí pidiendo milagros. Sophie era una de ellos.

La famosa estatua tenía una relación especial con su familia. El papa León XIII fue una pieza fundamental para convencer a Franz Joseph de que aceptara el matrimonio de sus padres. Él nombró a la iglesia como lugar de peregrinación católica. Tres siglos antes la pequeña estatua de madera del Niño Dios había sido donada a la iglesia por la familia Lobkowitz, amigos de los Hohenberg y quienes en algún momento fueron dueños de Konopiste.[31]

Sophie rezó ahí por toda su familia, pero en especial por Ernst. El Hohenberg más joven heredó el mal genio de su padre en vez del talento diplomático de su madre. A ella le preocupaba que la creciente audacia de los nazis austriacos pudiera provocar una explosión de su hermano. El arrebato que tanto temía Sophie ocurrió en una visita poco común que hizo Ernst a Viena en enero de 1938.[32]

El arancel a los ciudadanos alemanes que iban de vacaciones a Austria seguía afectando al turismo. Una enorme esvástica iluminada en el aparador de la oficina de turismo alemana llamó la atención de Ernst. En segundos, su paraguas hizo añicos el cristal. En la confrontación que siguió, la esvástica y las imágenes de Hitler quedaron destruidas. Se llamó a la policía. Para evitar un arresto por vandalismo y mala conducta, se le pidió al príncipe Hohenberg que le ofreciera una disculpa personal al embajador alemán, Franz von Papen. Berlín fue informado del incidente con prontitud.[33]

Al mes siguiente, en febrero de 1938, Hitler invitó al canciller Schuschnigg a su Nido del Águila con vista a Austria. Al canciller se le prometió que, «pasara lo que pasara con las negociaciones, eso no alteraría las relaciones austro-alemanas en perjuicio de Austria ni provocaría que se agravara de ningún modo la situación austriaca».[34] Lo que siguió fue un histriónico ataque verbal de diez horas contra Schuschnigg y su país. Los insultos, gritos y acosos de Hitler tenían la misión de impresionar y desmoralizar al sensato y caballeroso canciller austriaco. Hitler soltó:

> ¡Yo, un austriaco de nacimiento, he sido enviado por la Providencia para crear un Gran Estado Alemán! ¡Y tú te interpones en mi camino! ¡Te aplastaré! Toda la historia de Austria no es más que un acto ininterrumpido de alta traición [...] Estoy absolutamente decidido a poner fin a todo esto. El Reich alemán es una de las potencias más grandes y nadie alzará la voz si arregla sus problemas fronterizos

> [...] He logrado todo lo que me he propuesto, y por tanto seré quizá el mejor alemán en la historia.[35]

Hitler le exigió a Schuschnigg que permitiera que el Partido Nazi trabajara legal y abiertamente, que les concediera la amnistía a los terroristas nazis presos, que pusiera a un líder nazi en su gabinete y que estableciera vínculos económicos y políticos más estrechos con Alemania. Le advirtió a gritos que si sus demandas no se aceptaban de inmediato, Austria sería forzada a incorporarse al Reich alemán.[36] El embajador británico en Viena contó que durante esa junta Hitler «gritoneó como loco».[37]

Schuschnigg, profundamente afectado, volvió a Viena decidido a presentar su renuncia, pero no pudo encontrar a nadie dispuesto y capaz de plantarle cara al líder nazi. Se acercó al alcalde monarquista de Viena, al exjefe de la policía de la ciudad y al secretario de Seguridad Pública del país y a otros adversarios públicos de Hitler. Todos se negaron. Luego le ofreció la cancillería a Maximilian Hohenberg, el Habsburgo que no era un Habsburgo.[38] La lealtad familiar dictó su respuesta.

El duque de Hohenberg le dijo a Schuschnigg que el hombre que debería liderar a Austria era Otto, quien entonces vivía en el exilio en Bélgica. Su primo apenas tenía 25 años, pero para esa edad Franz Joseph ya llevaba siete años en el trono. El canciller creía en la restauración de la monarquía, pero parecía paralizado por la avalancha de acontecimientos. Otto le envió una carta a Schuschnigg pidiéndole que no hiciera más concesiones. Además, le hizo una oferta notable:

> En estos momentos críticos de grave peligro, si se siente incapaz de soportar más presión [...] le pido que, sea cual sea la situación, me entregue la cancillería. No exijo la restauración de la monarquía [...] Solamente le pido que me dé la cancillería para que podamos ob-

> tener las mismas ventajas que se conseguirían con la restauración formal de la monarquía, pero sin ningún cambio en la Constitución ni nuevos reconocimientos [...] Hago lo que hago porque considero que, cuando Austria está en peligro, es mi deber respaldar a mi país o caer con él.[39]

Su oferta contrastaba radicalmente con el revelador silencio del duque de Windsor desde su exilio en Francia. La absoluta falta de respuesta del duque, mientras sus amigos austriacos temían por sus vidas, no ayudó en nada a restaurar su maltrecha reputación.

La atrevida propuesta del primo de los Hohenberg pareció darle a Schuschnigg la voz y el valor que nunca antes tuvo ni volvería a tener. Pese a que los terroristas nazis sembraban el caos con bombas y amenazas de bombas, rechazó la oferta de Otto y en su lugar llamó a una elección nacional para permitirles a los austriacos decidir por sí mismos si su país seguiría siendo libre e independiente o sería absorbido por la Alemania nazi. La fecha del plebiscito se programó para el 13 de marzo de 1938, en la víspera de los idus de marzo.

Adolf Hitler estaba decidido a que la votación no se llevara a cabo. Dos cuerpos del octavo batallón del ejército alemán se movilizaron en la frontera norte de Austria esperando órdenes para avanzar. El nombre en código secreto que Hitler le dio a la invasión austriaca fue Operación Otto, en honor al hombre que temía que pudiera frustrar su sueño de toda la vida.[40]

Muchos en Checoslovaquia fantaseaban con que la amenaza mortal que estaba en el umbral de su país se detendría en su frontera. Sophie y Fritz von Nostitz-Rieneck no estaban entre ellos. Mientras se acercaba la fecha del plebiscito, ella y sus hermanos hablaban diario por teléfono. Si el gobierno del canciller Schuschnigg se rendía y el ejército de Hitler entraba a Austria, ningún Hohenberg estaría a salvo.[41]

Dos días antes de la elección Schuschnigg anunció que se dirigiría a la nación a través de la radio. El embajador de Estados Unidos en Londres, Joseph P. Kennedy, le envió un telegrama al presidente Franklin Roosevelt: «Tras hablar con los diversos funcionarios de gobierno de los países extranjeros [...] ven la situación en Europa central como grave, pero, en palabras del embajador francés esta mañana, es probable que no pase nada salvo que Schuschnigg ceda al fin».[42] La suposición de Kennedy resultó ser correcta. A las 2:45 de esa misma tarde Schuschnigg decidió secretamente ceder a las exigencias de Hitler, aunque desde las bocinas de Viena aún se escuchaba el himno nacional por toda la ciudad.

El mensaje, a 48 horas de la fecha programada para la elección, provocó que muchos austriacos sospecharan lo peor. A la estación de tren vienesa llegaron multitudes en pánico para tomar el tren de las 11:15 a Praga. Se tuvo que agregar un segundo tren para evitar que la muchedumbre se descontrolara.[43] Los Hohenberg hicieron sus propios planes. Si Hitler se movilizaba contra Austria, Ernst y su familia buscarían asilo en la embajada británica de Viena. El padre diplomático de Maisie les ofreció un refugio ahí. Max consiguió un taxi sin rótulos que llevara a su familia a Checoslovaquia. Empacaron las maletas y enviaron a los niños a la cama temprano.[44]

El canciller comenzó su transmisión desde la misma oficina donde asesinaron a Engelbert Dollfuss. «Hombres y mujeres de Austria, hoy nos enfrentamos a una situación difícil y fatídica».[45] Minutos después cedió a todas las exigencias de Hitler, canceló la elección y renunció a su puesto. Les pidió a los austriacos que aceptaran pacíficamente la anexión a Alemania. «Cedemos a la fuerza porque estamos decididos a que no se derrame sangre por nuestra cuenta. Les hemos ordenado a nuestras fuerzas armadas, en caso de invasión del ejército alemán, que no opongan resistencia».[46] Schuschnigg no terminó con el tradicional «Que Dios bendiga a

Austria», sino con las palabras «Que Dios proteja a Austria». Una grabación de la *Sinfonía inconclusa* de Schubert finalizó la transmisión. Casi simultáneamente aparecieron esvásticas y banderas alemanas por toda Viena y en pueblos y ciudades de todo el país.[47] Para los nazis austriacos y sus partidarios era momento de celebrar. Para los austriacos antinazis como los Hohenberg, el discurso se sintió como una sentencia de muerte.[48]

14

El aquelarre

«Aquello que más amábamos, nuestro optimismo general, nos traicionó, pues todos pensamos que los demás se echarían atrás en el último momento».

STEFAN ZWEIG

«¡Díganle a Mussolini que esto nunca, nunca jamás lo olvidaré!».

ADOLF HITLER

SOPHIE Y SU ESPOSO, Fritz, escucharon el mensaje del canciller Schuschnigg en Radio Praga. Cuando terminó, el comentarista checo llamó a la calma. Negó que el ejército checoslovaco se estuviera movilizando e invitó a la unidad nacional. Mientras la *Sinfonía inconclusa* de Schubert sonaba de fondo, timbró su teléfono. Era Max, que llamaba desde Austria. La conversación fue breve. Le dijo a Sophie que se irían a Praga de inmediato con la esperanza de llegar a la frontera antes de que se cerrara. Para la mayoría de los europeos la Segunda Guerra Mundial comenzaría un año y medio después del *Anschluss* austriaco. Para los Hohenberg y otros oponentes de Hitler la guerra comenzó esa tarde.[1]

El tiempo se acababa para ellos y para Austria. Maximilian y su familia recorrieron caminos sinuosos y desiertos en un auto lleno de piso a techo con maletas, un conductor que no conocía la ruta, dos padres ansiosos y cinco niños adormilados. Evitaron ciudades y pueblos conocidos donde los nazis celebraban, pero cada desvío les costaba más tiempo. Mientras se acercaban a la frontera a toda velocidad, una llamada a las 10:25 p.m. de Roma a Berlín prometió el apoyo absoluto de Mussolini para el *Anschluss*. Hitler le envió un mensaje de vuelta. «¡Díganle a Mussolini que esto nunca, nunca jamás lo olvidaré! Si algún día necesita ayuda de cualquier tipo o está en peligro, puede estar seguro de que tendrá mi apoyo, pase lo que pase, aunque el mundo entero esté en su contra».[2] Ambas hipótesis se hicieron realidad, pero la llamada telefónica entre los dictadores selló el destino de Austria, y el de Benito Mussolini.

Poco antes del alba Maximilian Hohenberg y su familia llegaban a la frontera checa. Estaba abierta, pero los guardias fronterizos de siempre habían sido reemplazados por partisanos nazis ebrios de poder y cerveza. Cuando se bajó de su auto, Max intentó fingir que llevaba a su familia, y a su auto lleno hasta el tope, a unas vacaciones normales. Estaba seguro de que lo arrestarían. Para su sorpresa, los nazis hicieron una seña para que su auto cruzara el control sin siquiera pedirles sus pasaportes. Max apenas podía creer lo afortunado que había sido.[3]

Los guardias checos no fueron tan flexibles. Las burlas comenzaron de inmediato. «Querían a Hitler, ¡y ahí lo tienen! Regresen a Austria. Regresen con Hitler, a donde pertenecen». La libertad estaba a solo unos centímetros, pero las súplicas discretas de Max fueron rechazadas con estruendo. Su esposa, Elisabeth, recordaría después cómo no podía ni respirar mientras su esposo se enfrentaba a la patrulla fronteriza checa. Habían escapado de Austria, pero Checoslovaquia cerró sus fronteras. No tenían permitido entrar al país que fue el hogar de su infancia. Cuando los insultos subieron de tono, Elisabeth le susurró a Max: «No hay salida. Debemos volver a Artstetten». El camino de regreso a casa fue largo y silencioso.[4]

Tres minutos después de la medianoche del 12 de marzo de 1938 los alemanes entraron a Austria. Cuando Max volvió a casa con su familia exhausta llamó a Sophie y susurró tan solo tres palabras en francés. «Il est ici». «Él está aquí». Luego colgó. Era el código que habían acordado. No lograron escapar.[5]

Hitler había volado de Berlín a Múnich antes de ser llevado en auto a Braunau am Inn, su lugar de nacimiento en Austria. Lo recibió el repique de campanas y los vítores de la multitud. Su siguiente parada fue la ciudad de su infancia, Linz. Ahí selló la reunificación de Austria y el Reich alemán y le concedió una entrevista exclusiva al *London Daily Mail* en la que le dijo al reportero: «Esperen un poco y verán lo que haré por Austria [...] Verán que el pueblo austriaco estará mucho mejor y será mucho más feliz».[6]

Hitler también se dirigió a miles de entusiastas simpatizantes: «Si la Providencia un día me sacó de esta ciudad para convertirme en el Führer del Reich alemán, al hacerlo debió darme una misión, y esa misión solo puede ser el devolver a mi querida tierra al Reich alemán».[7] Hasta los que no pudieron oír sus palabras o los que lo conocieron cuando era un muchacho taciturno vitorearon.

Ernst y su familia llegaron a Artstetten temprano en la mañana de la invasión de Alemania a Austria. Minutos después del mensaje de Schuschnigg, una turba iracunda rodeó su casa en Radmer. Vecinos de Ernst que lo conocían desde hacía años, incluyendo a hombres y mujeres que trabajaban para él, gritaban consignas nazis y disparaban al aire. Lanzaban piedras, amenazas y maldiciones a la casa. Uno de los líderes de la turba, el capataz de las tierras de Ernst, gritó: «¡Ahora somos los amos! ¡Hoy somos *tus* jefes!».[8]

La escena se repetía en pueblos, granjas y ciudades por todo Austria. Criadas y peones, camareros y camareras, mayordomos y choferes, e incluso limpiadores que por años escucharon en silencio las conversaciones privadas de sus empleadores, se hicieron de un poder inimaginable. Unas cuantas palabras a los supervisores nazis en ascenso en el país podían destruir a una familia de la noche a la mañana.[9]

Como las protestas afuera de la casa no lograron provocar una confrontación, la turba desapareció en la oscuridad para celebrar a la nueva Austria. Ernst, temeroso de lo que podía encontrar en Viena, decidió ir a Artstetten. Ahí, él y Max deliberaron, junto con sus esposas, viajar con los niños a Viena para buscar el consejo del padre diplomático británico de Maisie. Con suerte, él podría ayudarlos a todos a escapar con bien del país.[10]

El viaje de Artstetten a Viena, de ochenta kilómetros, fue su segundo trayecto de pesadilla en 24 horas. Para cuando llegaron a la ciudad ya no la reconocían. El día anterior las banderas rojas y blancas de la República austriaca colgaban de todos los edificios y astas. Ahora cada farola, árbol, ventana y balcón parecía cubierto por esvásticas nazis.[11] Hasta los policías que dirigían el tráfico llevaban brazaletes con esvásticas. El periodista radiofónico estadounidense William L. Shirer dio un testimonio de primera mano de la transformación de Viena:

> Cuando salí del metro en la Karlsplatz [...] me sorprendió encontrar un cambio súbito. Por la enorme plaza se movía una enorme turba de varios miles que gritaban histéricamente consignas nazis [...] Entre gritos, fui arrastrado por la caótica muchedumbre [...] más allá del Ring, más allá de la Ópera [...] hasta las oficinas de la Secretaría de Turismo alemana, con su enorme retrato de Adolf Hitler cubierto por flores en la ventana [...] Había visto esos rostros en mítines del partido en Núremberg: los ojos desorbitados, las bocas abiertas, las expresiones retorcidas por la histeria y la paranoia [...] gritaban «*Sieg Heil! Sieg Heil! Heil Hitler!* ¡Cuelguen a Schuschnigg! ¡Cuelguen a Schuschnigg! *Ein Volk, Ein Reich, Ein Führer!* [¡Un pueblo! ¡Un país! ¡Un líder!]». Los camisas pardas de Núremberg nunca habían cantado las consignas nazis con tanto fervor.[12]

Los Hohenberg pasaron en silencio en su auto junto a Schönbrunn, el palacio vacío de Franz Joseph, y el enorme palacio de Hofburg en el centro de la ciudad. Algunas calles parecían desiertas. En otras había multitudes que, entre abucheos, sacaban a los judíos de sus casas, tiendas y negocios. Individuos y pequeños grupos de personas eran blanco de burlas mientras los obligaban a tallar las banquetas hasta borrar los grafitis pro-Schuschnigg escritos apenas unos días antes.[13] Edward R. Murrow, recién llegado de Berlín, reportó la escena para CBS radio:

> Jóvenes soldados de asalto andan dando vueltas en camionetas y vehículos de todo tipo, cantando y lanzándole naranjas a la gente. En casi todos los edificios hay guardias armados [...] Aún hay enormes multitudes por la Ringstrasse y la gente sigue afuera de los hoteles principales [...] Hay un cierto ambiente de expectativa en la ciudad, donde todos esperan y se preguntan dónde y en qué momento llegará Herr Hitler.[14]

El escritor austriaco Stephen Zweig describió con indignación el horror de Viena ese día: «Todas las sucias y enfermizas fantasías de odio que se concibieron en muchas noches orgiásticas encontraron las más intensas demostraciones a plena luz del día».[15] Carl Zuckerman, el exiliado guionista alemán de la película de Marlene Dietrich *El ángel azul*, describió la euforia y el odio desbocado de los vieneses como «un aquelarre indescriptible».[16]

Los autos con placas alemanas eran recibidos con vítores, y los de placas austriacas con indiferencia. Los horrores que sucedían por toda la ciudad evitaron que la gente les pusiera atención a los Hohenberg, quienes pasaron discretamente en su auto junto a la Karlskirche, donde Ernst y Maisie se casaron, y el palacio de Belvedere, donde nació Max.[17]

Cuando llegaron a la embajada británica Ernst y su familia rápidamente desaparecieron en su interior. Maximilian, Elisabeth y sus cinco hijos, de entre uno y diez años, cruzaron la calle y subieron por unas empinadas escaleras hasta el hogar de los suegros de Ernst. Unas pesadas cortinas cubrían las ventanas. Setenta años después Georg Hohenberg, quien tenía nueve años en 1938, aún podía recordarse mirando en silencio durante horas esas cortinas cerradas a la espera de noticias de la embajada.[18]

En Praga, Sophie rezaba por tener noticias de sus hermanos. Un torrente de boletines la informaba de los eventos en Viena, pero no sabía nada de Max ni de Ernst. Los reportes solo acrecentaban su ansiedad. Kurt Schuschnigg estaba bajo arresto domiciliario en el palacio de Belvedere.[19] El nuevo canciller de Austria, Arthur Seyss-Inquart, hizo un juramento de lealtad al Partido Nazi. Solo fue el títere que representó al canciller durante 48 horas, pero eso le dio tiempo suficiente para actuar contra los Hohenberg.[20]

Las embajadas de Bélgica, Francia y Hungría concedían asilo político a cientos de refugiados, ayudándolos a escapar con bien del país. En las caóticas primeras horas de la ocupación alemana Seyss-Inquart se dirigió solo a una embajada y habló solo con un embajador: Michael Palairet, de Gran Bretaña.[21] Intercambiaron llamadas y telegramas entre Viena y Londres. El primer ministro Chamberlain ordenó que no se expidiera ninguna visa de salida para el príncipe Ernst Hohenberg e instruyó al equipo para que los expulsaran de inmediato a él y a su familia de la embajada. El nuevo gobierno de Austria había declarado enemigos del Estado a Ernst y Maximilian Hohenberg. Era el 14 de marzo de 1938. El primer cumpleaños del hijo menor de Ernst, a quien habían bautizado como Franz Ferdinand Maximilian Hohenberg.[22]

El aturdido padre de Maisie observó en silencio cómo Ernst y Maisie, junto con su bebé, cruzaban sombríamente la calle hacia su departamento. No tenían otro lugar al que ir. La decisión era un volado. Su única esperanza era que quizá la Gestapo no arrestaría a Ernst en casa de un diplomático británico. Maximilian y Elisabeth tenían un plan más osado. Se fueron a siete cuadras de donde estaban, al hotel de lujo más famoso de la Ringstrasse. Max creía que nadie se atrevería a arrestarlo en un lugar tan conocido en el centro de Viena. El edificio solía ser el palacio de la familia real Wurtemberg, primos de los Hohenberg. El gerente era amigo de la familia. Max no podía saber que el Hotel Imperial que había elegido era también el destino de Hitler en Viena.[23] Él y su familia acababan de desempacar sus maletas cuando se enteraron de que Hitler también se hospedaría ahí. Mientras la caravana del líder nazi se aproximaba poco a poco a Viena, Max y su familia huyeron a un lugar menos público.[24]

Hitler se dirigía hacia la ciudad por la misma carretera que los Hohenberg habían tomado 48 horas antes. El radio de Praga reportó que había cientos y luego miles de austriacos recibiéndolo con el saludo nazi. Leni Riefenstahl describió la «delirante escena»: «Estiraban los brazos y las manos hacia Hitler en un éxtasis casi religioso. Los ancianos y las mujeres lloraban. El júbilo universal era simplemente increíble».[25]

Sophie y Fritz no podían creer lo que escuchaban. Sin noticias de sus hermanos, Sophie iba de su casa a la iglesia de Nuestra Señora de la Victoria y de regreso. En algún punto durante esas horas ansiosas, mientras los hijos de Franz Ferdinand se escondían en Viena y su hija rezaba en Praga, Adolf Hitler pasó por el castillo de Artstetten, donde estaban enterrados sus padres asesinados. Miklós Horthy, el dictador húngaro y tristemente célebre colaborador nazi, conectó ambos puntos después en su autobiografía: «Esos dos disparos en Sarajevo fueron los dos primeros disparos de la Primera Guerra Mundial, de los cuales surgió la aún más mortal Segunda Guerra Mundial».[26] Los ecos de esas balas de Sarajevo pronto se escucharían por todo el mundo. Millones morirían, incluyendo a muchos austriacos que vitoreaban alegremente a un hombre al que hubieran ignorado o ridiculizado de haberlo encontrado años antes en esas mismas calles vienesas.

La caravana de Hitler al fin llegó a las afueras de Viena y al palacio de Schönbrunn. Conocía muy bien los jardines del palacio. Fue en una banca del parque de Schönbrunn donde el joven Hitler soñó con el día en que el pueblo alemán «racialmente superior» destruiría todos los restos del «mestizo» y multicultural Imperio Habsburgo.[27] Un cuarto de siglo después el repique de las campanas y los vítores de miles de vieneses le anunciaban que ese día estaba cerca. El cardenal arzobispo Innitzer recibió con gran entusiasmo a Hitler. En una carta que publicó para sus feligreses escribió: «Se les pide a los católicos en la diócesis de Viena que el domingo agradezcan a Dios nuestro Señor por el camino sin derramamiento de sangre del gran cambio político». Firmó su carta con «Heil Hitler» y pronto viajó al Hotel Imperial para saludarlo.[28]

Poco antes del nacimiento de Franz Ferdinand, el emperador Franz Joseph había retirado las paredes de piedra que protegieron a Viena de invasores extranjeros por casi seiscientos años. Las fortificaciones medievales fueron reemplazadas por anchas calles, verdes senderos y kilómetros de áreas para caminar y escalar. El sol y el viento recorrieron la vieja ciudad trayendo consigo verdes parques, jardines floreados y espacio para que sus ciudadanos tomaran el aire fresco. El bulevar más famoso de la ciudad, la Ringstrasse, con sus tres carriles, se erigió en el lugar donde las murallas solían proteger a la capital del Imperio Habsburgo.

Hitler avanzaba lentamente por la Ringstrasse bajo una doble fila de altos tilos que se plantaron cuando eran apenas retoños durante el mandato de Franz Joseph. Los pendones en rojo, blanco y con esvásticas negras habían transformado el exterior del Hotel Imperial en una catedral nazi. Tras unas cuantas horas de sueño en el hotel, Hitler fue llevado a la mañana siguiente a la plaza de los Héroes. Ahí, tres cuartos de millón de vieneses esperaban impacientes para escucharlo hablar desde el balcón del palacio de Hofburg con las banderas nazis.[29]

Unas cuadras al sur un toquido en la puerta interrumpió la comida tranquila de Ernst con su esposa e hijo. La Gestapo había ido a arrestarlo. Le informaron que si se resistía o intentaba huir, buscarían a su hermano para matarlo. Ernst se fue sin protestar. Cuando Maximilian se enteró del arresto, dejó de inmediato la seguridad de su refugio para entregarse a la Gestapo. Sabía que Ernst moriría antes de revelarles su ubicación. Elisabeth apenas alcanzó a escuchar sus palabras de despedida mientras cientos de miles de austriacos eufóricos hacían temblar las paredes y las ventanas de su escondite.[30] El líder nazi hablaba desde el balcón del palacio de Hofburg, construido en 1913 para Franz Ferdinand, quien nunca lo usó. El nuevo canciller nazi, Arthur Seyss-Inquart, habló primero, entregándose con orgullo a sí mismo y a su país a Hitler:

> Como último agente de alto rango del Estado federal de Austria les informo a mi Führer y al canciller del Reich la terminación del título legal de acuerdo con la voluntad del pueblo alemán y de su Führer. Austria es una provincia del Reich alemán [...] ¡Mein Führer! ¡Lo seguiremos a donde nos lleve! ¡Heil mein Führer![31]

Poco antes de que Hitler se dirigiera a sus compatriotas austriacos, recibió flores de parte de dos niños checos que llevaban una pancarta con la leyenda «Los alemanes sudetes de Checoslovaquia le dan la bienvenida al Führer».[32] El regalo provocó una de las pocas sonrisas que Hitler ofreció en ese día tan especial.

Al informar de los eventos, el comentarista de Radio Praga no mencionó la pancarta ni sus implicaciones, pero pocos dentro o fuera de Checoslovaquia dudaban de que el país sería el próximo blanco de Hitler. Tres millones y medio de checos con ascendencia alemana vivían en su región de Sudetenland, y Hitler había prometido regresar a todos los europeos alemanes a su Reich.

Hermann Göring, mano derecha de Hitler, aseguró que Checoslovaquia no corría peligro. Unos días después del *Anschluss* austriaco un avión alemán cruzó el espacio aéreo checoslovaco lanzando panfletos donde se leía: «Díganles a todos en Praga que Hitler les manda saludos».[33] Ese septiembre, durante un discurso público en Núremberg, Göring acusó:

> Un segmento mezquino de Europa está acosando a seres humanos [...] Esa miserable raza de pigmeos (los checos) sin cultura, y que nadie sabe de dónde salió, oprimen a gente culta (los alemanes sudetes) y detrás está Moscú y la eterna máscara del demonio judío.[34]

Como resultado inmediato del *Anschluss* austriaco, el embajador estadounidense en Inglaterra, Joseph Kennedy, un destacado demócrata de Roosevelt, escribió sobre la futura posición de Checoslovaquia: «Jan Masaryk, el ministro de Relaciones Exteriores checo e hijo del antiguo presidente, me dio a entender que este país tendrá que hacer un trato con Alemania, por más desagradable que pueda ser [...] no considera [...] oponer resistencia contra Berlín».[35] Tras un viaje a Alemania, el expresidente de Estados Unidos Herbert Hoover, republicano, recibió una ovación de pie en la Asociación de Política Exterior en Nueva York. Ante su entusiasta audiencia declaró: «La forma de gobierno que otras personas adoptan al idear sus destinos no es asunto nuestro».[36] Los políticos estadounidenses de ambos partidos no estaban interesados en los acontecimientos de la lejana Europa.

Tras el *Anschluss*, Hitler estaba de un buen humor poco común. Dio una vuelta de honor por Austria para visitar Graz, Klagenfurt, Innsbruck y Salzburgo antes de volver a Linz. En Klagenfurt visitó a su maestro de escuela ya retirado, el doctor Leopold Pötsch, que odiaba a los Habsburgo.[37] La admiración de Hitler por «ese viejo caballero» no había disminuido.[38] Sobre Pötsch escribió: «¿Quién podría haber estudiado la historia de Alemania con un maestro como él sin convertirse en enemigo del Estado que, a través de su casa gobernante, ejerció una influencia tan desastrosa en el destino de la nación?».[39]

August Kubizek, el antiguo compañero de piso de Hitler en Viena, era ahora un funcionario público de bajo rango que vivía con su esposa y tres hijos en Alta Austria. Tras enterarse de su nombramiento como canciller de Alemania, escribió a Hitler en 1933. Kubizek recibió una rápida respuesta de su amigo de la infancia en Linz:

> Me encantaría, cuando pase mi lucha más complicada, revivir personalmente el recuerdo de esos maravillosos años de mi vida. ¿Quizá sería posible que me visitaras? Con mis mejores deseos para ti y tu madre, quedo de ti con el recuerdo de nuestra vieja amistad.[40]

No fue hasta 1938, poco después del *Anschluss*, cuando los viejos amigos se volvieron a encontrar en Linz. Hitler saludó cálidamente a Kubizek y se ofreció de manera espontánea a «patrocinar la educación de tus tres hijos» diciéndole:

> No me gusta que las personas jóvenes y talentosas se vean obligadas a seguir el mismo camino que nosotros. Sabes cómo la pasamos en Viena. Después de eso, luego de que nuestros caminos se separaron, para mí vinieron los peores tiempos. No se debe permitir que los jóvenes talentos se echen a perder por la pobreza.[41]

El doctor Eduard Bloch, el médico judío que cuidó a su madre moribunda, también le escribió a Hitler en 1938. Le pidió ayuda para emigrar a Estados Unidos. Hitler ordenó que la Gestapo ayudara a aquel hombre, al que se refirió como un «judío noble», a establecerse en la ciudad de Nueva York. Bloch murió ahí en 1945 a la edad de 73 años.[42]

Dos oficiales judíos que habían servido con Hitler en el frente occidental, Hugo Gutmann y Ernst Hess, también recibieron la oferta de protección. Con ayuda de la Gestapo, Gutmann inmigró a América y se estableció en St. Louis, Missouri, una ciudad con numerosa población alemana.[43] Heinrich Himmler les escribió personalmente una carta a las autoridades nazis en Dusseldorf, la ciudad alemana donde vivía Hess. Les ordenó concederle «asistencia y protección de acuerdo con los deseos del Führer».[44] Al igual que el de su héroe Karl Lueger, el antisemitismo de Hitler podía ser selectivo.

Pero no hubo excepción alguna para Maximilian y Ernst Hohenberg. Durante su regreso a Berlín en tren, Hitler y Joseph Goebbels, el ministro nazi para la Ilustración Pública y Propaganda, hablaron sobre los hijos de Franz Ferdinand. La Gestapo no había silenciado a Otto Habsburgo, quien seguía en el exilio en Bélgica, pero había logrado arrestar a los líderes públicos del movimiento de restauración de los Habsburgo en Austria. Para Hitler, un Hohenberg era un Habsburgo. Lo único que hacía a los Hohenberg peores era que su madre era eslava. Mientras disfrutaban su desayuno en la comodidad del vagón comedor con paneles de fina madera, Hitler condenó alegremente a Max y Ernst diciéndole a Goebbels: «No valen nada y jamás debe permitírseles volver [...] Deshazte de la basura».[45]

15

Duelo

«¿Sería mejor prolongarlo, dejar por años a estos hombres en la cárcel en donde pertenecen y luego matarlos, o enviarlos a la horca de inmediato?».

HERMANN GÖRING

MARIA-THERESA, la archiduquesa de Habsburgo, de 83 años, nació como una Braganza, descendiente directa de una antigua familia portuguesa que dio reinas a Inglaterra y España, dos emperadores a Brasil y 15 generaciones de realeza a Portugal. Nunca se sintió intimidada por la casa Habsburgo y también se negaba a sentirse intimidada por Hitler. El lema de su familia, «La sangre Braganza no teme», la mantuvo a salvo durante conflictos familiares, asesinatos, revoluciones y guerras.[1]

Un par de horas después del arresto de Ernst y Max Hohenberg, sus esposas fueron a la casa de la matriarca de la familia.

Como la mayoría de las mujeres de su tiempo, Maria-Theresa pasó su vida a la sombra del poder de sus padres, hermanos y esposos. Su linaje la condenó al lecho nupcial de la realeza, pero también se vio obligada a usar su inteligencia, fuerza, encanto y género para sobrevivir en un mundo dominado por los hombres. Aconsejó a varias generaciones de mujeres Braganza y Habsburgo para que hicieran lo mismo. En 1938 llegó el turno de Elisabeth y Maisie Hohenberg. En el enfrentamiento contra Hitler y su Gestapo que estaba por llegar, necesitarían de la sabiduría, la experiencia y la pericia de Maria-Theresa.[2]

Ella les ofreció tres consejos: «Nunca te rindas. Nunca demuestres miedo. Usa la diplomacia personal con las autoridades del más alto rango que te sea posible».[3] La archiduquesa había seguido sus propios consejos cuando apoyó la decisión de Franz Ferdinand de casarse con la condesa Sophie Chotek y reclutó al papa León XIII como aliado contra su cuñado, el emperador Franz Joseph.[4] Mientras las mujeres estaban reunidas en el imponente palacio de Maria-Theresa en la Favoritenstrasse, Max y Ernst se encontraban en una celda de prisión en Viena. Pronto llegaron a acompañarlos el alcalde de Viena y el ministro de Seguridad Pública del Estado. Al igual que a Maximilian, semanas antes le habían ofrecido a cada uno de ellos el puesto de canciller austriaco. Ahora eran prisioneros de Adolf Hitler. Apenas unos días antes del *Anschluss* las encuestas de opinión pública revelaron que los austriacos planeaban votar en una abrumadora mayoría contra la anexión. El general alemán Alfred Jodl escribió en su diario que los nazis temían que el plebiscito mostrara «una fuerte mayoría a favor de los monarquistas».[5]

A la mañana siguiente Elisabeth y Maisie se presentaron temprano en las oficinas de la Gestapo en Viena. Cada una tenía su propia función. Elisabeth, la duquesa de Hohenberg, era la vocera. Maisie usó su habilidad para leer los labios con el fin de descubrir la ubicación de la oficina del doctor Ernst Kaltenbrunner, el jefe de la Gestapo nacido en Austria.[6] Kaltenbrunner se veía como un villano nazi de película hollywoodense. Era un hombre alto, imponente y de piel oscura, con el rostro lleno de cicatrices, y tenía unos pequeños ojos hundidos a los que les sacaba gran ventaja para intimidar a sus oponentes. Antes del *Anschluss* había sido arrestado por la policía austriaca tres veces por conspiración y traición. Ahora ese patiño nazi de 34 años al que algunos llamaban gorila estaba a cargo de la seguridad nacional de Austria.[7]

En algún momento de esa mañana llena de tensión las mujeres, vestidas de forma conservadora pero impecable, lograron colarse por los últimos filtros de seguridad hasta aparecerse de pronto en la oficina privada de Kaltenbrunner. En la confrontación sorpresa que se dio después, exigieron saber por qué habían arrestado a sus esposos. ¿Bajo qué cargos? ¿Cuándo podrían verlos? Y, lo más importante, ¿qué día y a qué hora los liberarían? El nervioso nazi estaba tan apabullado que ordenó que sacaran a las mujeres del edificio. Puede que hayan sido las únicas dos austriacas que fueron *expulsadas* de las temidas oficinas de la Gestapo en Viena.[8]

Una nota de *The New York Times* del 23 de marzo de 1938 informó sobre los arrestos que estaban ocurriendo en Austria. «Es una lista heterogénea, que incluye a destacados monarcas, católicos, socialistas, comunistas y líderes campesinos». Otro artículo llevaba por título: PRÍNCIPES HABSBURGO ARRESTADOS POR LOS NAZIS AUSTRIACOS. Se mostraban unas enormes fotografías del «príncipe Ernst de Hohenberg» y el «príncipe Max de Hohenberg». Un segundo artículo daba más detalles. «El periódico de la guardia de élite de Hitler, *Das Schwarze Korps*, anuncia su encarcelamiento y expresa su desprecio por sus familias y su carácter personal».[9]

Al día siguiente un encabezado de *The New York Times* decía: CRECE LA PURGA UNIVERSITARIA; LAS RESTRICCIONES HACIA LOS JUDÍOS AUMENTAN RÁPIDAMENTE. Los judíos y los «no arios» perdieron sus trabajos, pero no estaban solos. Católicos, un ganador del Premio Nobel de Medicina y otro de Física también fueron «retirados» de inmediato de sus puestos universitarios. Se continuó con el arresto a funcionarios del gobierno actual y de los anteriores.[10]

Esa misma mañana, Elisabeth y Maisie Hohenberg se aparecieron de nuevo en las oficinas de la Gestapo. Pese a que Kaltenbrunner se negaba a verlas, siguieron yendo a diario. Cientos de prisioneros aturdidos, furiosos, golpeados, sollozantes y aterrorizados pasaban junto a ellas para ser interrogados. Entre ellos estaba Anna Freud, la hija de Sigmund Freud. Al final fue liberada, pero su arresto por parte de la Gestapo convenció a su famoso padre, de 82 años, que se encontraba bajo arresto domiciliario en Viena, de abandonar Austria. Para otros ya era demasiado tarde. No se volvió a ver a muchos de los detenidos.[11]

El 26 de marzo de 1938, cuando las mujeres llegaron a las oficinas de la Gestapo fueron informadas de que sus esposos ya no estaban en la ciudad. No se les dio más información. Se fueron enseguida a la residencia de la archiduquesa Maria-Theresa en la Favoritenstrasse. Ella les aconsejó buscar más arriba. En pocas horas, el padre de Maisie, el capitán George Jervis Wood, tomó su consejo de forma literal. Viajó en avión a Londres con la esperanza de que el Ministerio de Relaciones Exteriores británico pudiera ayudar a localizarlos.[12]

Las cosas que ocurrían esa tarde en Berlín pronto tendrían un impacto en los Hohenberg, en Checoslovaquia y en toda Europa. Ese día Hitler concluyó los planes para anexar a la región Sudetenland de Checoslovaquia. El resto del país, incluida Praga, sería lo siguiente.[13] Por órdenes de Berlín, surgieron revueltas «espontáneas» por todo Sudetenland. En un titular de *The New York Times* se leía: CHECOS VEN GOLPE A LA AUTONOMÍA; ITALIA, FRANCIA Y GRAN BRETAÑA LISTOS PARA APOYAR CUALQUIER PLAN PARA MANTENER LA PAZ.[14] En letras más pequeñas, el artículo informaba que el Partido Sudetenland del país exigía la independencia inmediata y su unificación con Alemania.[15]

En Viena las mujeres Hohenberg pasaban sus días y noches escribiendo cartas en busca de información de parte de oficiales austriacos y alemanes sobre sus esposos desaparecidos. El 14 de abril de 1938 sus esfuerzos fueron recompensados. Maisie recibió una carta del jefe de la policía alemana y ministro del Interior, Heinrich Himmler, de 37 años. Entre sus muchas responsabilidades estaba la supervisión de la Gestapo. Le informaba que los arrestos fueron el resultado del «terrible comportamiento» que ambos hombres habían demostrado hacia los nazis desde 1934. Himmler escribió: «Su esposo, el príncipe Ernst Hohenberg, y su hermano están en el campo de concentración de Dachau. Como cualquier otro prisionero en custodia protectora, serán tratados de forma justa, sin que sus vidas corran peligro».[16] Recientemente Himmler había visitado Dachau y les dijo a los austriacos: «Sepan que a partir de ahora están bajo custodia protectora; eso significa que les concederé mi protección más especial».[17]

Cartas de Maximilian y Ernst, fuertemente censuradas y con matasellos de Alemania, confirmaron su encarcelamiento en Dachau. Miles de austriacos habían sido arrestados. Cientos fueron liberados, y a otros los asesinaron. Pocos se sentían a salvo, pero alguien que sí lo estaba les ofreció su ayuda. El barón Wilhelm von Ketteler, el ministro austriaco de Franz von Papen, contactó a Elisabeth y Maisie. Les dijo que podía conseguir una visa de salida a Suiza para ellas y sus hijos.[18] Las mujeres rechazaron su oferta. Temían que, si se iban de Austria, nunca volverían a ver a sus esposos. Poco después el cadáver de Ketteler fue encontrado flotando en el Danubio. Se habían reportado siete mil suicidios en Austria desde el *Anschluss*, la mayoría de judíos. Ketteler, católico, no era uno de ellos. Su cuerpo, hinchado y maltrecho, aún despedía un fuerte olor al cloroformo que se usó para acallar sus gritos. El mensaje era claro. Nadie debía ayudar a los Hohenberg.[19]

La condesa Rosa von Lonyay Wood, madre de Maisie, habló directamente con el embajador Von Papen, su amigo desde hacía años. Él le aseguró que el arresto de su yerno fue un «desafortunado error» que él mismo corregiría de inmediato. Cuando se enteró de que Hitler había ordenado personalmente el arresto de los Hohenberg, no volvió a comunicarse con la señora Wood.[20]

Desde su ancestral castillo en Wurtemberg, la madre de Elisabeth, Maria Lobkowicz, princesa de Waldburg, tomó el asunto en sus manos. Le pidió a su chofer que preparara su enorme automóvil Maybach para un viaje. El auto negro y amarillo, los colores de las dinastías Waldburg y Habsburgo, recorrió los 185 kilómetros hasta las puertas de Dachau. Ahí, la princesa les exigió a los guardias que le concedieran permiso para visitar a su yerno, el duque Maximilian Hohenberg, y al príncipe Ernst, su hermano. Su demanda fue cortésmente rechazada. Después de que el comandante de Dachau, Hans Loritz, fue a su auto y le informó de manera respetuosa que no tenía permitido entrar al campo y que Max y Ernst no estaban disponibles para hablar, ella se fue a regañadientes.[21] Irónicamente, a los hermanos los hacían salir con frecuencia al patio del campo para que los dignatarios nazis que iban de visita se burlaran de ellos y los humillaran públicamente.[22]

La noticia del trato que recibían se filtró hasta las capitales de Europa. Cierto número de personas influyentes comenzó a trabajar en su caso, incluyendo al papa, al ministro de Estado del Vaticano, al rey y a la reina de Suecia y al duque de Luxemburgo. Incluso las esposas de Neville Chamberlain y Edward Halifax, el primer ministro y el secretario de Estado de Inglaterra, intentaron ayudar, aunque sin éxito.[23]

Otto Habsburgo viajó desde su exilio en Bélgica a Londres para hacerle esta pregunta al cónsul general de los cuerpos diplomáticos británicos: «¿Cómo es posible que los hijos de Franz Ferdinand estén detenidos en un campo de concentración alemán y que el gobierno inglés no haga nada?».[24] El diplomático no tenía una respuesta. Después, Otto contactó a la reina Mary de Inglaterra, viuda del rey George V y madre del duque de Windsor. La reina viuda solicitó que los diplomáticos británicos en Berlín hablaran directamente con Hermann Göring. El embajador británico le preguntó a Göring: «¿Quién ordenó que Maximilian y Ernst Hohenberg fueran llevados a Dachau?». Su pregunta fue ignorada, pero Göring le dijo: «Los príncipes tienen que quedarse ahí el mayor tiempo posible. Son sádicos como su padre. Si supiera lo que nosotros sabemos, entendería que no hay nada que podamos hacer por esa gente».[25] A la reina Mary, quien conoció a Franz Ferdinand y era una persona de su agrado, le pareció que el mundo se había vuelto loco.

Los hogares de los Hohenberg en Artstetten y Radmer fueron saqueados por los nazis. Se invitó a los vecinos a unirse a la rapiña, y así lo hicieron. Sus enormes tierras y haciendas fueron confiscadas, y se embargaron sus cuentas de banco y acciones. Sophie intentó convencer a sus cuñadas de ir a Praga, pero ya ni Checoslovaquia era segura.[26] Miles de judíos estaban huyendo del país. Se había declarado ley marcial. Las demostraciones pronazis y el antisemitismo sacudían a casi todos los pueblos, pequeños y grandes, y también a las ciudades.[27]

Amigos de toda la vida de la familia Hohenberg se unieron al Partido Nazi o se convirtieron en colaboradores silenciosos. La mayoría de la gente tenía miedo de hablar, pero Elisabeth y Maisie siguieron luchando por la liberación de sus esposos. Por fin, a Elisabeth le informaron que un oficial nazi de Berlín se reuniría con ella en el Hotel Imperial en su próximo viaje a Viena. El hombre al que Hitler eligió para discutir el caso de los Hohenberg con la esposa de Max era Hermann Göring.

Solo el mismo Führer tenía más poder, prestigio e influencia en la Alemania nazi. Poco después del arresto de los hermanos Hohenberg, el anciano archiduque Joseph Ferdinand, un Habsburgo, también fue arrestado por la Gestapo y enviado a Dachau. El hermano y la hermana de Göring, que vivían en Austria, solicitaron la liberación del retirado y apolítico veterano de la Primera Guerra Mundial como favor personal, por lo que fue liberado rápidamente, pero la impresión y el trauma de la experiencia destruyó su salud. La historia de Joseph Ferdinand despertó en Elisabeth Hohenberg tanto esperanza como miedo.[28]

Como hacía en todas sus citas, Elisabeth llegó temprano a la reunión matutina con Göring. Él la hizo esperar. Pasaban las horas y ella seguía sola en el ajetreado *lobby* entre candelabros bien iluminados, estatuas de mármol tallado y la imponente escalera principal del hotel. A media tarde, un amable y respetuoso oficial de la *Luftwaffe* la invitó a esperar arriba. Ella lo siguió hasta un elevador privado en el que subieron dos pisos para luego recorrer un largo pasillo y dejarla esperando durante el resto de la tarde en una silla afuera de la suite de Göring. No había bebido ni comido nada desde que llegó. Al fin, la invitaron a pasar al salón donde tendría lugar la junta.

La enorme y muy decorada habitación estaba dominada por un enorme escritorio vacío. El asistente de Göring recorrió el lugar abriendo y cerrando puertas, en apariencia para buscarlo, pero no lo encontró. Luego, como si hubiera estado planeado, Göring, de 45 años, entró con cautela a la habitación desde un balcón exterior. No llevaba su típico uniforme militar, sino que iba ostentosamente ataviado de la cabeza a los pies con un deslumbrante traje blanco. Incluso su sombrero, sus zapatos y sus calcetines eran de ese color.

Quizá para darse un aspecto distinguido, llevaba un monóculo y un anillo grabado, detalles que ella nunca lo había visto usar en ninguna filmación de los noticieros ni en las fotografías de los periódicos. Le pareció que se veía como extra de una opereta vienesa. Si ese hombre hubiera sido conocido por su sentido del humor, quizá ella habría sonreído.[29]

Refiriéndose a ella como condesa de Hohenberg, le pidió que se sentara. Luego él tomó su puesto en el escritorio, giró su silla para quedar de espaldas a ella y en silencio se puso a jugar con su monóculo. Ella observó el respaldo de la silla, esperaba que él rompiera el silencio. Göring dijo al fin: «Sé que vino a preguntarme por dos personas. He pensado mucho en su solicitud, pero aún no decido. ¿Sería mejor prolongarlo, dejar por años a estos hombres en la cárcel a donde pertenecen y luego matarlos, o enviarlos a la horca de inmediato?».[30]

Él esperó su respuesta por un largo tiempo. Ella no dijo nada. Entonces Göring se giró en su silla, quedó frente a ella y comenzó a hacerle preguntas como si fuera un fiscal y ella la acusada. Más tarde, Elisabeth apenas podía recordar sus numerosas preguntas hasta que le hizo esta: «¿Cómo puede defender a Ernst Hohenberg, quien, como líder de la milicia popular, torturó y quemó a austriacos patrióticos proalemanes? ¡Su yerno ha estado achicharrando a nacionalsocialistas buenos en su castillo!». Elisabeth Hohenberg le dijo: «Seguro que ni usted puede creer algo así». Por un momento, la frialdad de su respuesta lo dejó sin palabras.[31]

En algún punto durante la reunión, ella se convirtió en la interrogadora. La duquesa le preguntó a Göring cómo iba a cuidar a cinco hijos, todos hombres, todos nacidos de madre alemana, con su padre arrestado sin cargos y sin el hogar ni las pertenencias que les quitaron. Discutieron por más de una hora. Cuando el duelo terminó, él le dijo: «Adelante, alemana. Escriba sus cartas y todo estará bien».[32]

Elisabeth Hohenberg sintió que había mirado de frente al demonio sin parpadear. Su esposo y yerno seguían en Dachau. Pero, tras la reunión, le informaron que podía regresar al castillo de Artstetten. Con el apoyo financiero de su padre, la duquesa y sus cinco hijos se acomodaron como inquilinos en un pequeño rincón de su propia casa.[33]

Cuando descubrió que la maestra de la escuela local era una ferviente nazi, envió a sus dos hijos mayores, Franz, de 11 años, y Georg, de diez, a vivir con sus padres en Wurtemberg. Elisabeth sentía que estarían más a salvo en Alemania, bajo menos sospechas y vigilancia. La propaganda racista nazi era más agresiva en las escuelas austriacas que en el área rural de Alemania. En la escuela del pueblo de Wurtemberg, los maestros, los estudiantes y la propaganda nazis estaban menos presentes. Dos bocas menos que alimentar en un hogar lleno y sin ingresos fijos también era algo bueno, pero lo que ella más quería era que sus hijos recibieran la influencia positiva de su padre.[34]

Nadie en Wurtemberg era más respetado que el padre de Elisabeth Hohenberg, el príncipe Maximilian IV de Waldburg, quien ni siquiera intentaba esconder su desprecio por Adolf Hitler. Desde su castillo en la colina más alta del pueblo podía recibir fácilmente noticias sin censura de la radio de Suiza sobre lo que pasaba en Alemania. Como tenía problemas de audición, ponía el radio al mayor volumen posible para que todos en los pueblos cercanos también pudieran escuchar la transmisión. El príncipe era tan querido en la región que ni siquiera la Gestapo se atrevía a decirle que bajara el volumen de su radio.[35]

Elisabeth eligió cuidadosamente sus batallas. Cuando volvió a Artstetten fue acosada sin cesar para que se uniera al grupo local y auxiliar de mujeres nazi. Ella se negó, pero en las recaudaciones de fondos la presionaban sin parar para que comprara bustos de Hitler y Göring con el fin de que demostrara su lealtad al Reich alemán. En un intento por detener futuras visitas, la esposa de Max por fin aceptó comprar dos pequeños bustos. Antes de guardarlos donde nadie los viera, notó que los bustos de ambos hombres estaban huecos, y que el de Göring no incluía el monóculo con el que estuvo jugueteando durante su visita en el Hotel Imperial. Como los representantes nazis siguieron visitándola, viajó a Viena e interpuso una queja de acoso en su contra. Puede que la duquesa de Hohenberg fuera la única persona austriaca, hombre o mujer, con el valor suficiente para poner una queja así, pero funcionó. Nunca volvieron.[36]

Al principio les explicó a sus hijos más chicos que su padre estaba de viaje. Luego les dijo que él y su tío estaban en un campo en

Alemania. Los prisioneros de Dachau tenían permitido enviar una postal a casa cada dos semanas. Estaban tan censuradas que sus hijos no tenían ni idea de que habían sido escritas desde una prisión.

Veinte mil austriacos fueron detenidos tras el *Anschluss* nazi. Solamente aquellos a los que se identificó como los más «peligrosos» fueron deportados a Dachau. Max y Ernst tuvieron la tristemente célebre distinción de ser los primeros «criminales» austriacos enviados a ese lugar.[37] Cuatro días después se les unieron 153 compatriotas. En mayo llegaron otros 120 detenidos.[38] Los austriacos estaban separados de otros prisioneros, pero sufrían el mismo trato cruel.

Un periodista que sobrevivió escribió después: «Entre ellos había dos embajadores, tres ministros, un ministro de Estado, un juez decano, un fiscal del Estado, el alcalde de Viena, un general, un coronel, tres comandantes, dos profesores universitarios, algunos policías de alto rango, dos prominentes abogados vieneses y varios periodistas y escritores reconocidos».[39] Otro sobreviviente relató: «Al verlos, casi sentirías vergüenza de ser libre».[40]

No fue hasta años después cuando la familia de Maximilian y Ernst llegó a entender el horror de Dachau, y no por ellos, sino por otros. Guardias con látigos e insignias de calavera en el uniforme se referían burlonamente a ellos como «sus Majestades Imperiales».[41] A los hermanos los fotografiaron, los desnudaron y así los hicieron ir con el barbero para que les quitara el bigote y los rapara, los bañaron con agua fría y les entregaron uniformes a rayas y zapatos de madera. También se les ordenó que llenaran unos formatos con su edad, fecha de nacimiento, religión, ocupación y si sus padres vivían o no. Los guardias disfrutaron preguntándoles los detalles sobre cuándo, dónde y cómo murieron sus padres.[42]

A ninguno se le imputó jamás un solo crimen. Pero el duque de Hohenberg, con el número de prisionero 13742, llevaba la insignia del triángulo verde de «prisionero en custodia protectora». El príncipe Ernst, número de prisionero 13741, fue designado como «criminal político» por su ataque a la oficina de turismo alemana en Viena. Su «conducta antialemana» le ganó la insignia roja de terrorista.[43] Durante el invierno a Ernst se le exigió que retirara la nieve de la entrada de las oficinas de las SS y que esparciera arena y cenizas en los caminos por donde pasaban los oficiales de la Gestapo.[44] La tarea era una escalofriante representación de los recuerdos invernales de Hitler paleando nieve frente al Hotel Imperial para la familia real e imperial de los Habsburgo.

A los hermanos les asignaron los deberes de las letrinas, la interminable tarea de vaciar y limpiar los rebosantes baños del campo. Solo les dieron una cuchara para ayudarse en su labor.[45] Sobre el trato que recibían, un testigo escribió después: «Iban atados a la carreta de los desechos como animales. Su cruel supervisor, un criminal profesional, los golpeaba sin piedad mientras los seguía de una letrina a otra, donde tenían que sacar el excremento para echarlo en cubetas y llevarlo en la carretilla».[46] Otro testigo contó:

> Pronto se supo que eran los dos hijos del archiduque Franz Ferdinand, asesinado en Sarajevo. En la carretilla había un montón de porquería. Los hombres de las SS los detuvieron y se burlaron de ellos. Tomaron una piedra plana, hicieron que los dos prisioneros pusieran la cabeza cerca de la pila de porquería y luego lanzaron la piedra a la pila para que las caras de los hermanos quedaran salpicadas de excremento.[47]

Después de la guerra, Leonard Figl, otro «criminal político» en Dachau, escribió sobre cómo vio a los hermanos Hohenberg que llenaban, jalaban y vaciaban su carretilla de dos ruedas llena de desechos humanos:

> Despojados de todos sus cargos y títulos y con la muerte frente a sus ojos cada hora de cada día, soportaron la más profunda humillación no con el orgullo estoico de la «raza dominante», sino con la dignidad serena e inquebrantable de los descendientes de una ancestral familia hecha para servir y gobernar [...] Compartieron con nosotros su último bocado y su último trago, y fueron la compañía más agradable.[48]

Otro sobreviviente escribió:

> Tenían una dignidad tranquila, alegre y majestuosa, un firme sentido del humor y una solidaridad inquebrantable. Si el sistema enfrentaba a unos grupos contra otros, animándolos a menospreciar a los demás, los Hohenberg dejaban claro que ellos no menospreciarían a nadie.[49]

Los hermanos siguieron todas las órdenes de los guardias de la Gestapo. Todas menos una. Se negaron a odiar a ninguno de los otros presos, incluyendo a los judíos. El 10 de noviembre de 1938 las sinagogas, los hogares y los negocios judíos en toda Alemania y Austria fueron atacados, saqueados y quemados. El terrible evento se llegó a conocer como *Kristallnacht*, la Noche de los Cristales Rotos, pero la violencia continuó al día siguiente. Policías, bomberos y vecinos se quedaron ahí, sin hacer nada, mientras se incendiaban 62 sinagogas austriacas hasta convertirlas en cenizas, se vandalizaban cementerios y hombres, mujeres y niños judíos eran atacados, golpeados y robados.[50]

Seis mil judíos austriacos fueron deportados a Dachau. Los guardias disfrutaron sobre todo atormentarlos, humillarlos y matarlos. Cruzar líneas dibujadas en la tierra o no usar su gorro de prisionero eran ofensas que se castigaban de inmediato con la muerte. A veces los guardias le quitaban el gorro a un preso judío y lo lanzaban a un área restringida, un juego que implicaba la pronta muerte del hombre con la cabeza descubierta. En un episodio que se volvió legendario entre los prisioneros, un guardia tomó el gorro de un judío anciano que solía ser un famoso comediante, e intentó lanzarlo a un área prohibida. Ernst saltó de inmediato, lo atrapó y lo devolvió a la cabeza del azorado hombre. El guardia apuntó su arma, pero no disparó.[51]

Maximilian llegó a respetar a muchos de sus compañeros en la prisión: a judíos y testigos de Jehová por su fe sincera, a legionarios extranjeros por su estoico valor físico, y a comunistas y republicanos por la fuerza de sus creencias políticas.[52] Cada persona, incluyendo a Max, encontraba formas de resistir en silencio a esos traficantes de miedo que eran los nazis. Al final de un largo día de trabajo, mientras Max guardaba las herramientas en una enorme caja de madera, escuchó unos pesados pasos que corrían hacia él. Un aterrado muchacho gitano dobló la esquina a toda velocidad. Se miraron a los ojos. Max abrió la caja, el chico se metió de un salto, y él la cerró y atrancó la pesada tapa. El guardia llegó corriendo por la esquina como un perro de caza que acaba de perder el rastro de su presa. Cuando Maximilian pasó junto al furioso nazi lo escuchó maldecir, asegurando que encontraría y mataría al gitano por la mañana.

Esa misma noche, Max salió a hurtadillas de su barraca, una ofensa que se castigaba con la ejecución inmediata, cruzó el campo y abrió la pesada tapa. El chico salió de un salto y desapareció en la oscuridad. Maximilian se preguntaba si al día siguiente el guardia cumpliría su amenaza y lo mataría. Tal vez solo le dio al joven gitano unas horas más de vida, pero eso bastó para él. Era una pequeña victoria, pero las pequeñas victorias hacían que Dachau fuera tolerable.[53]

16

Negociando con el diablo

«Qué horrible, fantástico e increíble es que tengamos que estar cavando trincheras y probando máscaras de gas aquí por culpa de una riña en un país lejano del que no sabemos nada».

NEVILLE CHAMBERLAIN,
primer ministro británico, sobre Checoslovaquia

«Ahora estoy en el punto más alto de mi vitalidad y vigor, y ningún otro alemán tendrá la fuerza o la autoridad necesarias para hacer lo que yo me he propuesto lograr».

ADOLF HITLER

A SOPHIE VON NOSTITZ-RIENECK no le faltaba seguridad en sí misma ni en su causa. Cuando se enteró de que sus hermanos habían sido enviados a Dachau se encargó de negociar su liberación con Heinrich Himmler.[1] Al igual que su abuela Habsburgo, creía en la diplomacia personal directa. Sus amigos checoslovacos, austriacos y alemanes estaban horrorizados. Casi todos se negaron a ayudarla por temor a los largos brazos de los nazis.[2]

La única persona que le ofreció apoyo fue su criada personal de años. A través de una amiga al servicio de la familia Himmler, intentó organizar una reunión entre la condesa checa y el nazi alemán, pero nunca se encontró un momento ni un lugar.[3] La condesa decidió viajar a las oficinas de la Gestapo en Berlín. Fue sola.

Era un momento peligroso para que alguien de Checoslovaquia visitara la capital nazi, en especial alguien cuyos hermanos estaban prisioneros en Dachau. Hitler aumentaba sus amenazas contra el gobierno de Praga casi a diario y el destino de Sophie, el número 8 de la Prinz-Albrecht Strasse, era la dirección más temida de Berlín.[4]

El edificio, del tamaño de toda la cuadra, albergaba la oficina de Seguridad Central del Reich. En su sótano se llevaban a cabo regularmente torturas y ejecuciones. En sus pisos intermedios se encontraban los departamentos burocráticos que estaban a cargo de Dachau y otros campos de concentración. En el piso de arriba del antiguo Museo y Escuela de Arte se ubicaba la oficina de Heinrich Himmler, que miraba sombríamente sobre la ciudad. Su asistente, Reinhard Heydrich, estaba a su lado.

La mayoría de las personas en la Alemania nazi de 1938 intentaban ser invisibles, pero la condesa Von Nostitz-Rieneck no.[5] Volvió repetidamente al número 8 de la Prinz-Albrecht Strasse en un intento de ver a Himmler, Heydrich o cualquiera de sus suplentes. La condesa checa vestida de manera inmaculada y siempre puntual se convirtió en un elemento familiar del *lobby* del edificio. Secretarias, guardias e incluso oficiales de la Gestapo de bajo rango le susurraban: «Bueno, quizá mañana» o «Quizá pasado mañana». Himmler y sus subordinados inmediatos la evitaban.[6]

Los días en que un ciudadano de Checoslovaquia podía viajar libremente a la Alemania nazi estaban por llegar a su fin.[7] En septiembre Adolf Hitler le concedió una entrevista al *London Daily Mail* en la que declaró abiertamente sus posturas respecto a la raza y la República Checoslovaca.

> El problema checo debe terminar para siempre, y debe terminar ya. Es un tumor que envenena a todo el organismo europeo [...] La creación de esta heterogénea República de Checoslovaquia tras

> la guerra fue una locura [...] Poner a un montón de checos intelectualmente inferiores a gobernar sobre minorías de razas como alemanes, polacos, húngaros, con mil años de cultura tras ellos, fue obra de la estupidez y la ignorancia.[8]

Ese otoño, el diplomático estadounidense George Kennan llegó a Praga y escribió:

> Praga nunca fue tan hermosa como en esos días de septiembre cuando su seguridad pendía del hilo más endeble. Las torres barrocas, irreales y etéreas de por sí, flotaban pacíficamente destacando sobre los cielos, en los que el brillante azul del otoño veía pasar unas cuantas nubes viajeras [...] Pocas veces, si es que alguna, el pintoresco estilo de esta vieja ciudad se asemejó más a un museo o estuvo más alejado de la realidad del momento que en esos extraños días.[9]

El presidente de Checoslovaquia, Eduard Beneš, le confió el destino de su país a una alianza militar con Francia, una fe infantil en Inglaterra y la creencia de que la Unión Soviética de Joseph Stalin no le fallaría a su nación. Se equivocaba en todo. El primer ministro Neville Chamberlain se reunió con Hitler en Berchtesgaden para decidir el futuro de un país que no fue invitado a las negociaciones. Su deseo de paz a cualquier precio estaba tan al desnudo como la mujer en la pintura renacentista italiana que colgaba en la pared detrás de ellos. Sobre la junta, un testigo escribió después: «Tuvo lugar una especie de macabra reunión para tomar el té en una mesa redonda en una habitación con un enorme ventanal con vista a Austria».[10] Checoslovaquia fue traicionada con la pintura del desnudo italiano a un lado y Austria del otro. Una de las respuestas a la reunión en Berchtesgaden fue una viñeta política en *The Washington Post*. Mostraba el dedo de un esqueleto regresando un reloj de 1938 a 1914.[11]

La tarde del 21 de septiembre de 1938 los altavoces de Praga anunciaron que Francia e Inglaterra habían aceptado permitir que la República de Checoslovaquia se dividiera. La Unión Soviética guardó silencio. Gran parte de las instalaciones militares del país, casi todas sus bases industriales y un tercio de sus ciudadanos y sus tierras desaparecerían en la Alemania de Hitler. El anuncio terminó con las palabras «Este caso es único en la historia. Nuestros amigos y aliados nos han impuesto esos términos como se hace con un enemigo derrotado».[12]

Los sorprendidos ciudadanos salieron a las calles sin poder creer lo que pasaba. El tráfico se detuvo. Casi todos estaban en silencio. Algunos lloraban. Otros entonaban canciones patrióticas, pero con una cadencia lúgubre y melancólica. Había banderas checas por todas partes. Las calles y la plaza de Wenceslao se mantuvieron llenas durante dos días. «Revuelta roja en Praga», reportaron los periódicos alemanes. Pero no había ninguna revuelta, solo un funeral nacional al que acudió medio millón de dolientes.[13] Las tropas de Hitler entraron a la región Sudetenland de Checoslovaquia el 1 de octubre de 1938. En privado, Franklin Roosevelt criticó el acto refiriéndose a él como «vandalismo armado».[14] En público no dijo nada.

George Kennan informó que cuando Alemania entró al país «No andaban los trenes. No volaban los aviones. No existían los puestos fronterizos».[15] Falkenau y Heinrichgrun, las casas de campo de los Nostitz-Rieneck al noroeste de Praga, desaparecieron en las profundidades del territorio Sudetenland. Una especie de parálisis se apoderó del país. Los checos alemanes leales a la república no tenían adónde ir. Un observador se lamentó:

> Los alemanes que odiaban el nazismo fueron obligados a permanecer en el área [...] Muchos de los que huyeron y buscaron visas para Inglaterra fueron rechazados. Los británicos, aunque reclamaban el

poder para garantizar el Estado incompleto, no podían ofrecerles ni refugio ni seguridad a sus amenazados habitantes.[16]

El teléfono, el telégrafo y el correo dejaron de funcionar, y lo mismo pasó con la visita de Sophie a Berlín. El contacto con su familia en Austria se volvió casi imposible.[17] Todos creían que el resto de Checoslovaquia estaba condenado. Los checos alemanes no eran los únicos atrapados. Un refugiado judío de Viena escribió que la gente huía de Praga como si la peste misma acechara, pero los migrantes poco gratos no tenían a dónde ir.[18]

En Londres, el embajador estadounidense Joseph P. Kennedy le escribió al ministro de Estado Cordell Hull: «Lord Halifax reiteró que están dándoles instrucciones a todos de no dar más discursos sobre la situación checo-alemana [...] Ya se ha dicho todo lo que se tenía que decir. Halifax y Chamberlain consideran seriamente que el silencio de su parte, y esperan que también el nuestro, dé los mejores resultados».[19] El embajador Kennedy, un determinado aislacionista que se oponía a la guerra, estuvo de acuerdo. Su hijo en edad universitaria, John, el futuro presidente de Estados Unidos, viajó a Praga y entrevistó a docenas de checos. Predijo que lo que quedaba de ese país abatido y traumatizado caería ante los nazis sin oponer resistencia.

Un mes después de la anexión de Sudetenland, Hungría exigió que se le devolvieran los territorios que le quitó Checoslovaquia tras la Primera Guerra Mundial. Hitler acordó una reunión con Mussolini para mediar en el conflicto. El lugar que eligió fue el palacio de Belvedere. La ciudad tenía cientos de palacios disponibles, el Reich alemán y la Italia fascista otros miles, pero el Belvedere, el antiguo hogar de Franz Ferdinand y el lugar donde nació Maximilian, tenía un significado especial para él. Hitler le contó a Henrietta von Schirach que era el único palacio Habsburgo que pintó cuando era un joven artista en Viena. Y después lo eligió como palacio favorito para firmar tratados y alianzas militares.[20]

Mientras los rumores de la guerra amenazaban a Europa, el duque de Portland, viejo amigo de Franz Ferdinand, publicó su autobiografía. Portland recordó el asesinato en Sarajevo y escribió:

> Fue una insensatez criminal y trágica. Qué terriblemente triste es que Inglaterra nunca verá el ascenso al trono de su gran príncipe Habsburgo. ¿No habría sido una inmensa ventaja hoy que hubiera una potencia fuerte y pacífica en la cuenca del Danubio? Este noble príncipe también era un verdadero europeo y lo que vemos ahora, cuando ya es demasiado tarde, él lo vio en su momento. Por justicia a su recuerdo, es necesario reconocer cuán diferente sería si él hubiera vivido.[21]

Cinco meses tras la toma de Sudetenland y un año después del *Anschluss*, los ejércitos de Hitler se apoderaron del resto de Checoslovaquia. Los nazis, una tormenta de nieve y los idus de marzo llegaron a Praga al mismo tiempo. Como predijo John F. Kennedy, el país, el gobierno y el ejército se rindieron sin un solo disparo. Una vez más, Hitler seguía triunfante a su ejército hacia una capital europea conquistada, pero Praga no era Viena. No fue recibido con vítores ni saludos nazis, sino con calles vacías y un silencio sepulcral.[22]

Tras declarar que el Estado de Checoslovaquia ya no existía, Hitler observó la ciudad desde el milenario castillo de Praga. Proclamó los antiguos reinos de Bohemia y Moravia como protectorados alemanes. Esa noche durmió en la cama de Tomáš Masaryk. Dos días después volvió a Viena, donde una vez más se hospedó en el Hotel Imperial.[23] La desaparición de la única democracia real en Europa fue recibida con un silencio casi universal en los círculos oficiales. Los líderes de Inglaterra, Francia y la Unión Soviética esperaban que al sacrificar a Checoslovaquia se pudiera evitar la guerra con Alemania. Otto Habsburgo se negó a quedarse callado. Su declaración se publicó en la revista *Time*: «Condeno enérgicamente la violencia con la que Alemania subyugó a Bohemia y Moravia. También condeno la ocupación militar de Eslovaquia por parte del ejército alemán».[24] Europa central sabía que la paz no estaba cerca. Las iglesias en los países vecinos de Polonia y Rumania se llenaban hasta el tope mientras sus gobiernos se preparaban para la guerra.

Cuatro días después de la invasión de Sudetenland el presidente Eduard Beneš renunció. Mientras Checoslovaquia enfrentaba la peor crisis en sus veinte años de historia, anunció: «Sigo siendo lo que siempre fui, un demócrata sin lugar a duda, y por eso abandono el campo de juego. Siento que lo mejor es no perturbar a la nueva constelación europea que está surgiendo».[25] Beneš les pidió a sus ministros de gobierno que hicieran su trabajo y permanecieran en sus puestos. Su sucesor, Emil Hácha, tenía mala salud, incluso antes de sufrir un ataque cardiaco tras reunirse con Hermann Göring. Con su rostro cenizo que parecía una máscara mortuoria, les pidió a los ciudadanos que aceptaran su destino. Los sistemas de comunicación pública en Praga animaban a los ciudadanos a seguir con sus vidas y ser a la vez «buenos checos y buenos alemanes».[26]

Sophie Hohenberg von Nostitz-Rieneck era austriaca y checa, pero Adolf Hitler decidió que ella y su familia eran alemanes. En un instante le fueron arrebatados su pasado y futuro. Dos veces se sintió huérfana, una en 1914 con el asesinato de sus padres, y de nuevo en 1938 con el robo de su nacionalidad y su país.[27]

La Gestapo de Hitler no perdió el tiempo y fue a la casa de la hija de Franz Ferdinand. La mansión Nostitz-Rieneck fue inspeccionada de arriba abajo, y los cuatro niños quedaron bajo arresto domiciliario. Sophie y Fritz fueron llevados a una impresionante edificación bancaria en el lado más lejano de Praga que habían trasformado para convertirla en oficinas de la Gestapo. Durante horas de interrogatorio, Fritz, el robusto exoficial del Ejército Imperial austriaco, de 45 años, se mantuvo imperturbable. Sophie también se negó a dejarse asustar. No hizo ni un gesto de miedo en las oficinas de la Gestapo en Berlín, y se negó a que la intimidaran los esbirros de Himmler en Praga. Al fin, la pareja fue liberada, pero la Gestapo no había terminado con ellos.

El diplomático estadounidense George Kennan escribió que los checos tenían dos opciones: colaborar con el mal o cometer un suicidio heroico.[28] La Gestapo volvió a la casa de los Nostitz-Rieneck para hacerles una oferta similar a Sophie y su esposo. Fritz fue llamado a su biblioteca y le ofrecieron un puesto en la guardia nacional de la *Wehrmacht* o en la Gestapo. La otra opción era la cárcel para él y su familia.[29]

El difunto padre de Fritz había sido un checo leal, pero también un líder de los checos de Sudetenland con antepasados alemanes. Reclutar a su hijo para trabajar con los nazis sería un éxito en Sudetenland, y lo mantendría bajo una estrecha supervisión y una vigilancia aún más estrecha. Fue una rendición amarga. Cuando Fritz se unió a la guardia nacional de la *Wehrmacht*, él, Sophie y su familia se convirtieron en valiosos rehenes.[30]

Los checos que huyeron —lograron salir del país con sobornos o intentaron escapar por los bosques o pasos de montaña cubiertos de nieve— condenaron a la cárcel o a la muerte a su familia y amigos que se quedaron. Veinticinco miembros de la familia de Josef Korbel, un diplomático checo que huyó con su esposa e hija, fueron arrestados y murieron en campos de concentración.[31] La hija de Korbel, Madeleine Albright, se convirtió en la primera secretaria de Estado de los Estados Unidos.

Sophie apoyó el pacto con el diablo de su marido, con la esperanza de que eso salvara a Max y Ernst. Le escribió a Heinrich Himmler de inmediato solicitándole su liberación de Dachau para ponerlos bajo la custodia de su esposo. Tras un largo retraso, le informaron que Hitler y Göring vetaron su solicitud. Ernst en particular fue señalado como un «profanador de la iconografía nazi».[32]

Praga se convirtió en una ciudad en el purgatorio. El miedo, el aturdimiento, el acoso y los suicidios se volvieron parte de la vida cotidiana. Los judíos y gitanos fueron declarados no ciudadanos y se unieron a los miles de deportados que enviaron a Theresienstadt, una antigua fortaleza judía nombrada así en honor a una emperatriz Habsburgo. El asesino encarcelado de Franz Ferdinand había muerto ahí. Diez mil niños cruzaron sus puertas para no volver a ser vistos jamás.[33]

Pronto, los nazis le declararon la guerra a la cultura checa. Se quemaron libros, se censuraron transmisiones de radio y se cerraron periódicos, teatros e incluso el Teatro Nacional de la Ópera de Praga. Los museos y las bibliotecas universitarias se quedaron sin pinturas, tapices, manuscritos y libros. Las joyas de la corona de los antiguos reyes de Bohemia fueron enviadas a Berlín, y las casas ancestrales de los Lobkowitz, los Starhemberg, los Kinsky y otras familias de abolengo fueron sistemáticamente saqueadas.[34]

Konopiste, donde había nacido Sophie von Nostitz-Rieneck y antiguo hogar del hombre al que los nazis llamaban «el decadente Franz Ferdinand», fue uno de los primeros blancos.[35] El castillo había sido conservado como museo por parte del gobierno checo. Salvo por el robo de la familia del presidente Masaryk y otros oficiales checos, su interior se veía casi exactamente como el día en que echaron de ahí a Sophie y a sus hermanos.[36] Eso cambió rápidamente. Konopiste fue despojado de su arte, tapetes orientales, vajilla Meissen, antigüedades invaluables, docenas de retratos de ancestros Habsburgo y Chotek, y cientos de fotografías familiares en marcos de plata. Toda la biblioteca de la duquesa de Hohenberg fue empacada en 42 enormes cajas de madera y enviada al extranjero. Los cubiertos del castillo se fundieron para extraer su alto contenido de oro y plata, pero el comedor principal y el resto de los elementos de cocina se dejaron intactos para recibir a los invitados distinguidos.[37]

La famosa colección de armaduras medievales de Franz Ferdinand fue enviada al recientemente creado Museo de Historia Militar de la *Wehrmacht*, ubicado en Praga. El museo no estaba abierto al público. Solo era un espacio temporal en lo que Adolf Hitler podía construir un museo en Linz para ese fin. La colección histórica de armas del archiduque fue enviada al Museo Imperial de Caza en Berlín. Las pinturas militares y otros artefactos de la carrera militar del archiduque se ofrecieron en «préstamo permanente» a clubes, oficinas, dormitorios y casas particulares de los oficiales de la Gestapo.[38] Los muebles de Konopiste se reservaron para decorar la casa del recién nombrado protector adjunto del Reich de Bohemia y Moravia, Reinhard Heydrich.[39] El castillo y las tierras donde había nacido Sophie von Nostitz-Rieneck se convirtieron en una escuela de entrenamiento para la Gestapo.

Adolf Hitler llamaba orgullosamente a Heydrich «el hombre con el corazón de hierro». Alto, rubio y de ojos azules, se convirtió en el arquitecto de la solución final de Hitler, un dios nazi de la muerte responsable del genocidio de millones de judíos.[40] Heydrich le prometió a Hitler: «Germanizaremos a la plaga checa».[41] Su propio asistente lo describía como alguien con «un intelecto frío que no se veía afectado por la conciencia [...] Torturar y matar eran sus ocupaciones diarias».[42]

En privado, Heydrich era un devoto hombre de familia con su esposa, Lina, quien lo reclutó para unirse al Partido Nazi, y sus tres hijos pequeños. Vivían a las afueras de Praga en un hermoso castillo robado a Ferdinand y Adele Bloch-Bauer. Adele era la famosa «dama de oro» de la pintura de Gustav Klimt. Con gran orgullo, Frau Heydrich llenó su casa con muebles y tesoros robados de Konopiste.[43] Atendida por esclavos de los campos de concentración de Theresienstadt y Auschwitz, Lina les presumía a sus amigos que vivía como una princesa en un mágico cuento de hadas. Su cuento de hadas comenzó a desmoronarse cuando su esposo, el «Carnicero de Praga», fue asesinado por exiliados checos que volvieron al país gracias a Edvard Beneš y su gobierno en el exilio.[44]

Heinrich Himmler lloró al enterarse de la muerte de su asesino favorito; Hitler se lamentó diciendo que era «irreemplazable».[45] El Führer amenazó con deportar a toda la población no alemana del país, pero se conformó con el arresto, tortura y asesinato de cinco mil checos.[46] El pueblo de Lídice, cerca de Praga, fue arrasado, dispararon a los hombres, y a las mujeres y niños los enviaron a los campos de concentración. Himmler ofreció un florido panegírico para su asistente favorito durante el gran funeral de Estado en Berlín.[47] En el reinado del terror que vino a continuación, el tiempo de Praga en el purgatorio terminó y fue reemplazado por el infierno nazi. Sophie, Fritz y sus compatriotas checos intentaron sobrevivir manteniéndose invisibles.[48]

Hitler celebró su cumpleaños cincuenta supervisando un desfile militar de cuatro horas en Berlín. El cadavérico presidente Hácha estuvo a su lado con pesar. Más tarde ese mismo día Hitler le confesó a su círculo cercano: «Caballeros, el primer medio siglo de mi vida ha terminado... Ahora estoy en el punto más alto de mi vitalidad y vigor, y ningún otro alemán tendrá la fuerza o la autoridad necesarias para hacer lo que yo me he propuesto lograr».[49] Una semana después, en una transmisión que resonó por toda Alemania, el soñador de Linz reflexionó sin modestia alguna sobre su vida y sus logros. Los cínicos lo llamaron el discurso de paz de Hitler.

> Le he regresado al Reich provincias que nos robaron en 1919. He devuelto a su país de origen a millones de alemanes que fueron separados de nosotros y que estaban en una profunda miseria. He reestablecido la unidad milenaria e histórica del *Lebensraum* alemán [...] Me he esforzado por lograr todo esto sin derramar sangre y sin llevar a mi gente, y por tanto a los demás, a la miseria de la guerra. Yo, que hace 21 años era un obrero desconocido y un soldado de mi pueblo,

> lo he logrado [...] con mi propia energía, y puedo, por tanto, decir que estoy entre las personas con más logros que este mundo ha conocido.[50]

Cuatro meses después, el 1 de septiembre de 1939, Alemania invadió Polonia, y Gran Bretaña y Francia le declararon la guerra al Reich. Cuando Hitler se dio cuenta de que la Segunda Guerra Mundial había comenzado, sorprendió a sus subordinados quedándose extrañamente callado. Fue un largo e incómodo silencio que desconcertó a los que estaban con él. Al fin, Hitler se dirigió a su ministro de Relaciones Exteriores, Joachim Ribbentrop, y preguntó: «¿Y ahora qué?».[51]

Fotos de Maximilian y Ernst Hohenberg, los rebeldes hijos de Franz Ferdinand, para la propaganda nazi, tomadas en Dachau el 28 de junio de 1938, en el vigesimocuarto aniversario del asesinato de sus padres. *BArch, Bild 152-21-30/Friedrich Franz Bauer... y BArch, Bild 152-21-35/ Friedrich Franz Bauer*

Postal de Franz Ferdinand y su esposa, Sophie, saliendo del Belvedere, su palacio en Viena, en 1903. Adolf Hitler eligió después el Belvedere como su palacio favorito para celebrar el «nuevo orden intercontinental» nazi. *Colección del autor*

Al hijo de 10 años de Franz Ferdinand, el príncipe Ernst Hohenberg, lo llamaban de forma burlona pero cariñosa «la belleza de la familia». *Biblioteca del Congreso*

El príncipe Maximilian Hohenberg tenía 11 años cuando asesinaron a sus padres. *Biblioteca del Congreso*

La princesa Sophie Hohenberg tenía 12 años en 1914, cuando ella y sus hermanos se convirtieron en los huérfanos de la realeza más famosos del mundo.
Biblioteca del Congreso

Retrato informal del archiduque con su familia. Él odiaba usar uniformes militares y se oponía tajantemente a cualquier intento de involucrar a Austria en una guerra.
Colección del autor

Retrato formal del archiduque Franz Ferdinand y su esposa, la duquesa de Hohenberg, con sus tres hijos.
Colección del autor

Minutos antes de ser asesinados, el archiduque y la duquesa saludaron a los dignatarios en el ayuntamiento de Sarajevo. Ya habían sobrevivido a un intento de asesinato ese mismo día. Poco antes de salir hacia Sarajevo, Franz Ferdinand le dijo a su sobrino: «Sé que pronto seré asesinado». *Colección del autor*

Una postal de propaganda lanzada tras el asesinato. Al contrario de lo que se ve en la imagen idealizada del dibujo, el ataúd de la esposa morganática del archiduque se colocó varios centímetros por debajo del de él en la capilla imperial. Pese a que la duquesa murió intentando salvar la vida de su esposo, la posición de su ataúd no dejaba lugar a dudas sobre su marginación en la clasista corte de los Habsburgo. *Colección del autor*

Una postal de recuerdo del heredero al trono austrohúngaro y su esposa, ambos victimados. La muerte del archiduque fue el único asesinato que desató una guerra mundial. *Colección del autor*

Una foto que supuestamente muestra a un joven Adolf Hitler celebrando en Múnich la declaración de guerra de Alemania el 3 de agosto de 1914. Hitler se alegró de la noticia del asesinato de Franz Ferdinand, seguro de que provocaría la guerra, destruiría el multicultural Imperio Habsburgo y convertiría a la victoriosa Alemania en la nación más poderosa de la tierra. *Glasshouse Images / Alamy Stock Photo*

Los hijos de Franz Ferdinand, Maximilian y Ernst Hohenberg, con sus esposas, Elisabeth y Maisie, en 1937. Para muchos austriacos, incluido Adolf Hitler, los Hohenberg se habían convertido en los principales oponentes a la ocupación nazi de Austria. *Scherl / Sueddeutsche Zeitung Photo*

El 12 de marzo de 1938 un triunfal Adolf Hitler regresa a conquistar la ciudad que un día lo conquistó a él. Los dos primeros austriacos que la Gestapo recibió la orden de arrestar, deportar del país y encarcelar en Dachau fueron los hijos antinazis de Franz Ferdinand. Hitler le dijo a Joseph Goebbels: «No valen nada y jamás debe permitírseles volver [...] Deshazte de la basura». *BArch, Bild 146-1985-03083-10 / o.Ang*

Hitler hablando con tres cuartos de millón de entusiastas vieneses desde el balcón del palacio de Habsburgo. A lo lejos se ve el ayuntamiento de Viena, donde su modelo antisemita a seguir, el alcalde Karl Lueger, algún día dejó boquiabierta a la ciudad con su retórica llena de odio. *BArch, Bild 183-1987-0922-500 / o.Ang*

La condesa Marie Theresa Wood (conocida en la familia como Maisie) con su esposo, el príncipe Ernst Hohenberg. Su habilidad para leer los labios le permitió acercarse a la Gestapo durante su larga lucha para liberar a su esposo del encarcelamiento nazi. *Imagno / Austrian Archives / Sueddeutsche Zeitung Photo*

La madrastra de Franz Ferdinand, la archiduquesa Maria-Theresa Braganza, conocida como «la melancólica belleza de la corte Habsburgo». Fue una incansable defensora de Franz Ferdinand y de sus huérfanos desde los días del emperador Franz Joseph hasta las oscuras noches de Adolf Hitler. La archiduquesa le dijo a su nieto Maximilian Hohenberg: «Confía en Dios, pero nunca intentes entender a Dios». *Colección del autor*

La hija de Franz Ferdinand, la princesa Sophie de Hohenberg, de 19 años, con sus hermanos, Maximilian, de 17, y Ernst, de 16, y su tutor, el conde Thun, en la boda de Sophie, el 8 de septiembre de 1920. Solo el conde Thun parecía feliz. *Foto cortesía del conde Friedrich von Nostitz*

Adolf Hitler en su cumpleaños 52 aceptando la placa robada en Sarajevo que conmemoraba el asesinato de Franz Ferdinand. El asesinato hizo posible el ascenso al poder de Hitler. Winston Churchill escribió: «Esta guerra no habría ocurrido si no hubiéramos echado a los Habsburgo de Austria y Hungría [...] debido a la presión estadounidense y la modernización. Al crear estos vacíos abrimos la puerta para que el monstruo hitleriano saliera arrastrándose de su alcantarilla y llegara hasta los tronos vacantes».
Bayerische Staatsbibliothek München / Bildarchiv

El monumento al *Anschluss* en Klagenfurt, Austria, que representa cómo los nazis pisotearon al pueblo austriaco en 1938.
Colección del autor

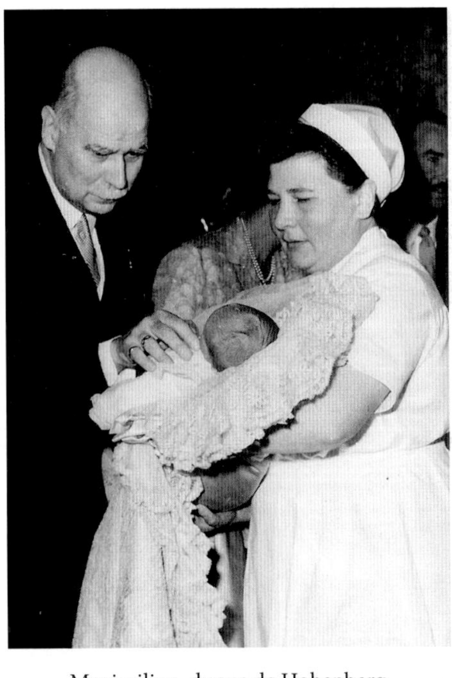

Maximilian, duque de Hohenberg, con una enfermera y su nieta, la princesa Sophie, durante su bautizo en 1960. «Siempre hay esperanza en la próxima generación». *Foto cortesía de la princesa Sophie de Potesta de Hohenberg*

17

El undécimo mandamiento

«Todos los caballos lívidos del Apocalipsis han cruzado por mi vida; la revolución y la hambruna, la depreciación de la moneda y el terror, las epidemias y la migración».

STEFAN ZWEIG

«Confía en Dios. Pero nunca intentes entender a Dios».

Archiduquesa MARIA-THERESA HABSBURGO

EN EL MES EN QUE EMPEZÓ la Segunda Guerra Mundial casi mil prisioneros, incluyendo a Max y Ernst Hohenberg, fueron transferidos al campo de concentración de Flossenbürg, ubicado en las montañas de Baviera. Necesitaban Dachau temporalmente para entrenar al personal militar. Flossenbürg estaba casi directamente al otro lado de las montañas de Falkenau, una de las propiedades de Fritz en Sudetenland. Sus reclusos, principalmente reincidentes, maltrataban a los presos políticos, comunistas, homosexuales, testigos de Jehová y otros opositores traídos de Dachau.[1]

Los presos de Flossenbürg trabajaban en una fábrica de aeronaves o en lo profundo de las canteras de granito. Los enormes proyectos arquitectónicos de Hitler requerían un suministro constante de piedras y mampostería. Ernst y Max fueron asignados de nuevo a las letrinas, aunque ahora sin herramientas ni carreta. Debían retirar con sus propias manos los desechos humanos que se desbordaban por los escusados.[2] A los hijos de Franz Ferdinand no se les perdonaría ni una sola humillación.

Ese año el invierno se adelantó con una lluvia helada, nevadas récord y temperaturas que alcanzaban los cuatro grados bajo cero. El invierno europeo de 1940 fue el más frío y el más largo del que se tuviera registro. La disentería y la fiebre tifoidea llegaron a Flossenbürg. Esas contagiosas enfermedades se extendieron tan rápido que los guardias se retiraron a un perímetro protegido por alambre de púas afuera del campo. Ahí, al calor de enormes fogatas, esperaron a que todos los que estaban allá adentro murieran.[3]

Ernst, Max y un prisionero político de setenta años, el doctor Friedrich Mittmeyer, cuidaron a los enfermos y moribundos. Casi no quedaba comida ni artículos médicos en el campo. Como desinfectante usaban carbón quemado. A los prisioneros que estaban demasiado débiles como para comer solos les daban caldo de pasto congelado en la boca. A los muertos los enterraban en fosas comunes usando horquillas. Cuando los guardias volvieron al campo en la primavera les desagradó ver que algunos aún seguían vivos. Las muertes se contaban por miles, pero los periódicos y la revista *Time* solo reportaron la muerte de un prisionero: el príncipe Ernst Hohenberg.

Ernst no había muerto, pero su familia pasó meses sin saber que estaba vivo.[4]

Los pocos presos políticos que sobrevivieron en Flossenbürg volvieron a Dachau. Para sorpresa de Max, los guardias le ordenaron que escribiera su autobiografía. Imaginaba que la única intención de un texto así era usarlo en su contra en un futuro juicio. A ningún otro prisionero de Dachau le pidieron que escribiera algo similar. Al final de sus extenuantes días de trabajo y casi sin luz para escribir, fue reconstruyendo cuidadosamente su vida en papel mientras sus compañeros de prisión dormían a su alrededor.[5]

Sopesando y analizando cada palabra, usó todo lo que aprendió en su carrera de abogado para llenar las páginas con detalladas minucias, de modo que nada ahí pudiera ser usado en su contra.

El ejercicio se convirtió en un juego de ajedrez, algo con lo cual divertirse y disciplinar su mente. Escribió sobre sus visitas a Alemania, los saludables animales que vio ahí, las granjas bien cuidadas, la gente amable y las calles limpias. Todo estaba presentado de la manera más positiva. Jamás mencionó la política, ni tampoco sus opiniones o sentimientos sobre nada relevante. La tarea se convirtió en un acto de venganza pasiva contra sus captores. Decidió matarlos de aburrimiento.[6]

Tiempo después de terminar su suavizada autobiografía, fue llamado a una reunión con el comandante del campo. A Max le informaron que si firmaba un documento en el que aceptara no hablar de lo que había visto, escuchado o vivido en Dachau o Flossenbürg, pasaría el resto de su condena bajo arresto domiciliario en Artstetten. Ernst se quedaría en Dachau.[7]

No podía existir un juego mental nazi más devastador. Abandonar a su hermano menor era peor que una sentencia de muerte. Max no creía que hubiera podido sobrevivir a ese calvario sin Ernst a su lado.[8] Su hermano le aseguró que a él también lo liberarían pronto, pero sus palabras no transmitían convicción. Ernst estaba marcado como terrorista, y esa marca tenía una magia oscura y siniestra. Lo convertía en una no persona.

Posiblemente Maximilian Hohenberg nunca se sintió más solo que en ese viaje en tren de Múnich a Viena. Cuando llegó sin previo aviso a Artstetten, su familia no lo reconoció.[9] Elisabeth le preguntó por Ernst. Tras una larga pausa, su esposo susurró: «Estaba vivo cuando lo dejé». Los jóvenes hijos de Max lo recibieron alegremente, con los cortes de cabello de rigor, peinados hacia la izquierda para asemejarse al Führer, y vestidos con los elegantes uniformes de las Juventudes Hitlerianas. Fue una bienvenida agridulce.[10]

La depresión se apoderó de él. Su arresto domiciliario lo confinó a unas cuantas habitaciones siempre llenas en Artstetten, pero su mente seguía atrapada con Ernst en Dachau.[11] Una vez a la semana debía salir de Artstetten para reportarse a las oficinas locales de la Gestapo. Ahí tenía que informar sobre cualquier persona que hubiera visto o con la que hubiera hablado, y sobre qué temas. A Elisabeth le dijo a modo de queja que esperaban que se espiara a sí mismo.[12] Cada visita a las oficinas despertaba en él recuerdos de Dachau y Flossenbürg. Con su hermano en Dachau, su yerno checo al servicio de la guardia nacional de la *Wehrmacht*, dos hijos viviendo en Alemania y sus hijos más jóvenes obligados a unirse a las Juventudes Hitlerianas, no parecía haber escapatoria de los nazis.

Polonia, Dinamarca, Noruega, Holanda, Luxemburgo, Bélgica y Francia también cayeron ante los ejércitos de Hitler.[13] En noviembre de 1941 Hungría, que alguna vez constituyó la mitad del Imperio Habsburgo, se alió con Alemania. El acuerdo fue firmado por Hitler en el palacio de Belvedere de Viena. Semanas antes Bulgaria había firmado su propia alianza militar con Alemania ahí mismo. El *Neues Wiener Tagblatt* de Viena celebró el inicio de un nuevo «orden intercontinental».[14]

Cuando invadieron Bélgica, los paracaidistas nazis aterrizaron a unos kilómetros del hogar de la exiliada emperatriz Zita y sus ocho hijos. Los Habsburgo recibieron el aviso de parte de sus primos, la familia real belga, de que se aproximaban los paracaidistas. Zita, con sus seis hijos menores, huyó a Portugal. Sus dos hijos mayores, Otto y Charles, se fueron a Bruselas y luego a París. Ahí ayudaron a casi 12 mil judíos austriacos exiliados, a todo el gabinete belga y a la familia real de Luxemburgo a conseguir visas de salida para España y Portugal con el fin de escapar de la invasión nazi.[15] La *Luftwaffe* bombardeó el castillo donde solían vivir los Habsburgo exiliados, pero no dieron en el blanco. Los Habsburgo se reunieron en Portugal y obtuvieron asilo en los Estados Unidos. El presidente Roosevelt trabó amistad con Otto, quien le solicitó que reconociera a Austria como la primera víctima de Hitler, no como su amable colaborador.[16]

Según Albert Speer, el arquitecto favorito de Hitler, el Führer visitó brevemente París, Francia, el 28 de junio de 1940. Por destino, designio o sincronía coincidente, la fecha era la del aniversario de los asesinatos de Sarajevo en 1914 y de la firma del Tratado de Versalles en 1918. Hitler visitó el teatro de la ópera de París, la torre Eiffel y otros monumentos. Speer recordó que Hitler le dijo: «Mi sueño en la vida era tener la oportunidad de ver París. No hay palabras para expresar lo feliz que estoy de que hoy se haya cumplido ese sueño».[17] El arquitecto escribió en su autobiografía:

> Por un momento sentí algo así como lástima por él: tres horas en París, la primera y única vez que lo vería, lo hicieron más feliz que todos sus triunfos [...] En el transcurso del *tour* Hitler planteó la posibilidad de realizar un desfile de la victoria en París. Pero tras discutirlo con sus asistentes [...] decidió que no [...] [diciendo] «No tengo ganas de un desfile de la victoria. Aún no terminamos».[18]

Hitler le dijo a Speer que el desfile se agendaría para 1950, cuando las guerras hubieran terminado.[19] El día en que visitó París, la *Luftwaffe* bombardeó las islas del Canal inglesas de Guernsey y Jersey, que fueron rápidamente ocupadas por las tropas alemanas. En pocas semanas Grecia y Yugoslavia también fueron invadidas.

Yugoslavia se rindió tras solo 14 días de lucha. Cuando las tropas alemanas entraron a Sarajevo, descubrieron el regalo perfecto para el cumpleaños 52 de Hitler. En una elaborada ceremonia que quedó grabada para la posteridad, retiraron la placa conmemorativa que marcaba el lugar del asesinato de Franz Ferdinand. El evento se mostró en los noticieros de todas las zonas tomadas de Europa.[20] Al final, el Führer aparecía recibiendo felizmente el regalo. Él reconocía, quizá más que cualquier otra persona, que el asesinato había hecho posible su ascenso al poder y sus guerras de terrorismo racial.

El palacio de Belvedere apareció de nuevo en las noticias. El derrotado gobierno de Yugoslavia fue llamado a Viena para firmar un acuerdo con sus conquistadores nazis. El diplomático rumano Raoul Bossy observó que Hitler entraba al salón chino circular tras tres fuertes toquidos. Era la misma señal que se usaba en la corte de los Habsburgo para anunciar la entrada del emperador.[21] Sobre el banquete que tuvo lugar después, escribió: «Los fantasmas del archiduque Franz Ferdinand d'Este, último dueño del palacio, y sus ancestros debieron temblar de indignación y luego otra vez al ver a Hitler, que nunca comía carne, cortar cuidadosamente con su cuchillo los vegetales que le sirvieron [...] el silencio era aplastante [...] Fue una comida fúnebre».[22]

Esa primavera Maximilian Hohenberg fue llamado a las oficinas locales de la Gestapo para notificarle que uno de sus hijos evadía las reuniones de las Juventudes Hitlerianas. Le advirtieron que controlara a su muchacho, pues, si no, la Gestapo lo haría por él.[23] Además, desde Viena llegó la noticia de que su abuela Habsburgo, Maria-Theresa, estaba mal de salud. Tras diversas solicitudes a los oficiales de la Gestapo, le concedieron permiso para ir a verla. Quizá esa visita salvó su cordura y su alma.

Max no viajó solo. Su hijo de cuatro años, Peter, fue su compañero de viaje. El más pequeño de los Hohenberg fue instruido por su madre para portarse bien, quedarse quieto, ser discreto y no decir nada. Dos imágenes se grabaron en la cabeza de Peter años después de aquel viaje. La primera eran las torrecillas como de castillo al frente de la impresionante construcción en la Favoritenstrasse. La segunda era una cubretetera. Estaba sobre un escritorio entre su padre y su bisabuela, pero no se sirvió el té.[24]

Mientras los adultos se hablaban entre murmullos, Peter se concentró en la cubretetera. No podía escuchar las palabras susurradas.

Todo se decía en voz muy baja. Cuando la visita terminó, su bisabuela le preguntó si quería algo. Él le dijo que quería preguntarle por qué tenía una cubretetera en la mesa, pero no les sirvió té. Ella levantó la cubierta con suavidad y reveló un teléfono. Luego la volvió a poner con cuidado y susurró: «Es para que *ellos* no puedan escuchar nuestra conversación». Maria-Theresa Braganza Habsburgo se negaba a perder su sentido del humor ante los nazis.[25]

Quienes conocían la historia de vida de la archiduquesa, pero no su mordacidad, se referían a ella como la belleza melancólica de la corte de los Habsburgo. Su guapo padre fue en su momento rey de Portugal, pero murió en el exilio sin un centavo. Ella fue la tercera e infeliz esposa del hermano menor del emperador Franz Joseph, Karl Ludwig. Testigos de la corte aseguraban que el principal entretenimiento de Karl Ludwig era maltratar a las tres mujeres con las que se casó. Pese a los años de negligencia marital y abuso verbal, la fe, la resiliencia y el sentido del humor de la archiduquesa permanecieron intactos.[26]

Peter nunca olvidó aquella visita a su bisabuela, una gran mujer de otro tiempo y otro lugar. Ella le enseñó a encontrar el humor en los absurdos de la vida, incluso bajo una cubretetera. La visita ayudó a Maximilian a recuperar el control de su vida. Las palabras de despedida de Maria-Theresa fueron que recordara el undécimo mandamiento: «Confía en Dios. Pero nunca intentes entender a Dios». Le dijo a su nieto que si quería conservar su cordura y superar a sus enemigos, no había nada más importante.[27] Tras la visita a la casa en la Favoritenstrasse, Max se animó. Durante sus reuniones semanales en las oficinas locales de la Gestapo sorprendió a sus interrogadores presentándoles una lista en constante expansión de cosas desaparecidas, robadas o saqueadas de Artstetten. Haciendo uso de sus habilidades como abogado y diplomático, les dio la vuelta a los burócratas nazis y usó la jerga legal para solicitar amable pero insistentemente su restitución.[28]

Esa Navidad él y Elisabeth celebraron el nacimiento de su sexto hijo, un niño al que llamaron Gerhard.[29] Como reconocimiento por traer al mundo a otro miembro de la raza dominante al Reich, Elisabeth recibió la Cruz de Honor a la Madre de plata de parte del Partido Nazi. En la brillante medalla azul y blanca había una esvástica sobre una cruz y una copia de la firma de Adolf Hitler. Ella se negó a usarla.[30]

En Wurtemberg su madre, quien había dado a luz a 12 hijos, también fue tardíamente reconocida por su servicio a la Patria como madre. Los oficiales nazis le entregaron la Cruz de Honor a la Madre de oro, un reconocimiento de primera clase. El padre de Elisabeth, Maximilian, príncipe de Waldburg, la devolvió sin dudarlo, diciéndoles a las autoridades: «¡Mi esposa no es una vaca que los nazis puedan condecorar!». Pocas personas tuvieron tanto valor.[31]

Una semana antes del 23 aniversario de los asesinatos en Sarajevo, Alemania invadió la Unión Soviética. Meses antes, Adolf Hitler le había enviado un mensaje a Joseph Stalin en el que le decía: «Mis mejores deseos para ti y para el próspero futuro de la gente de la amigable Unión Soviética». Stalin respondió: «La amistad de los pueblos de Alemania y de la Unión Soviética, cimentada con sangre, tiene todo para ser firme y duradera».[32]

La invasión sorpresa y la rápida implosión de los ejércitos de Joseph Stalin provocaron que miles perdieran toda esperanza. Entre ellos estaba el exitoso escritor Stefan Zweig. Se había ido a Inglaterra, luego a Estados Unidos y finalmente a Brasil. Ahí, el autor que extrañaba su tierra se instaló en Petrópolis, una ciudad montañesa con fuertes raíces austriacas. Fue nombrada en honor al tío brasileño de la archiduquesa Maria-Theresa, cuya madre, una princesa Habsburgo, había nacido en Viena.[33] La arquitectura alemana, su catedral gótica y su ubicación en la montaña le recordaban a Zweig a Austria.

Veintidós naciones en Europa, África del Norte y el Medio Oriente habían caído ante los nazis. Solo Inglaterra al oeste y la Unión Soviética al este no se habían rendido. Parecía que los nazis estaban en el umbral de la victoria absoluta. La idea de una Europa unida bajo el yugo de Adolf Hitler hizo que Stefan Zweig y su esposa se suicidaran. Dos días antes terminó de escribir su último libro, *El mundo de ayer*. En muchos sentidos fue una nota de suicidio de cuatrocientas páginas. Entre sus últimas palabras, escribió:

> He vivido en el tiempo de las dos guerras más grandes conocidas por la humanidad [...] la primera en el lado alemán y la segunda entre los enemigos de Alemania. Antes de esas guerras vi la libertad individual en su cenit, y luego vi la libertad en su punto más bajo en cientos de años; he sido aclamado y repudiado, libre y no libre, rico y pobre. Todos los caballos lívidos del Apocalipsis han cruzado por mi vida; la revolución y la hambruna, la depreciación de la moneda y el terror, las epidemias y la migración; he visto a las grandes ideologías de las masas crecer frente a mis ojos y extenderse, el fascismo en Italia, el nacionalsocialismo en Alemania, el bolchevismo en Rusia, y sobre todo la peste más grande que ha cubierto la flor de nuestra cultura europea: el nacionalismo en general. He sido un testigo indefenso e inútil frente a la inimaginable recaída de la humanidad en lo que se creía que era una barbarie superada hace mucho.[34]

La forma en que Zweig se rindió al pesimismo expresaba la depresión y la resignación que muchos sentían, pero el autor alemán exiliado Thomas Mann escribió: «No debió concederles ese triunfo a los nazis».[35] La respuesta de los Hohenberg a la invasión rusa fue muy distinta. A Max, en cambio, le trajo esperanza. Creía que Hitler repetía el error de Napoleón al intentar conquistar un territorio inconquistable. Los terrores nocturnos que lo atormentaban desde Dachau comenzaron a desaparecer. Ernst se negaba a creer los primeros reportes optimistas de los nazis sobre la incursión, pero temía que no iba a vivir lo suficiente para ver el fracaso de la invasión. En cuanto a su hermana, Sophie, la avanzada nazi convirtió su peor pesadilla en una realidad.[36] Las escuelas y las universidades checoslovacas se cerraron, y los estudiantes de ascendencia alemana fueron reclutados en el ejército de Hitler. Pocos días después de la noticia los hijos mayores de Sophie y Fritz, Erwein, de 20 años, y Franz, de 18, fueron reclutados. Sus hijos pasaron de ser estudiantes a soldados, sacrificados como carne de cañón para la máquina de guerra de los nazis.[37]

18

Apocalipsis

«Vivir con miedo cada hora de cada día es terrible. No saber qué pasará después. Querer expresarte contra el mal, que es lo correcto, pero saber que hablar es poner en riesgo todo y a todos los que amas. No sé cómo lo hicieron. Fue un periodo de miedo sin fin».

GERHARD, hijo menor de Maximilian
y Elisabeth Hohenberg

«No hay salida, a menos que me dé un tiro en la cabeza».

ADOLF HITLER

TRAS 12 SEMANAS de entrenamiento militar y ocho semanas en el Colegio Alemán de la Guerra, Erwein y Franz von Nostitz-Rieneck fueron enviados a Münster, en la Baja Sajonia, para aprender los manejos de los tanques de guerra. Treinta años después de la muerte de Franz Ferdinand, sus primeros dos nietos se convirtieron en tenientes a cargo de divisiones panzer contra Rusia, el país que el archiduque advirtió que Austria nunca debería enfrentar.[1]

El 28 de junio de 1942, otro aniversario de los asesinatos de Sarajevo, Hitler ordenó que los tanques que invadían Rusia viraran al sur, hacia la ciudad de Stalingrado.[2] Fue un error fatal. Seis meses después, los ejércitos alemán y ruso estaban atrapados en una lucha a muerte en un campo de batalla de 1 600 kilómetros desde el mar Báltico hasta el mar Negro. La batalla de Stalingrado, que duró 164 días, cambió el destino de Adolf Hitler, de su guerra, de los Hohenberg y del mundo. El invierno y el ejército ruso detuvieron y luego aniquilaron a las tropas alemanas. El hijo de Max Hohenberg, Georg, de 15 años en ese momento, recordó después:

> Al inicio de la guerra, cuando los alemanes iban ganando, casi todos en Austria parecían pensar que la guerra era maravillosa. La mayoría creía que las victorias de Hitler eran gloriosos actos de venganza por 1918. Después de Stalingrado, casi de la noche a la mañana, muchos descubrieron que siempre habían sido antinazis. De pronto recordaron que eran austriacos, no alemanes.[3]

Los dos hijos de Sophie sobrevivieron a la debacle que fue Stalingrado. Primos, amigos, compañeros de escuela y ochocientos mil soldados con los que combatieron, no.[4] La Unión Soviética sufrió un millón de decesos. Los enormes ejércitos de Joseph Stalin no perdieron el tiempo y llevaron a las maltrechas tropas de Hitler hacia el oeste. Erwein, Franz y millones más quedaron atrapados entre las violencias opuestas de dos de los mayores genocidas de la historia.

El frío invernal de Stalingrado se sintió pronto en Silesia alemana, que ahora está en el noroeste de Polonia. Ahí estaban Maisie Hohenberg y su hijo menor. Silesia quedaba justo en el camino del ejército ruso, que a su paso hacia Berlín destruía, incendiaba y violaba.[5]

Días antes de que comenzara la guerra los padres de Maisie fueron llamados a Londres. Su madre le suplicó que se fuera con ellos, pero Maisie se negó a irse sin Ernst.[6] Su familia estaba en un peligro mayor de lo que creía. Su padre, el capitán George Jervis Wood, era un agente encubierto del MI-6, el servicio de inteligencia militar británico. Sin querer, los intentos de su esposa e hija para liberar a Ernst habían puesto en peligro sus actividades encubiertas.[7]

Cuando el capitán y la señora Wood se fueron de Austria, Fritz von Nostitz-Rieneck viajó a Viena. Llevó a Maisie y a su hijo Ferdinand a Praga, y luego a una casa de campo en Sudetenland, y al final al norte de la campiña alemana en Silesia para que se quedaran con unos primos lejanos de los Hohenberg.[8]

El conde y la condesa Friedrich Schaffgotsch eran de los empresarios industriales más adinerados de Alemania, así como de los mayores terratenientes. Al igual que el padre de la duquesa de Hohenberg en Wurtemberg, algunos alemanes eran intocables, incluso en el Tercer Reich de Hitler. Su imponente castillo estaba protegido por un antiguo foso a un costado, un lago privado al otro y su innegable riqueza y privilegio. Pero para Maisie Hohenberg fue un periodo solitario y lleno de miedo. Criaba a un hijo pequeño sin padre, vivía con una familia a la que no conocía, en un país que había encarcelado a su esposo, hablaba un idioma que nunca dominó y era obligada a leer los labios por su creciente sordera.[9]

Ernst había sido transferido a su tercer campo de concentración, el Sachsenhausen-Oranienburg, a 35 kilómetros al norte de Berlín. La apariencia exterior del campo era similar a la de Dachau, pero su seguridad era más extrema. Sachsenhausen estaba rodeado por un muro de piedra más alto, una valla electrificada y feroces perros de ataque. Guardias fuertemente armados vigilaban desde las altas torres. No había noche en la prisión. Unas brillantes luces iluminaban todo el lugar las 24 horas del día por dentro y por fuera.[10]

Heinrich Himmler ordenó que los oficiales administrativos de todos los campos de concentración del Reich se mudaran ahí. Y lo mismo se hizo con muchos prisioneros valiosos. El canciller austriaco Kurt Schuschnigg, el pastor luterano Martin Niemoller, el nieto de Otto von Bismarck, la última princesa heredera de Baviera, los ex primeros ministros de España y Francia, y generales soviéticos y polacos detenidos estaban ahí en aislamiento. El hijo mayor de Joseph Stalin, como muchos otros, murió entre sus paredes.[11] Temiendo que Ernst no pudiera sobrevivir mucho más como prisionero nazi, Maisie redobló sus esfuerzos por liberarlo.[12] Decidida a ser independiente y no una carga, comenzó a trabajar en una guardería local donde ganaba dinero para comprar papel, sobres y estampillas para las incontables cartas que escribía. Por órdenes del conde Schaffgotsch, le solicitó ayuda al jefe de la Gestapo de Dresde, nacido en Silesia, Udo Gustav von Woyrsch. Tiempo después él le respondió disculpándose por no poder ayudar. Ernst siguió preso por orden de «las más altas autoridades alemanas».[13] Maisie sabía que ese lenguaje en clave se refería a Himmler, Göring y al mismo Hitler. Su única esperanza era que alguno de ellos en un momento de cordura o de piedad pudiera liberar a Ernst.

Conforme las tropas de Hitler se replegaban más y más, comenzaron a aparecer grietas en la solidaridad alemana y en la misma familia Schaffgotsch. Maisie se enteró de que un sobrino del conde Schaffgotsch había sido de los primeros en apoyar a Adolf Hitler. Su hermano no. Fuera de sus diferencias políticas, el segundo hermano se casó con la hija de un prominente banquero judío en Berlín y se mudó con ella a Silesia. Cuando Hitler ascendió al poder el hermano nazi le dijo a su familia que su cuñada judía estaba en peligro. Les ofreció llevarla sana y salva hasta Suiza por el sur de Alemania y Austria. Ambos entraron juntos al tren, pero a ella no se la volvió a ver jamás.[14]

Nunca nadie supo si la habían entregado a la Gestapo o si su propio cuñado la tiró del tren. Las antiguas familias aristócratas de Silesia, incluyendo la suya, le dejaron de hablar. Aunque continuó ascendiendo en el Partido Nazi, se convirtió en una persona inexistente dentro de su propia familia.[15]

En la primavera de 1943 la condesa Schaffgotsch fue con un primo anciano a almorzar al Hotel Metropole. Su primo comía en el hotel cada mediodía con su esposa, amigos y familiares. Tenía la costumbre de preguntarles a los jóvenes oficiales que pasaban por ahí si querían comer con ellos. Un día el primo Schaffgotsch, que estaba casi ciego, no logró reconocer al nazi cuya cuñada había desaparecido, y le preguntó alegremente: «¿Le gustaría almorzar con nosotros?».[16] Todos en la mesa quedaron impactados y avergonzados, pero nadie se atrevió a irse.

El nazi de alto rango que por tanto tiempo había sido excluido quedó encantado con la invitación y la aceptó de buena gana. Para cuando terminó la comida, se ofreció a ayudar a cualquiera en la mesa que pudiera necesitarlo. Solo la condesa Schaffgotsch habló, pidiéndole ayuda para liberar al príncipe Ernst Hohenberg del campo de concentración de Sachsenhausen en Berlín. El nazi, que estaba por irse a la capital, les prometió que haría lo que pudiera. Nadie le creyó, pero la condesa corrió a casa y le dijo a Maisie que escribiera una carta más.[17]

Ernst Kaltenbrunner, el jefe de Seguridad del Reich, controlaba todo el acceso a Heinrich Himmler. Maisie ya conocía su nombre. Era el nazi que las echó a ella y a Elisabeth de su oficina días después del *Anschluss*. Maisie le escribió con valentía. Con el ejército alemán en retirada en todos los frentes, su respuesta fue más cordial. Kaltenbrunner le dijo que si hacía una solicitud directa para Heinrich Himmler, él se la entregaría.[18]

En poco tiempo dos oficiales de la Gestapo visitaron el castillo de Schaffgotsch. Maisie temió lo peor, pero le informaron que su esposo pronto sería liberado y volvería a Viena. También le entregaron la primera carta no censurada de Ernst desde la detención. Terminaba con las palabras: «Cada día y cada hora pienso en ti [...] Te abrazo y te envío mil besos».[19]

Maisie nunca supo si fue la sombra de Stalingrado, la influencia del primo nazi de la condesa Schaffgotsch, los conflictos internos en la burocracia nazi, los cinco años de cruzada de las mujeres

Hohenberg o la horca que cada vez se apretaba más sobre su cuello lo que terminó por convencer a Heinrich Himmler de firmar la orden de liberación.[20]

Entonces les agradeció al conde y a la condesa, empacó rápidamente y dejó el refugio que había sido un hogar para ella y sus hijos durante gran parte de la guerra. En unos cuantos meses, el avance del ejército ruso saqueó y quemó el espléndido castillo, el conde Schaffgotsch murió y su familia se dispersó.[21]

Una carta con matasellos del 12 de abril de 1943 en Berlín esperaba a Maisie en Viena. Decía: «Llegaré mañana 13 al Bahnhof [estación de tren] Franz Joseph a las 8:45. Mil abrazos, Ernst».[22] Cinco oscuros años después de su desaparición en el infierno de la Gestapo, un Ernst fantasmal bajó del tren. Maisie quedó impactada con el aspecto esquelético de su esposo, de 39 años. La salud de Ernst estaba hecha trizas, su corazón dañado y su espíritu aplastado. Apenas algunos destellos de su sentido del humor revelaban lo que solía ser.[23] Ernst y su hijo de seis años requirieron tiempo para conocerse. También tuvo que acostumbrarse a las luces brillantes y los fuertes ruidos de la ciudad. Anhelaba volver al campo, pero tenía prohibido salir de Viena. Debía trabajar largas horas en una fábrica de guerra. La constante vigilancia nazi y el estrés de la ciudad le robaban la poca fuerza que le quedaba.[24]

Los sábados debía reportarse a las oficinas de la Gestapo de Baldur von Schirach, gobernador del Reich de la Gran Viena. Ahí lo interrogaban sobre sus actividades semanales. Su libertad condicional le prohibía tener contacto con cualquiera que hubiera sido prisionero de un campo de concentración o cualquier otra persona que los nazis consideraran enemiga del Estado. Ernst no podía ver, escribir ni buscar a su hermano, Max. También perdieron el contacto con su hermana y su familia en Praga, y ella perdió contacto con sus hijos que luchaban en el frente oriental. Nadie sabía quién estaba vivo y quién había muerto.[25]

Ese febrero la muerte alcanzó a la abuela de los Hohenberg, de 88 años. La vieja y la nueva Viena asistieron a su funeral, incluso nazis de alto rango. Max, Ernst y sus esposas estuvieron ahí, pero las cláusulas de la libertad condicional no les permitieron fraternizar entre ellos. Aunque la abuela Habsburgo tuvo un funeral de Estado, la mayoría de los dolientes, incluyendo a viejos amigos, ignoraron a los Hohenberg.

Dieciocho días después Maisie dio a luz a su segundo hijo. Le pusieron Ernst en honor a su padre, pero hubo poco tiempo para celebrar. A la semana siguiente las fuerzas aéreas de Estados Unidos y Gran Bretaña comenzaron a bombardear Viena noche y día.[26] En el séptimo aniversario del *Anschluss* ocurrió el mayor ataque aéreo en Austria durante la guerra. Otto Habsburgo le pidió al presidente Roosevelt que no arrasara con bombas a Austria, pero sus súplicas fueron ignoradas. El balcón de Hofburg donde Adolf Hitler les habló a trescientos mil vieneses eufóricos quedó reducido a escombros. Dos mil animales del zoológico de Viena murieron. El palacio de Belvedere, la Escuela Española de Equitación, los Establos Imperiales, el Museo de Arte y la Academia de Bellas Artes quedaron dañadas.[27]

La mundialmente famosa Ópera Estatal de Viena, el Burgtheatre y la estación de tren a la que Hitler llegó por primera vez a Viena fueron incendiadas hasta quedar reducidas a cenizas. El veinte por ciento de Viena quedó destruido, 87 mil casas, incluyendo la de la archiduquesa Maria-Theresa y todo su vecindario en la Favoritenstrasse, pero ella no estaba ahí para verlo.[28] Su cuerpo descansaba bajo la sencilla iglesia de los capuchinos junto a su difunto esposo, sus dos anteriores esposas, 18 emperatrices y 12 emperadores Habsburgo, incluyendo a Franz Joseph.[29]

En Praga, las calles, las torres, los puentes y los castillos medievales se habían mantenido a salvo de la guerra, pero eso estaba por cambiar. El ejército estadounidense del general George Patton se aproximaba por el oeste. Del este venían las vengativas tropas soviéticas del mariscal Ivan Konev. Sophie intentó asegurarles a sus pequeños hijos que estarían a salvo, pero nadie sabía qué ejército llegaría a la ciudad y qué pasaría entonces. Meses antes, doscientos mil hombres, mujeres y niños polacos habían sido asesinados en Cracovia tras rebelarse contra los invasores alemanes. Como venganza, la ancestral capital de Polonia fue destruida.[30]

Durante el resto de la vida de Sophie, el hablar de la guerra siempre le hacía pensar en febrero. La guerra le arruinó ese mes. La gente lo ve como el más corto del año. A ella le parecía el más largo. La guerra, febrero y la muerte estuvieron unidos por siempre en su cabeza con el fallecimiento de su abuela en febrero de 1944 y, 12 meses después, con la muerte de su hijo Franz. Lo mataron en febrero de 1945 mientras combatía contra los rusos en Polonia. La pequeña aldea donde murió fue llamada Sophienberg.[31]

La carta oficial en la que le informaban que el más dulce de sus cuatro hijos había sido asesinado en el frente ruso decía: «Su hijo murió por el Führer y por la Patria».[32] Esas palabras no le proporcionaron ningún consuelo. Franz Assisi Maximilian von Nostitz-Rieneck murió tres semanas después de su cumpleaños 22. Su primogénito, Erwein, estaba en alguna parte del frente oriental de la guerra, pero Sophie no sabía si él también estaba muerto.[33]

En Berlín, los delirios de Adolf Hitler bloqueaban cualquier intento por salvar a Alemania de la destrucción. Días después del ataque japonés de 1941 a Pearl Harbor le declaró la guerra a Estados Unidos, desestimándolo como «no más que un montón de inmigrantes de muchas naciones y razas».[34] Ahora una fuerza invasora liderada por estadounidenses, tan diversa como la nación que representaba, diezmaba a los ejércitos alemanes en el oeste. Al este, los ejércitos de eslavos y otros grupos étnicos que los nazis despreciaban por considerarlos racialmente inferiores aniquilaban a los soldados de la raza dominante de Hitler.

Adolf Hitler prometió que al final de la guerra construiría un muro alrededor del Reich para evitar que los no alemanes entraran al país.[35] Pero no había muros que pudieran salvar a la Alemania nazi. Hitler no ordenó la retirada en ningún frente, sino que se perdió en sus fantasías infantiles de vaqueros e indios desestimando a los rusos como «pieles rojas».[36] Para levantar los ánimos de sus soldados que luchaban en el frente oriental, ordenó que se les enviaran trescientas mil copias de los cuentos de Karl May. Pero ellos estaban demasiado ocupados luchando por salvar la vida como para leer.[37]

Baldur von Schirach viajó de Viena a Berlín para decirle al Führer que la guerra debía terminar pronto, «de un modo u otro».[38] Schirach fue ignorado, pero su sugerencia le trajo una brizna de realidad a Hitler. Tras la junta, se dirigió a un asistente y le dijo: «¿Cómo cree que vamos a hacer eso? Sabe tan bien como yo que no hay salida, a menos que me dé un tiro en la cabeza».[39]

19

Todo el país estaba como hechizado

«No puedo creer cómo pudo pasar todo esto. Es suficiente para hacerte perder la fe en Dios».
EVA BRAUN en la última carta que le escribió a una amiga desde el búnker de Adolf Hitler

«Puede que muramos todos, pero arrastraremos al mundo con nosotros».
ADOLF HITLER

EL 20 DE JULIO DE 1944 Hitler sobrevivió por poco a un intento de asesinato en la Guarida del Lobo, su cuartel en Prusia oriental. Una bomba escondida en un maletín hirió a veinte personas. Tres murieron, Hitler sobrevivió. La conspiración estuvo encabezada por aristócratas prusianos de su equipo cercano, quienes planeaban matar al Führer, tomar el poder y terminar con la guerra.[1] Siete mil personas sospechosas de conspiración fueron arrestadas. Cinco mil oficiales militares, aristócratas, empresarios industriales, profesores, ministros de gobierno y líderes religiosos fueron acribillados, ahorcados o decapitados.[2]

Tras el fallido asesinato, la paranoia de Hitler se incrementó y su salud física y mental se deterioró. Cada vez se enfurecía más con aquellos que no podían o no querían seguir sus órdenes. Con el desastre militar a la vuelta de la esquina, Heinrich Himmler buscó respuestas en la astrología, la numerología y la religión.

Le dijo a un amigo: «Sé que por lo general me consideran un pagano sin remedio, pero en lo profundo de mi corazón soy creyente; creo en Dios y en la providencia. Durante el último año he aprendido a volver a creer en los milagros. Que el Führer se haya salvado el 20 de julio fue un milagro».[3] Hermann Göring no creía en milagros, así que optó por la morfina.[4]

El 19 de marzo de 1945 Hitler hizo que el periódico oficial nazi, el *Völkischer Beobachter*, publicara una orden para todo el personal militar y civil alemán de destruir absolutamente cualquier cosa que pudiera ser útil para el enemigo. Esto incluía infraestructura, fábricas, casas y comida. En realidad era una orden para que Alemania se suicidara. «Ni una sola espiga de trigo alimentará al enemigo, ni una sola boca alemana le dará información, ni una sola mano alemana le ofrecerá ayuda. Debe encontrar todos los puentes destruidos y todos los caminos bloqueados [...] Solamente lo recibirán la muerte, la devastación y el odio».[5]

Dos meses atrás, Hitler se había refugiado a 15 pies bajo tierra en un búnker de novecientos metros en Berlín. La realidad no tenía permiso de entrar al búnker con él. A quienes lo siguieron hasta ahí les dijo: «En el futuro, cualquiera que diga que la guerra está perdida será tratado como un traidor, con todas las consecuencias para él y su familia. Lo haré con independencia de su rango o prestigio».[6]

La única excepción a su orden fue el mismo Hitler. Pasaba horas culpando a los judíos de haber iniciado la guerra, y más horas acusando a sus generales y aliados de perderla. Con el tiempo, su público se redujo a aduladores que realmente creían en él y compartían sus delirios. «No debemos rendirnos nunca. Jamás. Puede que muramos todos, pero arrastraremos al mundo con nosotros».[7] Su amante, Eva Braun, le escribió en una última carta desde el búnker a su mejor amiga: «No puedo creer cómo pudo pasar todo esto. Es suficiente para hacerte perder la fe en Dios».[8]

Hitler, quien de niño soñaba con ser arquitecto y reconstruir su ciudad, Linz, se había convertido en un arquitecto de la muerte, destruyendo todo y a todos los que tocaba. Pero Linz aún habitaba su imaginación. Pidió que le llevaran un modelo a escala de la ciudad desde su oficina en la cancillería hasta el búnker.[9] Un testigo dijo: «Sin importar la hora, de día o de noche, cada vez que tenía oportunidad en esas semanas, se sentaba frente a esa maqueta [como si fuera] una tierra prometida a la que conseguiríamos entrar».[10]

Al final de su vida, la mente de Hitler volvía una y otra vez a la Viena de su juventud. Tras una última reunión con Baldur von Schirach, su ira y su antisemitismo desplazaron enseguida a su nostalgia por la ciudad. Esto les dijo a sus exhaustos oyentes:

> Después de 1918 el vienés promedio estaba condenado a la extrema pobreza. Pero antes de la guerra era maravilloso: nunca olvidaré el refinado espectáculo de la ópera de Viena, las mujeres con sus brillantes tiaras y ropa elegante. En 1922 volví a la ópera y ¡qué diferencia! En los lugares de la sociedad cultural de antes ahora había chusma judía; las mujeres con las manos extendidas para presumir sus joyas, ¡una imagen desoladora! Nunca vi el palco imperial ocupado. Supongo que al emperador Franz Joseph no le gustaba la música. Yo soy un implacable enemigo de los Habsburgo, pero ver a esa multitud extendiéndose hasta los confines del palco imperial fue asqueroso y me llenó de una ira inmensa.[11]

Como Von Schirach había predicho, de un modo u otro, la guerra terminaría pronto. Con los bombardeos aéreos destruyendo cada vez más partes de Alemania, Max y Elisabeth se llevaron a sus dos hijos mayores a casa desde Wurtemberg. Para escapar de las miradas indiscretas de los nazis locales, Franz, Georg y su otro hijo mayor, Albrecht, fueron enviados a la secundaria Stubenbastel de Viena. Franz volvió pronto a Wurtemberg para evitar ser enrolado en el ejército. Georg, que en ese momento tenía 15 años, recordó después:

> Sabíamos exactamente quién era nazi y quién no, pero de cualquier modo debíamos ser muy cuidadosos con los otros estudiantes y maestros. Sentías que sabías en quién podías confiar, pero nunca estabas del todo seguro. En 1945 tuvimos que cambiar de escuelas porque las bombardeaban. Éramos felices simplemente por seguir vivos entre tanta muerte y destrucción. Mi padre nos enseñó la importancia de la risa. Solía decirnos: «Poder reír es poder mantenerse cuerdo». Para nosotros la risa era como el oxígeno. El único problema era que no podías reír cuando estabas demasiado asustado, así que intentábamos con todas nuestras fuerzas no estar demasiado asustados.[12]

Georg y Albrecht nunca sabían si su escuela seguiría en pie de un día a otro, si habría sido bombardeada o si la habrían cerrado para siempre. Y entonces, el 29 de marzo de 1945 el nazi más viejo que habían visto en su vida entró a su salón de clases para hacer un anuncio. Los rusos habían llegado a las afueras de Viena. Les dijeron a los estudiantes que había llegado su momento de defender a su patria. Les ordenaron enlistarse en la *Wehrmacht* o en la Gestapo. Durante los últimos días de la guerra los hijos de Max y Elisabeth se vieron frente a las mismas opciones que se le presentaron a su tío Fritz al inicio de esta.[13]

Faltaban tres días para Pascua; era Jueves Santo, Jueves de Lavatorio o, en el calendario cristiano austriaco, Jueves de Luto, el día dedicado a conmemorar la última cena de Cristo. Georg y Albrecht se preguntaron si seguirían vivos para la Pascua. Los hermanos se apuntaron a la *Wehrmacht*, les dieron palas y les ordenaron que comenzaran a cavar zanjas en las calles. Al final del día dejaron sus palas y comenzaron a andar el largo camino de regreso a Artstetten. Decidieron que sobrevivirían o morirían juntos, como familia.[14]

El pueblo de Artstetten estaba lleno de rumores de que los nazis llevaban a cabo ejecuciones y masacres. Maximilian recibió la orden de reportarse con el comandante de la Gestapo solo. Pero fue Elisabeth quien se presentó en las oficinas de la Gestapo exigiendo saber el motivo de la junta, lo que desató una disputa salvaje en la que el comandante se negó a hablar del tema y Elisabeth a abandonar su oficina.[15]

Al fin llegaron a un acuerdo. Max se reunió con la esposa del comandante en un lugar público lejos de las oficinas de la Gestapo. Ella le informó que él y otros austriacos de renombre estaban por ser asesinados. Max fue a esconderse de inmediato. Años después de los hechos, Elisabeth se seguía preguntando si el comandante intentaba advertirle a Maximilian o planeaba asesinarlo, y si su esposa trabajaba a favor de su esposo o en contra de él. El miedo, el heroísmo y la traición estaban por todas partes.[16]

La vanguardia de las tropas de Joseph Stalin era famosa por su brutalidad. La princesa Ileana de Rumania, cuyo castillo quedaba en el camino de los invasores rusos, escribió después:

> El ejército soviético no se parecía a nada que se hubiera visto desde los tiempos de las hordas tártaras de Genghis Khan [...] con una simpleza escalofriante e inhumana tomaban lo que querían a punta de pistola, y le disparaban a la gente con la misma falta de sentimiento que una persona normal tendría al dispararle a un blanco de cartón [...] ni siquiera las ancianas estaban a salvo. Lo más aterrador era la metódica brutalidad con la que se hacía todo [...] Robaban a ricos y pobres por igual. No tenían estándares para distinguir entre un individuo y otro.[17]

Cuando las tropas alemanas se retiraron Max volvió a casa. Ahí esperó junto a su esposa e hijos a que apareciera el ejército soviético. Pese a la bárbara reputación de los soviéticos, él y Elisabeth los recibieron como libertadores. La opinión de Max sobre los comunistas se había ablandado por los presos políticos a los que conoció y llegó a admirar en Dachau y Flossenbürg. Creía que todo dependía del carácter del hombre, y no de sus creencias políticas.[18] Quizá su reputación lo salvó.

Las pocas pertenencias que les quedaban en Artstetten fueron rápidamente saqueadas por las tropas soviéticas, pero él y su familia fueron tratados con brusco respeto. Los Hohenberg habían nacido en palacios. La mayoría de sus nuevos superiores habían nacido en el campo, pero tenían un enemigo común: Adolf Hitler. Georg, el hijo de Max, dijo después que su padre podía ser el único duque en la historia al que los comunistas de la Unión Soviética consideraban digno de respeto.[19]

El recibimiento a las tropas soviéticas, cuando llegaron a Viena el día después de Pascua, fue muy distinto. Algunas unidades alemanas lucharon en un brutal combate mano a mano. Otras huyeron. Aunque murieron miles, los soldados de Stalin se dieron el tiempo de tomar cualquier cosa de valor que pudieran encontrar, pero estaban en una ciudad sin agua, gas, electricidad y casi sin comida.[20]

Increíblemente, Ernst Hohenberg, al igual que sus jóvenes sobrinos, había sido reclutado por la guardia nacional de la *Wehrmacht* con la orden de defender Viena. Al igual que ellos, pronto desertó. El día en que el Ejército Rojo entró a la ciudad él y Maisie esperaron en su casa a ser asesinados o liberados. Lograron enviar a sus hijos a Alta Austria, pero Ernst no podía viajar. Por su enfermedad cardiaca necesitaba una medicina que solo se podía conseguir en el mercado negro de Viena, y con el caos del avance ruso hasta eso colapsó.[21]

Cuando la lucha en su vecindario se volvió demasiado intensa huyeron de su casa con solo la ropa que llevaban puesta. Los disparos y el saqueo parecían estar por todas partes. Las tropas rusas y alemanas, desertores, saqueadores y violadores luchaban unos contra otros y con cualquiera a quien pudieran atacar. El portero de un edificio reconoció a Maisie y aceptó esconderlos, pero las tropas rusas los encontraron y se vieron obligados a huir de nuevo.[22]

Durante 14 días, Ernst y Maisie corrieron, se escondieron, huyeron y volvieron a correr hasta encontrar un lugar en un sótano lleno de refugiados. No había luz y casi no había aire, pero esa bodega atestada les ofreció seguridad ante la violencia de allá arriba hasta que se desató un incendio. La gente entró en pánico. La pesada puerta que los mantenía a salvo también los tenía atrapados.[23]

Ernst encontró una salida hacia un sótano contiguo en un muro que colapsó. Una vez más se convirtieron en fugitivos. El humo les quemaba los ojos y llenaba sus pulmones. Al fin volvieron a su casa saqueada, donde fueron acosados y amenazados por soldados y desertores ebrios que se llevaban lo que querían a punta de pistola. Maisie dijo luego que estuvieron aterrados todo el tiempo, sin saber si de un momento a otro serían asesinados.[24]

Cuando lograron escapar de Viena se alejaron todo lo posible del ejército soviético. Primero en tren, luego en camioneta y al final recorrieron a pie estrechos caminos entre las montañas durante semanas de andar y detenerse que culminaron con el feliz reencuentro con sus dos hijos. Con ayuda de los soldados británicos Ernst, Maisie y sus hijos cruzaron la frontera austriaca hacia el pequeño país neutral de Liechtenstein. El príncipe Franz Joseph II, primo de los Hohenberg, era el gobernante. Solo entonces Ernst recibió la atención médica que necesitaba.[25]

La primavera de 1945 fue inusualmente hermosa en Praga, pero la amenaza de la violencia aún surcaba los cielos de la ciudad. El castillo de Konopiste fue testigo de las últimas batallas aéreas de la Segunda Guerra Mundial. Una flota de bombarderos estadounidenses B17 fue atacada por jets Messerschmitt, una de las últimas maravillas nazis en cuanto a armas. Nueve tripulantes de un bombardero B17 fueron capturados y llevados a Konopiste para el interrogatorio tras estrellar su aeronave. Todos sabían que la guerra terminaría en unos días, pero el 19 de abril los oficiales de la Gestapo mataron a todos los aviadores disparándoles una sola bala en la cabeza. Los nueve estadounidenses fueron enterrados en una fosa común a tres kilómetros de Konopiste.[26]

Cuatro días después, entre las cenizas de Berlín, Heinrich Himmler se reunió con el conde diplomático sueco Folke Bernadotte. Con amarga resignación le dijo: «Reconozco que Alemania está derrotada», pero luego su ánimo lúgubre mejoró.[27] La derrota, según le aseguró a Bernadotte, se les achacaría a los traidores que apuñalaron por la espalda a Hitler, tal como pasó con el káiser en la Primera Guerra Mundial. Himmler estaba seguro de que la leyenda del Führer crecería. El diplomático sueco escuchó en un silencio sombrío cómo el nazi predecía que algún día la historia recordaría a Adolf Hitler como el mejor alemán de todos.[28]

Himmler no era el único que creía que la reputación de Hitler sobreviviría a la derrota de Alemania. En la junta final con sus comandantes militares el fracasado artista de Linz siguió culpando a otros del desastre. «Si el pueblo alemán pierde la guerra ¡habrá demostrado que no me merece!».[29] Hitler no especificó si se refería a los casi siete millones de soldados alemanes y civiles que murieron en la guerra o a los que sobrevivieron para enfrentar las consecuencias de la derrota. Al igual que hizo el conde Bernadotte con Himmler, los oyentes del Führer no dijeron nada. En privado, Hitler le confesó a su piloto personal que en su lápida se leería: «Fue víctima de sus generales».[30] Todos fueron culpados de la caída de Hitler, de la guerra, de la derrota, de la destrucción y de las muertes, salvo el mismo Hitler.

La orden de Hitler del 15 de abril para su mermado ejército reveló sus obsesiones y delirios:

> Cualquiera que les ordene retirarse [...] será encarcelado de inmediato, y si es necesario se le matará ahí mismo, sin importar su rango. Si todos los soldados del frente oriental cumplen con su deber en los próximos días y semanas, se detendrá la última embestida de Asia, tal como la entrada de nuestro enemigo al oeste terminará por fracasar pese a todo. Berlín seguirá siendo alemana. Viena volverá a ser alemana, y Europa jamás será rusa.[31]

Al día siguiente comenzó la batalla de Berlín. Las tropas soviéticas rodearon la ciudad. Hitler siguió ordenándoles a los ejércitos alemanes ya inexistentes que los enfrentaran. Subió por las escaleras de su búnker por última vez el 20 de abril, en su cumpleaños 56, para entregarles Cruces de Hierro a los niños soldados que defendían la ciudad. Esa noche la artillería soviética bombardeó sin piedad la ciudad que pronto sería suya. En algún punto de las primeras horas del 29 de abril Hitler se enteró de que Benito Mussolini y su amante habían sido capturados y asesinados.[32] Sus cuerpos mutilados, golpeados, pateados y baleados una y otra vez fueron colgados en una plaza de Milán para que el mundo entero los vilipendiara. Horas después Hitler decidió poner orden en sus asuntos. Se casó con su amante, Eva Braun, e hizo su testamento, en donde culpaba a los judíos de haber iniciado la guerra y declaró a Hermann Göring y Heinrich Himmler traidores por negociar el final a sus espaldas. Ambos hombres fueron destituidos de sus cargos en el gobierno y en el Partido Nazi.

Aun hundido en la derrota, su optimismo sobrevivía. El testamento de Hitler declaraba que: «Se sembró una semilla en la historia de Alemania que un día crecerá para dar lugar al renacimiento del movimiento nacionalsocialista en una nación realmente unida».[33] En sus últimas horas, Hitler siguió buscando un público que los mereciera a él y a su ideología racista. Sus últimas palabras fueron dedicadas a los seguidores que le sobrevivieron y a las generaciones por venir:

> Espero que mi espíritu viva en ellos y los acompañe siempre [...] Sobre todo, que nunca permitan que el miedo dirija sus acciones, y que pongan el honor de la nación por encima de todo lo que existe en la tierra. Que siempre recuerden que nuestra tarea, la consolidación de un Estado nacionalsocialista, representa un trabajo para los siglos venideros [...] Sobre todo, les ordeno al gobierno y al pueblo defender las leyes de la raza hasta sus últimas consecuencias y resistirse sin piedad al envenenador de todas las naciones, la judería internacional.[34]

Adolf Hitler y Eva Braun se suicidaron el 30 de abril de 1945, junto a una fotografía de la madre de él. En algunas partes de Alemania y de Europa del norte era la víspera de la noche de Walpurgis, una antigua festividad pagana que conmemora el destierro de demonios, brujas y fantasmas antes de la primavera. En el calendario cristiano es la fiesta de santa Walpurga, famosa por exorcizar demonios de los poseídos.[35]

El 1 de mayo de 1945, Radio Hamburgo reportó la noticia de la heroica muerte de Hitler mientras defendía a la patria de los invasores bolcheviques. Los periódicos de todo el mundo siguieron su ejemplo. El titular del *Philadelphia Inquirer* decía: HITLER HA MUERTO. LA RADIO NAZI REPORTA EL ASESINATO DEL FÜHRER EN COMBATE CONTRA LOS RUSOS.[36] Una semana después Alemania se rindió definitivamente.

La periodista Dorothy Thompson, que había entrevistado a Hitler antes de la guerra, estaba en la antigua ciudad de Jerusalén cuando se enteró de su muerte. El 7 de mayo de 1945 escribió en el *St. Louis Post Dispatch*:

> Al insistir en que Alemania continuara luchando durante meses después de que la guerra ya estaba definitivamente perdida, él mismo provocó la ruina absoluta de Alemania, dejando al país convertido en un baldío de escombros sin gobierno, comunicaciones ni comida [...] El mal que creó lo sobrevive [...] El peor enemigo de los judíos ha sido derrotado y su país literalmente quedó convertido en polvo, pero las semillas de odio que sembró por todo el mundo seguirán creciendo [...] En la raíz del nazismo está el nacionalismo absoluto que eleva a la nación hasta verla como un dios; no hay señales de que ese nacionalismo esté disminuyendo, y aunque el nazismo es también la encarnación de un reinado de terror, el terrorismo no desaparecerá con la caída de Hitler. Por tanto, nuestra civilización recibe la victoria en medio de una crisis que no ha disminuido.[37]

Otro artículo del mismo periódico relataba la destrucción del Nido del Águila, la famosa residencia de Hitler en la montaña con vista a Austria. Se citó el enfático dicho de un vecino de un pueblo cercano: «Nadie cree que Hitler esté muerto».[38] Durante el resto de su vida, muchos alemanes y austriacos se negaron a creer en su suicidio, en sus errores militares y en el Holocausto.[39]

Brunhilde Pomsel era una típica mujer alemana de su tiempo, salvo por su trabajo durante la guerra. Fue la secretaria del ministro nazi para la Ilustración Pública y Propaganda, Joseph Goebbels. También estuvo en el búnker de Hitler en el momento de su suicidio. Pomsel tomaba el dictado de Goebbels y transcribía sus cartas, además de detalles personales, políticos y militares para su diario privado. Algunos días una sola entrada de su diario llenaba 85 páginas a máquina.

Frau Pomsel conoció a Adolf Hitler, Eva Braun, Hermann Göring, Heinrich Himmler, Albert Speer y a todos los líderes de la Alemania nazi. En 2017, en su lecho de muerte a la edad de 106 años, rememoró su vida y expresó:

No me consideraría culpable a menos que culpen a toda la población alemana por permitir que el gobierno tomara el control. Eso lo hicimos todos, incluyéndome a mí […] Todo el país estaba como hechizado […] A mí no me interesaba la política […] Sé que hoy nadie nos cree; todos creen que sabíamos todo. No sabíamos nada. Era un secreto muy bien guardado. Y lo creímos. Nos lo tragamos. Parecía completamente plausible […] Yo no hice más que escribir en la oficina de Goebbels. Y no tenía idea de lo que estaba detrás de todo eso. Bueno, solo un poco.[40]

20

Fantasmas y patriotas

«Tiemblo al visualizar lo que realmente les está pasando en este periodo a millones y lo que va a pasar en este tiempo cuando la hambruna aceche la tierra [...] Desde Stettin en el Báltico hasta Trieste en el Adriático ha descendido una Cortina de Hierro por todo el continente. Detrás de esa línea están todas las antiguas capitales de los antiguos estados de Europa central y oriental, Varsovia, Berlín, Praga, Budapest, Belgrado, Bucarest y Sofía [...] están ocurriendo expulsiones masivas de alemanes en una escala dolorosa e impensable».

WINSTON CHURCHILL, discurso de la Cortina de Hierro en la Universidad de Westminster, Fulton, Missouri

«El Señor dijo la venganza es mía. Y ellos se aferraron a esa creencia. Nos enseñaron que solo hay un juez por encima de todos, por encima de los nazis, y nosotros no éramos ese juez».

GEORG HOHENBERG

LA ANTIGUA HACIENDA de Falkenau en Sudetenland de Sophie y Fritz Nostitz-Rieneck fue el escenario de la última batalla europea de la Segunda Guerra Mundial el 8 de mayo de 1945.[1] Los soldados del general George S. Patton se enfrascaron en un tiroteo con soldados alemanes que protegían el campo de trabajo de esclavos que se construyó ahí. Ninguno de los estadounidenses quería morir en las últimas horas de la guerra, pero algunos alemanes eligieron la muerte antes que vivir en un mundo sin Hitler.[2] Los veteranos de Patton habían luchado en África del Norte y Sicilia, llegaron a la playa de Omaha en el Día D y sobrevivieron a la batalla de las Ardenas. Entre los estadounidenses fallecidos en esa última batalla había hijos y nietos de los inmigrantes americanos a los que Adolf Hitler despreciaba. Murieron a ocho mil kilómetros de sus hogares mientras liberaban a mil mujeres enfermas y moribundas que estaban presas en el lado de Sudetenland de Checoslovaquia.

Cuatro días antes, los partisanos checos en Praga habían atacado a las unidades militares alemanas que se retiraban de la ciudad. Los alemanes decidieron que preferían rendirse ante el ejército estadounidense en el oeste que enfrentarse a las tropas soviéticas que se aproximaban por el este. Horas de caóticas batallas callejeras retrasaron su retirada, pero al fin se unieron a otras cuarenta mil tropas alemanas y les entregaron sus armas a los americanos. Días después los presos fueron repatriados por los rusos. Los Aliados habían aceptado devolver a los soldados alemanes que lucharon en el frente ruso al Ejército Rojo de Joseph Stalin, quien quería venganza por los millones de personas que habían asesinado los nazis.[3]

En Praga, Fritz tomó su uniforme de la guardia nacional de la *Wehrmacht* por última vez. Checoslovaquia, ocupada por los nazis durante seis años, traicionada por amigos y aliados, por su propio presidente, gobierno y ejército, sobrevivió convirtiéndose en una nación de colaboradores. Fritz no tuvo que afrontar consecuencias ni denuncias de parte de los checos que sobrevivieron a la ocupación con él. Sin embargo, eso no sirvió de consuelo. Él y Sophie no sabían nada de su hijo que estaba con el ejército alemán. De hecho, Erwein se encontraba más cerca de casa de lo que podían imaginar. El 8 de mayo, el día en que las tropas estadounidenses y alemanas lucharon a muerte en Falkenau, el día en que terminó la guerra en Europa, Erwein entregó su división de tanques de guerra a los estadounidenses a unos cien kilómetros al norte de Praga. Fue entregado enseguida a una tropa soviética cercana y enviado al este a un campo de trabajo ruso de esclavos.[4]

Haber perdido un hijo en la guerra y que otro hubiera sobrevivido solo para desaparecer en la enormidad de la Unión Soviética resultaba casi insoportable. Cuando Sophie y Fritz se enteraron de que Max, Ernst y sus familias habían sobrevivido, le pidieron a Dios un milagro más para su familia: el regreso de Erwein.[5]

Eduard Beneš, el expresidente de Checoslovaquia que había abandonado a su país siete años antes, regresó con el corazón lleno de venganza, y no de oraciones. Quizá con la esperanza de desviar la atención de su fallido liderazgo, Beneš declaró su intención de «liquidar [...] el problema alemán en nuestra república de una vez por todas».[6]

Un año antes, Harold Nicolson, miembro británico del parlamento, se enteró de los planes de Beneš para la Checoslovaquia de la posguerra y los resumió en su diario. Era una política de limpieza étnica tomada de Adolf Hitler, y un programa de colectivización del territorio inspirado en Joseph Stalin. Jan Masaryk, hijo del primer presidente del país y futuro ministro de Relaciones Exteriores de Beneš, le dijo a Nicholson:

> Checoslovaquia será vecina de Rusia y debe estar en buenos términos con ella. Esto requerirá algunos cambios en las políticas locales hacia el socialismo de Estado y la nacionalización de minas y bosques [...] Deben expulsar a la mayoría de los repugnantes alemanes, pero están bastante preparados para conservar a los amables, siempre y cuando se conviertan en buenos ciudadanos checos.[7]

Cuando terminó la guerra la postura de Beneš se endureció. El nuevo ministro de Justicia de Checoslovaquia declaró: «No hay buenos alemanes, solo malos e incluso peores. Son una úlcera extranjera en nuestro cuerpo».[8] La amargura del momento se reflejó en las palabras de un clérigo católico checo de alto rango que pontificó: «Como una vez cada mil años, ha llegado el momento de hacer cuentas con los alemanes, que son malignos y para quienes el mandamiento de "Amarás a tu prójimo" no aplica».[9]

Las políticas de limpieza étnica de Adolf Hitler se volvieron en contra de la «raza dominante».[10] En un discurso del 28 de octubre de 1945, Beneš presentó su «solución final a la Cuestión Alemana» anunciando que todos los alemanes «sudetes» debían ser expulsados de Checoslovaquia.[11] Su programa de «reeslovaquización» revocaba la ciudadanía a los checos con antepasados alemanes, confiscó sus casas, granjas y posesiones, y les exigía que se fueran del país.[12] Para identificarse, los alemanes étnicos eran obligados a llevar una enorme «N», de *Nemec*, cosida en la ropa.[13] Este insulto checo significaba «alemán». Casi uno de cada tres checos, más de tres millones de ciudadanos, fueron expulsados de su tierra.[14]

Es posible que Beneš provocara el desmembramiento forzoso de uno de los pueblos más importantes del siglo XX. Entre las personas de Sudetenland que pretendía deportar estaban el «colaborador» nazi Oskar Schindler, que rescató a más de 1 200 judíos durante el Holocausto, y Sophie y Fritz von Nostitz-Rieneck con sus hijos.[15]

Antes de que estallara la guerra Fritz había puesto todas sus posesiones a nombre de su esposa, con la esperanza de salvar algo para su familia. Sin embargo, no sirvió de nada. Todo lo que tenían les fue confiscado. Hitler les había revocado la ciudadanía checa contra su voluntad, convirtiéndolos en ciudadanos del Reich alemán. Beneš se negó a devolvérsela.[16] Con la ayuda de Beneš, la venganza de Hitler continuó persiguiéndolos.

Fritz se desesperó al saber que su colaboración con los nazis condenaría a su familia al exilio, pero el nuevo gobierno checo le hizo una oferta sorpresa. Le prometieron que si se divorciaba de su esposa «Habsburgo» podría conservar su ciudadanía, quedarse con las pertenencias confiscadas y continuar con la vida que él y sus ancestros habían disfrutado en Checoslovaquia durante siglos. Al conde también se le aseguraba que los tribunales le concederían la custodia completa de sus hijos menores de edad.[17]

Los agentes del gobierno se referían repetidamente a su esposa, de 35 años, como «la princesa Habsburgo»,[18] tal como lo habían hecho Adolf Hitler y los nazis. Fritz le dijo a Sophie que estaba claro que los burócratas de Beneš no sabían quiénes eran él y su esposa, ni la diferencia entre un Habsburgo y un Hohenberg.[19] Le informó al gobierno que toda la familia Nostitz-Rieneck dejaría Checoslovaquia junta.[20]

Los documentos oficiales de expulsión detallaban la fecha y hora de su salida, como si la familia hubiera estado alojada en un hotel que ya esperaba a sus siguientes huéspedes. Tuvieron que comprar ropa de cama, toallas y otras cosas para el hogar, y tender las camas y lavar y tallar platos, ollas y sartenes. Incluso tuvieron que dejar jabón nuevo para trastes. Una vez que los inspectores del gobierno dieran su aprobación para que la casa fuera ocupada por sus nuevos habitantes, a la familia se le entregaría un salvoconducto como pase para la deportación.[21] Miles de personas que no los tenían fueron atacadas, golpeadas, violadas y asesinadas por turbas mientras la policía checa miraba hacia otro lado.[22]

A cada miembro de la familia se le permitió empacar una maleta del tamaño de una mochila, la misma orden que había recibido Sophie décadas antes cuando fue expulsada de Konopiste. Por segunda vez en su vida perdía su casa y su tierra. Sophie empacó un poco de ropa. Llenó su maleta con fotos familiares y preciados recuerdos de sus hijos ausentes. La parte más difícil de dejar la casa, la iglesia, la ciudad y el país que amaba era hacerlo sin Erwein y Franz.[23]

La familia de Sophie, como millones de familias checas con ascendencia alemana, no tenía información sobre cuál sería su destino. Muchos de los que se encontraban en las antiguas prisiones y los campos de concentración fueron maltratados, asesinados o se suicidaron ahí.[24] Los rumores no se detenían. En algún punto a Sophie le dijeron que iban a Dachau, luego que los llevarían al campo de concentración de Theresienstadt, la misma prisión en la que murió el asesino de sus padres. Al final se unieron a otros miles de deportados en un enorme convoy de camiones militares y fueron llevados a un campo de detención a las afueras de Karlsbad, hoy Karlovy Vary.[25]

La ciudad checa, a 128 kilómetros al noroeste de Praga, debe su nombre a un emperador Habsburgo del siglo XIV. Sus manantiales termales y arquitectura *art nouveau* la convirtieron en su momento en el destino vacacional preferido de Beethoven, Chopin, Goethe, Gogol e incluso de Sigmund Freud y del emperador Franz Joseph. En tiempos más felices, la familia de Sophie había pasado por la ciudad de camino a sus casas de campo, pero para este momento ya se había convertido en una ciudad de fantasmas.[26] Casi toda su población había sido deportada debido a sus raíces alemanas. En Brno, la tercera ciudad más grande del país, fueron expulsadas 23 mil personas. Seis mil murieron durante la «evacuación».[27]

Normalmente el viaje de Praga a Karlsbad tomaba tres horas, pero los caminos destrozados por la guerra, las averías y los ataques provocaron que el viaje, sin comida, sin agua y sin pausas para ir al baño, durara dos días. La familia de Sophie llegó hambrienta, deshidratada y exhausta. No lo sabían en ese momento, pero Erwein había estado preso en la ciudad antes de ser enviado a Rusia como prisionero de guerra.[28]

Las divisiones étnicas y políticas en Checoslovaquia se replicaban por toda Europa. Berlín, Viena y la mayor parte del continente se escindía en zonas de ocupación separadas para rusos, estadounidenses, británicos y franceses. Los destinos de los refugiados solían ser arbitrarios y definitivos. Ochocientos mil checos fueron enviados a Alemania del Este, a una zona ocupada por el ejército ruso. Nunca volvieron.[29] Al otro lado del mundo, en un discurso en una pequeña universidad de Missouri, Winston Churchill hizo una denuncia sobre lo que llamó una «Cortina de Hierro» que descendía sobre Europa.[30] Zonas de Austria, incluyendo Artstetten, y la mayor parte de Europa occidental, quedaron en la zona de ocupación política y militar soviética.

Artstetten pronto se convirtió en un popular atractivo turístico para oficiales militares, funcionarios del partido e incluso soldados comunes de la Unión Soviética que sentían curiosidad por conocer la antigua casa del archiduque Franz Ferdinand. A Elisabeth le fue asignada la tarea de guiar los recorridos. Contaba historias sobre el cariño que le tenía el archiduque a Rusia, así como de su deseo de paz, y les compartía anécdotas familiares sobre las pinturas que quedaban en el castillo.[31]

Sin embargo, había un retrato que nunca se mostraba. Estaba colgado discretamente en una esquina oscura de un pasillo por el que casi no pasaba nadie. La pintura era de Alexandra, la última emperatriz de Rusia y esposa de Nicolás II, su Imperial Majestad y Emperador y Autócrata de todos los rusos. Durante la visita de Franz Ferdinand a San Petersburgo en 1902 Nicolás le mostró distintos retratos de la zarina y le preguntó cuál prefería. Nicolás le entregó la pintura como regalo de despedida.[32]

Un oficial ruso pasó por el corredor y se fijó en aquella pintura cubierta de polvo. Preguntó por su historia. Elisabeth disimuló diciendo que era una olvidada archiduquesa Habsburgo, pero el hombre frunció el ceño y dijo con brusquedad: «¡Esta no es una archiduquesa! ¡Un oficial ruso reconoce el retrato de una emperatriz rusa!». Luego sonrió con ironía. Sabiendo que la zarina, toda su familia y gran parte de la aristocracia del país había sido asesinada durante la revolución bolchevique, la duquesa llevó de inmediato la pintura al ático. La pieza no vio la luz del día durante diez años, el tiempo que duró la ocupación soviética de Austria.[33]

A veces los oficiales y los soldados rusos iban a Artstetten por otra razón: para jugar con los niños Hohenberg. Les gustaba cargar a los más pequeños sobre sus hombros, aprender palabras alemanas y enseñarles frases en ruso. Muchos decían que extrañaban a sus propios hijos.[34]

Pese a las interacciones amistosas, sus inquilinos soviéticos parecían incapaces de aliviar el hambre, la malnutrición y la inanición que, con acierto, Churchill predijo que llegaría después de la guerra. Las granjas destruidas, los duros inviernos, las sequías del verano y los cultivos malogrados provocaron que la producción de alimentos cayera a niveles que no se habían visto desde el verano previo al asesinato de Franz Ferdinand. Algunos decían que era otro de los regalos de despedida de Hitler.[35]

El hambre era una acompañante constante en Artstetten. Elisabeth Hohenberg intentaba dar ejemplo al no quejarse de lo poco que había para comer o de la falta de variedad de lo que aparecía en su mesa. Solo años después reveló sus verdaderos sentimientos. Cuando se servían ciertas comidas, ella sonreía y decía con tono cortés pero firme: «No, gracias. ¡No quiero volver a probar ni un bocado de eso en mi vida!». Durante el resto de su vida nunca se desvió de su lista de «alimentos prohibidos» de la difícil cocina de posguerra.[36]

Un día un toquido en la puerta de Artstetten resolvió un misterio de Dachau. El visitante era el niño gitano, que ahora ya era un hombre joven, al que Max había escondido en una caja de herramientas cuando lo perseguía un guardia nazi. El hombre traía consigo a su familia y le entregó un regalo de agradecimiento a Max por salvarle la vida. Tras una breve conversación, el hombre y su familia desaparecieron enseguida, pero el enorme ganso que dejaron les dio a los Hohenberg la mejor comida que disfrutaron desde antes de que iniciara la guerra.[37]

El cónsul austriaco en Karlsbad al fin consiguió que Sophie y su familia fueran puestos bajo la custodia de Maximilian. Para su sorpresa, su hermano se había convertido en el alcalde de Artstetten. Los rusos le concedieron esa posición porque era uno de los pocos austriacos que no colaboraron con los nazis. Más adelante sería reelegido por el pueblo, pero las autoridades militares y civiles rusas tenían aún el control.[38] Sophie y Fritz aprovecharon la oportunidad de vivir bajo la ocupación del ejército soviético para conseguir ayuda y localizar a Erwein. Les hicieron muchas promesas, pero su hijo era solo un prisionero en un país donde había millones de ellos. Ni siquiera Stalin conocía con exactitud la identidad, la ubicación y el número de prisioneros en sus campos de trabajo de esclavos.

Leopold Figl, que estuvo preso con Max y Ernst en Dachau, se convirtió en canciller de Austria. Intentó usar sus influencias para encontrar y liberar a Erwein, pero ni él pudo adentrarse en el laberinto burocrático de las prisiones de Joseph Stalin. Nadie sabía con seguridad si Erwein estaba vivo o muerto. Sophie y Fritz rezaban, escribían cartas y hablaban con cualquiera que pudiera darles información. Nada parecía funcionar, pero ellos se negaban a perder la esperanza.[39]

Cuando Ernst, Maisie y sus dos hijos volvieron a Artstetten hubo una reunión familiar. Se derramaron algunas lágrimas, pero hubo sobre todo risas. El ingenio de Ernst seguía fuerte pese a sus cinco años como prisionero. Se veía del doble de su edad y su salud nunca se recuperó por completo, pero encontró la energía para burlarse de su débil cuerpo y bromear con todos.

En privado, Maisie lamentaba el tiempo perdido que jamás habría de recuperar, pero la familia se sentía feliz de estar junta.[40] Sesenta años después de la reunión de los Hohenberg, Maximilian y el hijo menor de Elisabeth, Gerhard, recordaron:

> Ese tiempo juntos era un regalo que no querían desperdiciar lamentándose. Se querían de verdad, habían sobrevivido a la guerra y aún se tenían los unos a los otros. Eran de una generación que no se quejaba. De vez en vez mencionaban el pasado, o lo que habían tenido, pero sin rabia ni amargura. No los recuerdo pensando en el ayer, a menos que lo hicieran con humor para burlarse de sí mismos o de sus compatriotas austriacos.[41]

Uno de los chistes favoritos de los Hohenberg trataba de los patriotas y los fantasmas del *Anschluss.* Durante años la mayor fuente de orgullo para muchos austriacos era haber sido testigos de la entrada triunfal de Hitler a Viena. Las personas presumían exageradamente cómo vitorearon al ver pasar el auto del Führer o cómo lo escucharon hablar desde el balcón del palacio de Hofburg. Contaban con gran elocuencia dónde estaban parados, las partes de su discurso que los conmovieron hasta las lágrimas y la magia de ver, escuchar y ser parte de ese día histórico.

Y de repente ya no había nadie.

Una vez que la guerra se volvió en contra de Hitler nadie reconocía haber estado en Viena ese día. Nadie escuchó el discurso. Nadie sabía nada al respecto. Tras una pausa, Max o Ernst decían con seriedad: «Aquella debía ser una ciudad de fantasmas». El final del chiste iba acompañado de unas sinceras carcajadas.[42]

Ellos sabían exactamente dónde estaban el día en que Hitler fue recibido con estruendosos vítores por más de medio millón de austriacos eufóricos. Ernst era arrestado por la Gestapo en la casa de su suegro. Max, a puerta cerrada en el lugar donde estaba escondido, tras las ventanas que se estremecían, intentaba despedirse de Elisabeth y de sus hijos. Ninguno pudo escuchar sus palabras mientras los vítores de la plaza de los Héroes sacudían a Viena y a todo Europa. En una hora, Max ya acompañaba a su hermano en la cárcel.[43] Estas historias se contaban sin amargura. Georg, el hijo de Max, recordaría luego que cuando la familia se reunía era como estar entre las imágenes, sonidos y risas de un cabaret vienés:

> Conservaron su sentido del humor y su fe. Sin duda creían en un poder superior, y eso los ayudó a sobrevivir. Podían reír aun en los momentos más oscuros. Y como ellos se reían, sus hijos también se reían. Esa era la mejor medicina. Ese era el gran regalo del cielo. Habían visto suficiente venganza en su vida y no querían nada de eso. El Señor dijo la venganza es mía. Y ellos se aferraron a esa creencia. Nos enseñaron que solo hay un juez por encima de todos, por encima de los nazis, y nosotros no éramos ese juez.[44]

Las venganzas quedaron en manos de otros. En el otoño de 1945 los ganadores de la Segunda Guerra Mundial se reunieron en Núremberg para someter a juicio a los perdedores. Los nombres de muchos de los acusados eran conocidos para los Hohenberg. Arthur Seyss-Inquart, quien ordenó el arresto de Max y Ernst horas después del *Anschluss*, y Ernst Kaltenbrunner, que primero apresó y luego ayudó a liberar a Ernst, fueron declarados culpables de crímenes contra la humanidad. Ambos fueron ahorcados.[45]

Baldur von Schirach y Albert Speer, los únicos dos líderes nazis que denunciaron a Hitler desde el estrado de los testigos, fueron sentenciados a veinte años de prisión.[46] Schirach, líder de las Juventudes Hitlerianas a sus 24 años, fue acusado en Núremberg de haber envenenado a una generación de niños. Como gobernador del Reich de la Gran Viena, deportó a 75 mil judíos vieneses a Auschwitz. Durante el juicio reconoció: «Dejé mi moral a un lado cuando, por una fe errada en el Führer, tomé parte en esa acción. Lo hice. No puedo deshacerlo [...] Fue el genocidio más absoluto y diabólico cometido por el hombre [...] Adolf Hitler dio la orden [...] Hitler y Himmler comenzaron juntos este crimen contra la humanidad que seguirá siendo una mancha en nuestra historia por siglos».[47] Durante sus dos décadas en prisión, Schirach cumplió menos de un día por cada uno de los 65 mil judíos a los que envió a Auschwitz. En su tumba se lee: «Fui uno de ustedes».

Heinrich Himmler, el cobarde que se negó a encontrarse cara a cara con Sophie, cuya carta a Maisie confirmó que Ernst y Max estaban presos en Dachau y cuya firma seis años después le informó que Ernst sería liberado, se suicidó horas después de su arresto. La némesis de Elisabeth Hohenberg en el Hotel Imperial, Hermann Göring, siempre arrogante, no dio muestras de arrepentimiento. Acusó a Schirach y Speer de traidores y negó todo conocimiento sobre el Holocausto. Fue condenado a muerte por conspirar para iniciar la guerra y por crímenes contra la humanidad. Horas antes de ser ahorcado, también él se quitó la vida.[48] Su cuerpo fue cremado en Dachau, llevado en un bote de basura a un río local y lanzado ahí sin mayor ceremonia.[49]

En Núremberg Gustav Krupp, el adinerado fabricante de armamento que proveyó a Alemania en ambas guerras mundiales, fue acusado de ser un criminal de guerra, pero nunca se le enjuició. Su deteriorada salud mental y física, y quizá también su riqueza, lo salvaron. Había construido los submarinos del káiser Wilhelm, ayudó a financiar la elección de 1933 que llevó al poder a Hitler y usó esclavos de los campos de concentración para construir las armas del Führer. Murió en paz en su cama en Schloss Blühnbach, el castillo austriaco en los Alpes de Tirol que en cierto momento había sido propiedad del archiduque Franz Ferdinand, pero que fue malvendido por su familia para pagar sus deudas tras Sarajevo.[50]

Muchos nazis no vivieron para ver todos los frutos de su infame labor, pero con ayuda de Eduard Beneš y sus cómplices el sueño de limpieza étnica de Hitler se volvió una realidad. Pese al genocidio, el Holocausto y los millones de muertes de militares y civiles, la expulsión de los «alemanes» étnicos de Checoslovaquia, Rumania,

Hungría y otros países europeos no solo hizo que la población alemana aumentara, sino que la volvió más homogénea. Después de la Segunda Guerra Mundial los alemanes y otros europeos se encontraron a sí mismos viviendo en países con menos diversidad étnica y religiosa que en ningún otro momento en siglos.[51] Adolf Hitler y sus nazis habían logrado destrozar el sueño Habsburgo de unir a Europa bajo el parasol de un imperio multicultural.

Mientras tanto, los Hohenberg se negaban a vivir en el pasado, pero aún no estaban listos para olvidar los sueños de su padre para los Habsburgo.

21

Plegarias escuchadas y plegarias ignoradas

«Esta guerra no habría ocurrido si no hubiéramos echado a los Habsburgo de Austria y Hungría y a los Hohenzollern de Alemania, debido a la presión estadounidense y la modernización. Al crear estos vacíos abrimos la puerta para que el monstruo hitleriano saliera arrastrándose de su alcantarilla y llegara hasta los tronos vacantes».

WINSTON CHURCHILL

«Espero no parecer demasiado pretencioso si alzo mi voz para expresar mi opinión».

MAXIMILIAN HOHENBERG

EN SUS PRIMERAS VACACIONES juntos desde la guerra Maximilian y Elisabeth viajaron a Roma para tener una audiencia con el papa Pío XII. El viaje fue una peregrinación espiritual y personal. Como ministro de Estado del Vaticano, Eugenio Pacelli había intentado liberar a los hermanos Hohenberg de Dachau. Querían agradecérselo. Pero el papa aprovechó la oportunidad para agradecerles por hacer frente a los nazis cuando ni siquiera la Iglesia católica lo hizo. Max le mostró a Elisabeth las ruinas de la Roma antigua y moderna, incluyendo el Palazzo Venezia, donde tuvo su última reunión con Mussolini. Desde su balcón, Mussolini declaró la guerra a Inglaterra y Francia en 1940. Todas las predicciones de Max sobre el destino del dictador italiano se hicieron realidad.[1]

Dado que el gobierno austriaco había embargado las propiedades nazis tras la guerra, y los nazis habían embargado todas las propiedades Hohenberg antes de esta, Ernst tuvo que poner una demanda para que se le devolvieran su casa y sus tierras.[2] Al fin su demanda fue exitosa, y recuperó Radmer y las propiedades en el bosque y la montaña que tanto amaba. Un tercio de las tierras fueron entregadas a su hermana. Ella, Fritz y sus hijos se mudaron a una casita de campo en el pueblo montañés de Eisenerz, muy cerca del hogar de Ernst y Maisie. Sophie llenó su hogar con fotografías familiares, y se pasó los días y las noches buscando información sobre Erwein. En lo profundo de su corazón creía que su primogénito seguía vivo.[3]

En febrero de 1948 un golpe de Estado comunista derrocó al gobierno de Checoslovaquia. El presidente Beneš fue derrotado por sus aliados comunistas justo como antes había sido derrotado por los nazis. Dos semanas después Jan Masaryk, el ministro de Relaciones Exteriores del país, fue encontrado muerto bajo una ventana de su habitación en el castillo de Praga. El hijo del primer presidente del país se suicidó o fue víctima de un asesinato. Eduard Beneš renunció a la presidencia y murió en un tranquilo retiro.[4] Las últimas chispas de la floreciente democracia de Checoslovaquia se extinguieron.

Ese abril, otros sobrevivientes de campos de concentración les pidieron a Max y a Ernst que regresaran a Dachau para una reunión. Había planes de convertir el campo vacío en un monumento al Holocausto. Para sorpresa de sus familiares y amigos, los hermanos aceptaron. Se sentían muy cercanos a sus compañeros sobrevivientes, con una hermandad casi espiritual. Diez años después de su detención y encarcelamiento volvieron al primer campo de concentración de Alemania. Recorrieron el lugar el silencio como hombres libres, lado a lado, a solas con sus pensamientos. Cuando llegaron a casa no dijeron nada sobre el campo, pero parecía haber sido una experiencia sanadora para ellos.[5]

Nunca hubo otras reuniones. Para Sophie von Nostitz-Rieneck, la guerra no terminaría mientras su hijo siguiera preso en algún lugar de la inmensidad de la Unión Soviética. La guerra al fin terminó cuando le informaron que Erwein murió en una prisión ucraniana el 11 de septiembre de 1949. Tenía 28 años y estuvo vivo los cinco años que su familia pasó buscándolo. En la carta que informaba sobre su muerte no se daban más detalles.[6]

Un año después Sophie recibió una visita inesperada. Un prisionero de guerra del campo ucraniano donde había muerto Erwein fue liberado al fin. Se dirigió a Checoslovaquia, luego a Artstetten y al fin a Eisenerz. Su litera estaba junto a la de Erwein y quería que la madre supiera que, en sus últimas horas, la fe nunca abandonó a su hijo. Rezó con su rosario hasta el último aliento.[7]

Ese regalo le permitió a Sophie vivir de nuevo. El visitante no describió el campo de esclavos donde estuvieron presos, el arduo trabajo que tuvieron que realizar, la brutalidad de los guardias ni los duros inviernos ucranianos. Solo quería que ella supiera que su hijo era un buen hombre y que no murió solo. Erwein murió con su fe y la compañía de su amigo. Las palabras del soldado le dieron paz y consuelo. Sophie nunca volvió a pensar en la muerte de su hijo sin recordar el regalo que le hizo el amigo de Erwein.[8]

Alois, el hijo vivo de Sophie, se casó con una prima Waldburg. Cuando tuvieron sus propios hijos al más chico lo llamaron Erwein Franz en recuerdo de los hermanos que Alois perdió en las guerras de Hitler. Dedicó el resto de su vida a ayudar a familias a encontrar las tumbas de padres, hermanos e hijos asesinados en la guerra para poder enterrarlos más cerca de su hogar. Alois nunca descubrió dónde estaba enterrado ninguno de sus hermanos, pero logró darles un cierre a otras familias llenas de dolor.

Al no tener los sepulcros cerca de ella, Sophie creó sus propias cajas de recuerdos para cada uno de los hijos que perdió. Comenzó con sus primeros dibujos de infancia y los trabajos de la escuela que se llevó cuando se fue de Checoslovaquia. Incluyó todas y cada una de las cartas que le escribieron, y terminó con la última fotografía de cada uno como reclutas del ejército alemán. En el paquete de Franz agregó la carta que le informaba: «Su hijo murió por el Führer y la Patria». Para ella eran palabras vacías, pero ser soldado había sido parte de la corta vida de su hijo. El último trozo de papel que guardó en el paquete antes de atarlo con un cordón fue una cita de la Biblia: «El Señor da y el Señor quita. Bendito sea el nombre del Señor». Sophie había perdido dos hijos, pero no su fe. Nunca dudó de que se volverían a encontrar en un lugar mejor.[9]

Maximilian hizo que esculpieran dos cruces sobre las tumbas de sus padres en Artstetten. La cruz sobre el sepulcro de Franz Ferdinand era por el primer nieto del archiduque, Erwein Maximilian Franz von Nostitz-Rieneck. Sobre el sepulcro de la duquesa de Hohenberg se puso una cruz por Franz Assisi Friedrich Ernst von Nostitz-Rieneck.[10]

En marzo de 1954 Ernst Hohenberg, de 49 años, viajó a Graz, el lugar de nacimiento de su padre, para reunirse con otros sobrevivientes de Dachau. La tarde previa a su reunión se registró en el Hotel Steinerhof con buen ánimo. Esa noche sufrió un ataque cardiaco fulminante y murió. Cuando recibieron la llamada, Maximilian estaba en Viena con su hijo Peter. Llevó el cuerpo de Ernst de regreso al castillo de Artstetten para enterrarlo junto a sus padres asesinados. El más joven de los tres hijos del archiduque Franz Ferdinand y la duquesa de Hohenberg fue el primero en morir. Hitler y el Tercer Reich seguían cobrando víctimas.[11]

La muerte de Ernst apareció en periódicos y revistas de todo el mundo, incluyendo *The New York Times* y la revista *Time*. Bajo el encabezado Hijo de Franz Ferdinand, uno de los principales periódicos de Viena escribió:

> Para la familia fue una bendición tenerlo en sus vidas y que pudiera disfrutar de sus dos hijos. Su nombre y toda su vida fueron un símbolo del impacto y la tragedia de Sarajevo. Los amargos años que estuvo en campos de concentración pasaron factura a su corazón y esto lo llevó a la muerte antes de que alcanzara su cumpleaños cincuenta. Durante su tiempo de dolor y sufrimiento, el poder intelectual y la amable tolerancia de este noble hombre nunca se quebraron.[12]

Todos los miembros sobrevivientes de la familia Hohenberg viajaron a Artstetten para despedirse de él. La misa fúnebre se realizó en la iglesia donde el archiduque y la duquesa habían sido enterrados cuarenta años antes. En los sepulcros contiguos de los padres de los Hohenberg había tallados leones, corderos y palomas de la paz, los símbolos de su amor. Habían pasado cuatro décadas y dos guerras mundiales. Sophie, Maximilian y Ernst crecieron y se casaron. Sus hijos nacieron y algunos murieron. Ahora Ernst se reunía con sus padres por última vez en Artstetten.

La misa fúnebre de la Iglesia católica y las liturgias fueron idénticas a las que se usaron en 1914 para sus padres. La familia eligió un epitafio de seis palabras para grabarlo en la tumba de Ernst Hohenberg. Decía: «Fue un austriaco leal y honesto».[13]

Después, siempre que Sophie von Nostitz-Rieneck pensaba en el funeral de Ernst en Artstetten, quizá lo que más recordaba era la siguiente generación de Hohenberg que estuvo presente. Todos eran ya adultos. Su hijo más pequeño estaba casado con una mujer de 25 años y esperaban a su primer hijo.[14]

El año de la muerte de Ernst también murió Franz Janaczek, lo que rompió otro vínculo con el pasado. Él estaba al servicio de la familia Hohenberg desde antes de que naciera ninguno de sus hijos. Con la muerte de Ernst, la pérdida de sus dos hijos mayores, el fallecimiento de Franz Janaczek y la siguiente generación de niños Hohenberg ya crecida y con hijos propios, la hija de Franz Ferdinand debía sentirse mucho mayor que sus 53 años.

Nueve meses después del funeral de Ernst la Unión Soviética aceptó al fin terminar con la ocupación de Austria, que duró una década. Los autócratas comunistas en Moscú siguieron controlando el resto de Europa del Este, incluyendo a Checoslovaquia durante 35 años, pero el final de la ocupación les permitió a Austria y a los Hohenberg tener un nuevo comienzo.[15]

El pacto de 1955 que restauró la independencia de Austria fue firmado en el palacio de Belvedere en Viena por el excanciller Leopold Figl. Al igual que Max y Ernst, Figl alguna vez había sido declarado enemigo del Estado por parte de los nazis y encarcelado por traición a la patria por orden de Adolf Hitler.

Sophie von Nostitz-Rieneck y Maximilian Hohenberg consideraron que el Belvedere era el lugar perfecto para este evento histórico. Sus padres siempre habían amado ese sitio, y la firma del tratado por parte de otro sobreviviente de Dachau habría hecho feliz a Ernst. A su hermano menor siempre le agradaron Leopold Figl y el palacio donde pasaron gran parte de su feliz infancia. El evento pareció exorcizar cualquier relación del lugar con Adolf Hitler.

Cuando los Hohenberg quedaron libres de invasores rusos, Elisabeth y Maximilian sorprendieron a sus hijos retirando dos muros en Artstetten que revelaron una habitación secreta. Antes de la guerra habían tapiado un pasillo con tablones y yeso, creando una bodega en la cual escondieron pinturas, muebles y herencias familiares invaluables. Los saqueadores nazis y rusos que desvalijaron Artstetten y los Hohenberg más pequeños no tenían ni idea de que ese cuarto existía. Cuando todo salió a la luz, el evento quedó grabado en su recuerdo para siempre como una segunda Navidad.[16]

Entre los artículos empacados a la carrera estaba la colección de corderos de cerámica que Franz Ferdinand le había regalado a su esposa a lo largo de sus 13 años de matrimonio. Cuando Sophie von Nostitz-Rieneck descubrió que se habían salvado los regalos de su padre a su madre, no hubo otro tesoro que la pudiera hacer más feliz.[17]

El pasado acompañó a los Hohenberg casi todos los días de su vida, pero sus hijos pensaban poco sobre lo que había ocurrido antes de que nacieran. Georg Hohenberg recordaba una epifanía que tuvo durante un paseo con su padre. Se la contó a su madre, pero a nadie más hasta años después:

> Solíamos caminar por los jardines del palacio de Belvedere porque era el parque más cercano al departamento que teníamos en Viena. Mi padre solía reír y decía que solo nos alejamos quinientos metros de nuestro antiguo hogar en Belvedere hasta nuestro departamento. Yo sabía que había vivido ahí. Era simplemente un hecho, aunque de niño nunca pensé mucho en eso. Pero una vez él señaló una ventana y dijo: «Esa es la habitación de mi madre, donde nací». Fue un momento muy conmovedor y fascinante, pensar que él había nacido ahí y que pasó su infancia en ese hermoso lugar.
>
> De pronto el pasado se volvió real e irreal al mismo tiempo. Poco a poco comencé a comprender lo mucho que él había perdido en la vida, y lo poco que había perdido yo. Mi padre estaba en el lugar donde nació, pero afuera de todo lo que había conocido. Todo se puso de cabeza. Nada era igual. Ser alguien y luego ser nadie debía ser algo horrible. Todo es diferente a lo que imaginaste, pero él no parecía sentirse así. A lo largo de los años tuve la oportunidad de entrar al Belvedere muchas veces. Mi padre también, pero él nunca volvió al palacio donde había nacido.[18]

Maximilian Hohenberg sí volvió a la vida pública más allá del pueblo de Artstetten. Hizo una declaración en la que decía: «Mi familia ha vivido en Austria por setecientos años, así que espero no parecer demasiado pretencioso si alzo mi voz para expresar mi opinión acerca de los grandes problemas que enfrenta la tierra donde nací».[19] Su decisión estaba impulsada en parte por las inolvidables palabras que se colocaron en las puertas del monumento de Dachau: «Que el ejemplo de quienes fueron exterminados aquí entre 1933 y 1945 una a los vivos para defender la paz y la libertad y respetar la dignidad humana».

La visita que él y Elisabeth hicieron a Roma también tuvo que ver. El papa Pío XII le dio un permiso especial a Max para ver la famosa colección de mapas del Vaticano. Al contemplar los mapas de Europa lamentó las fronteras políticas que dividían al continente. El amable curador le dijo discretamente que los líderes políticos y religiosos dividían a Europa, y que se necesitarían líderes políticos y religiosos para unirla. Sus palabras recordaban a las escritas en Dachau. Max creía que nadie estaba en una mejor posición para hacerlas realidad que Otto Habsburgo, pero primero tenía que ponerle fin al exilio austriaco de su primo.[20]

Otto Habsburgo volvió brevemente al país tras la guerra, pero las autoridades de la ocupación francesa lo deportaron.[21] La Constitución de 1919 del país decía: «Los miembros de la casa de Habsburgo tienen prohibido entrar a estas tierras a menos que renuncien a su pertenencia a dicha casa y a todas las reclamaciones al trono asociadas a ella y se declaren leales ciudadanos de la república».[22] Lo injusto de tener que renunciar a la pertenencia de la propia familia, el dolor de ser un patriota que, sin embargo, era considerado enemigo del Estado y la soledad de estar en el exilio en el propio país eran un golpe directo al corazón y el alma de lo que habían vivido los Hohenberg. Max retomó una vez más su misión de ponerle fin al exilio de su primo.[23]

La nostalgia de un pasado glorioso, las heridas de los años del *Anschluss* y una década de ocupación comunista estaban profundamente arraigadas en el alma austriaca. Max creía que si le daban la oportunidad, Otto Habsburgo estaba en una posición única para sanar a su país y unirlo, como la reciente coronación de la joven reina Elisabeth lo había hecho en Inglaterra.[24] Para muchos austriacos el heredero Habsburgo al trono vacante representaba un puente entre el pasado y el futuro, pero el pasado significaba cosas diferentes para las distintas personas. Para algunos, las tempranas advertencias y las denuncias de Otto contra Hitler, su trabajo para ayudar a los judíos y otros a escapar de los nazis y su defensa de Austria como la primera víctima de Hitler lo convertían en un héroe. Pero para los aliados de los nazis, los simpatizantes del *Anschluss*, los colaboradores nazis y quienes negaban el Holocausto, él era el enemigo, un incómodo recuerdo de su pasado.[25]

Max viajó por toda Austria haciendo campaña por la restauración de la monarquía constitucional, pero descubrió que el odio de Hitler no había muerto con él. El fervor y el desprecio que en algún tiempo estuvieron reservados para los judíos del país ahora estaban dirigidos a él y a sus primos Habsburgo. Pese a los ataques verbales, las críticas a su persona y las amenazas físicas, se negó a rendirse.[26] Más de una vez su meta pareció estar cerca. El canciller federal de Austria, Julius Raab, se pronunció públicamente a favor de restaurar la ciudadanía de Otto. Una guerra de palabras estalló en el parlamento y en los periódicos nacionales. El ministro del Interior, Oskar Helmer, le aseguró a Max que la mayoría de los austriacos apoyaban su cruzada, pero una furiosa y escandalosa minoría la convertía en un callejón sin salida.[27]

A finales de 1961, Otto Habsburgo pidió que se pusiera fin a todos los esfuerzos por restaurar la monarquía constitucional. Tras 43 años de exilio, renunciaba a cualquier derecho al trono vacante y solicitaba volver a Austria como un ciudadano más. Como Max temía, pese al abrumador apoyo público, los opositores siguieron impidiendo el regreso de Otto.[28] El expríncipe heredero anunció que llevaría su caso a los tribunales austriacos.

Exhausto, decepcionado y deprimido, Max se retiró a Artstetten para pasar una Navidad tranquila con su familia. El 8 de enero de 1962, Sophie von Nostitz-Rieneck recibió una llamada telefónica. Su hermano, de 59 años, había sufrido un infarto fulminante. Murió al día siguiente.[29] La muerte de Maximilian Hohenberg logró lo que él siempre quiso que hiciera Otto Habsburgo. Por un breve momento, Austria volvió a estar unida.

Veintinueve kilómetros de dolientes colapsaron las carreteras que llevaban a su funeral en Artstetten. Había aristócratas junto a socialistas; ateos y agnósticos caminaban al lado de sacerdotes, monjas y obispos católicos. Judíos de Dachau, Roma y testigos de Jehová oraron por su alma. Más de un millón de personas que no podían acomodarse en los asientos de la iglesia esperaron respetuosamente afuera, bajo la lluvia, hasta que terminó la misa fúnebre. Los parientes de la realeza viajaron desde Luxemburgo y Liechtenstein. El archiduque Hubert Salvator, nieto del emperador Franz Joseph, representó a la familia imperial Habsburgo. Otto Habsburgo pidió permiso al gobierno para asistir, pero su solicitud fue rechazada.[30] Todos los Hohenberg vivos estuvieron ahí, pero la hermana de Max, Sophie, debió sentirse muy sola.

Los periodistas celebraron las contradicciones, las grandezas y las profundidades de su vida. El diario conservador de Viena, *Wiener Presse*, escribió: «Fue un Habsburgo al que no se le permitió serlo, y en cambio se convirtió en víctima del primer campo de concentración de Austria. Su vida terminó hoy, pero comenzó en el palacio de Belvedere en 1902».[31] Su muerte provocó que el periódico socialista y antimonarquista *Arbeiter Zeitung* hiciera un reconocimiento a todos los Hohenberg:

> Tuvieron muchas razones para oponerse a la casa imperial. Pero se negaron a hacer leña del árbol caído. Que los viejos Habsburgo dejaran de existir fue precisamente la razón por la que salieron a defenderla.

> Y tampoco eso evitó que fueran correctos ciudadanos de la república [...] Sus convicciones eran monarquistas, pero vivieron manteniendo su fidelidad a la ley.[32]

Un tercer periódico reportó:

> Hoy nos reunimos una última vez con sus compañeros del campo de concentración para recordar a Maximilian Hohenberg [...] Así como sus padres fueron las primeras dos víctimas de la Primera Guerra Mundial, sus hijos fueron los dos primeros presos políticos llevados a Dachau. Fue un hombre que durante toda su vida no solo se mantuvo fiel a su propia casa y familia, sino también a Austria. Este recuerdo permanecerá con nosotros por siempre.[33]

Cuatro años después de la muerte de Maximilian, el tribunal constitucional austriaco le devolvió la ciudadanía a Otto Habsburgo. Tras casi medio siglo exiliado, el primo de los Hohenberg pudo al fin volver legalmente a su propio país. Sophie von Nostitz-Rieneck le dio la bienvenida a casa a su primo.[34]

22

La buena batalla

«No son las heridas de la vida las que importan,
sino lo que hacemos con ellas».
SOPHIE VON NOSTITZ-RIENECK

«He peleado la buena batalla.
He llegado al final de mi camino. Me he mantenido en la fe».
Segunda epístola a TIMOTEO 4:7

EN 1981, LA HIJA del archiduque Franz Ferdinand, que sobrevivió a sus hermanos menores, a dos de sus cuatro hijos y, tras 53 años de matrimonio, a su esposo, Fritz, decidió volver a Checoslovaquia de visita.[1] Alois, el hijo que le quedaba vivo, su esposa e hijos viajaron con ella. Encontraron sus antiguas casas de campo en Falkenau y Heinrichgrun llenas de maleza y en ruinas. El maltrecho escudo de armas de los Nostitz-Rieneck aún podía verse sobre el portal principal de la casa de Falkenau. En Praga, su casa en la plaza de los Malteses se había convertido en las oficinas del Ministerio de Cultura de la República de Checoslovaquia. A veces se celebraban conciertos musicales ahí. Los libros de la mundialmente famosa biblioteca de la mansión habían desaparecido, pero las estanterías no estaban vacías. La biblioteca del Museo Nacional los había reemplazado.[2]

Sophie y su familia recorrieron el conocido camino hasta la iglesia de Nuestra Señora de la Victoria. Ahí les mostró a sus nietos la famosa imagen del Niño de Praga. Encendió una vela y oró por los vivos y los muertos. También viajaron los 48 kilómetros que separaban Praga del castillo de Konopiste. Sophie y su familia compraron obedientemente los boletos para entrar a la casa donde ella había nacido. Nadie reconoció a la antigua princesa entre el gran grupo de turistas que deambulaban por el castillo.[3]

El monótono guía iba de una habitación a otra con rapidez, intentando entretener a los turistas con inventos sobre el archiduque, los Hohenberg y Konopiste. Sophie le susurraba correcciones a su familia sobre casi todo lo que decía el guía. Las mentiras sobre su abuelo enfurecían a Alois, pero, como la madre de Sophie solía hacer con su padre, ella le tocaba en el brazo con suavidad y lo tranquilizaba con una sonrisa.[4] La visita pareció agradarle. Le dio la oportunidad de compartir la verdad sobre sus padres y la historia de los Hohenberg con la siguiente generación de su familia. Para ella, la verdad era importante.

Tras la muerte de Fritz, Sophie se fue de Salzburgo para estar más cerca de su familia, y también de la viuda de Max, Elisabeth. Compartían historias sobre sus hijos y nietos, y solían reírse y burlarse una de la otra. Los tiempos tristes y oscuros casi nunca se mencionaban, pero en eso se enfocaban siempre las preguntas de los periodistas. Periódicos, escritores e historiadores iban a entrevistarse con Sophie, lo que hacía que Elisabeth le preguntara: «¿Por qué sigues hablando con ellos? Nunca ponen lo que dices. Distorsionan tus historias, y solo escriben lo que quieren escribir».[5] Sophie siempre le daba la misma respuesta: «Nunca se ha contado la verdadera historia. Quizá en la próxima entrevista se publique la verdad».[6]

Cuando su nieto entró a la escuela de leyes en Salzburgo se fue a vivir con ella.[7] Tres décadas después los recuerdos del conde Gutsverwaltung von Nostitz-Rieneck del tiempo que pasaron juntos eran aún vívidos:

Mi abuela me contaba muchas historias de su juventud, de sus padres y de toda su vida [...] Pero nunca la escuché hablar mal de nadie, ni de los serbios que mataron a sus padres, ni de los checos que se apoderaron de su casa dos veces ni de los alemanes que se llevaron a sus dos hijos a morir a una guerra que no era suya [...] Vivir como ella vivió, sin amargura, fue un gran ejemplo para nosotros [...].

Se mantenía demasiado ocupada como para odiar. Amaba leer. Amaba la música y los deportes. Amaba la naturaleza, los jardines y el exterior, pero sobre todo amaba reír [...] Mi recuerdo favorito de ella era su risa. Reía como si fuera una jovencita.

Recuerdo que una vez, cuando vivía con ella, desperté a las 2:00 a. m. y escuché la televisión desde mi pequeña habitación en la planta alta. Pensé que no era posible. Mi abuela nunca tenía problemas para dormir. Bajé despacio las escaleras y la vi que miraba en su cuarto el hockey sobre hielo. Eran las dos de la mañana y ella veía a la República de Checoslovaquia jugar contra Canadá. Le encantaba el hockey sobre hielo, quizá porque lo jugó de niña en St. Moritz con su padre. También amaba el futbol. Recuerdo que platiqué con ella cuando Checoslovaquia se enfrentó a Alemania. Siempre les fue a los checos, aunque perdió dos veces su casa ahí.

No podría decir que ella odiara a Alemania, pero nunca apoyó a ninguno de sus equipos deportivos. La generación de mi abuela sufrió tantas pérdidas, tantas tragedias, y aun así encontraba alegría, belleza, razones para reír, y veía lo bueno de la vida. Siempre tenía junto a su cama una fotografía de mis bisabuelos subiéndose al carro en Sarajevo, minutos antes de que los asesinaran. Detrás escribió: «Los últimos pasos de mis amados padres, antes del asesinato, el 28 de junio de 1914». Fue un impactante y abrupto final a la vida feliz que ella y sus hermanos habían conocido.

Esas heridas nunca sanan, pero mi abuela nos enseñó que las heridas no tienen por qué destruir a una persona. No son las heridas de la vida las que importan, sino lo que hacemos con ellas.[8]

Dos años después las tres grandes matriarcas de la familia, Sophie, condesa de Nostitz-Rieneck, de 81 años; Elisabeth, la duquesa viuda de Hohenberg, de 78, y la viuda de 73 años de Ernst, Maisie, se dirigían a Artstetten para una boda familiar. La princesa Sophie Hohenberg, hija de Maximilian, se casaba con el barón Jean de Potesta, de Bélgica. Compartía nombre con su tía Sophie y era ahijada de la esposa de Max, Elisabeth. La celebración fue una de las últimas veces en que las tres excepcionales cuñadas volverían a estar juntas.[9]

En 1985 Maisie, la condesa Maria-Theresa Wood Hohenberg, murió en su hogar en Radmer. Tenía mala salud desde que su hijo Ferdinand, que quedó confinado a una silla de ruedas desde joven, murió a los 51 años. Aunque era la Hohenberg más joven de su generación, fue la primera en morir. Maisie volvió a Artstetten por última vez y fue enterrada bajo la capilla junto a Ernst.[10]

Durante el aniversario 55 del *Anschluss* la viuda de Max, Elisabeth, también murió y fue sepultada en Artstetten. Los sepulcros idénticos de los cuatro Hohenberg, Maximilian y Elisabeth, Ernst y Maisie, quedaron lado a lado, juntos tras la muerte como estuvieron en vida. A solo unos pasos están las tumbas del archiduque Franz Ferdinand y de la duquesa de Hohenberg.

En 1989 el aniversario del *Anschluss* también se cobró la vida de la exemperatriz Zita Habsburgo. A su multitudinario funeral en Viena acudieron doscientos parientes de la realeza, lejanos y cercanos; entre ellos estaban los Hohenberg. La muerte de la emperatriz se informó en las noticias de todo el mundo. El *St. Louis Post-Dispatch* escribió:

> La emperatriz Zita, 97, fue enterrada en la cripta de la familia Habsburgo bajo la iglesia de los capuchinos tras una misa de cuerpo presente en la catedral de San Esteban, en la cual se leyeron las oracio-

> nes en muchos de los idiomas del vasto imperio: alemán, húngaro, checo, esloveno, polaco e italiano [...] Los comunistas a cargo de la televisión estatal de Hungría y otros cinco países de Europa del Este transmitieron el funeral en vivo [...] El Imperio Habsburgo se ha popularizado de nuevo, por sus glorias pasadas, pero también por la lección política que se cree que podría enseñarle a Europa Central, que no ha conocido mucho más que desastres desde el colapso del imperio, y a Europa occidental en su búsqueda de nuevas formas de organización política multilateral.[11]

Cinco meses después Otto, el hijo de Zita, fue fundamental para patrocinar un picnic a través de la Organización Paneuropea, el movimiento de unificación europea más antiguo en el continente. Los asistentes se reunieron a ambos lados de la frontera austro-húngara, frente al pueblo húngaro de Sopron. A los que acudieron al picnic se les invitó a llevar comida, vino y pinzas para cortar alambre. A las 2:30 p. m. se abrió el cruce de la frontera. Cientos de miles de europeos orientales huyeron a Austria.[12]

Sophie von Nostitz-Rieneck vivió lo suficiente para ver algunos de los sueños de su padre hechos realidad, aunque no todos, así como el desvanecimiento de algunas de las pesadillas de su propia vida. En 1989 la Revolución de Terciopelo derrocó pacíficamente al régimen comunista en Checoslovaquia. El nuevo presidente del país, Vaclav Havel, ofreció una disculpa pública por la expulsión de los «alemanes» sudetes del país.[13]

Los regímenes comunistas colapsaron por toda Europa. En Polonia el movimiento Solidaridad votó para sacar a los comunistas del poder. A finales de diciembre la revolución en Rumania terminó con 42 años de gobierno comunista en el país. Los cortes que se abrieron en la Cortina de Hierro durante el picnic de Sopron culminaron en la caída del Muro de Berlín, la reunificación de Alemania y los llamados a la unidad europea.[14]

Durante el último mes de octubre en la vida de Sophie las temperaturas bajaron drásticamente en toda Austria. El clima frío era un recordatorio de que el invierno se aproximaba. Siempre había intentado vivir en el presente. Ese otoño, tras mudarse a la casa de su hija, revisitó cada vez más y más el pasado. Pero no era el pasado de Adolf Hitler, los nazis o las guerras que ocurrieron tras Sarajevo.[15] Esos recuerdos no vivían en su alma. Ni tampoco los antiguos castillos y palacios donde alguna vez vivió. Estos se habían convertido en museos, habían desaparecido o estaban en ruinas. Dachau y los otros campos de concentración donde sus hermanos estuvieron presos estaban en silencio y vacíos. El campo de batalla en Polonia donde murió uno de sus hijos estaba cubierto de vegetación, y ya no se le distinguía del paisaje que lo rodeaba. El gulag ruso donde su otro hijo fue enterrado en una tumba sin nombre hacía mucho que había desaparecido de los mapas. Esos lugares físicos no atormentaban su mente ni interrumpían su sueño. Eran los brillantes hombres y mujeres a quienes amó en vida y quienes la amaron los que seguían viviendo en su corazón.[16] Su nieto dijo sobre ella:

> La generación de mi abuela sufrió tantas pérdidas, tantas tragedias, y aun así encontraba alegría, belleza, razones para reír, y veía lo bueno de la vida, incluso al final. Vio desaparecer casi todo, pero nunca se rindió. Creo que esa generación se sostenía en la fe y la lealtad, en el sentido del humor y en un profundo compromiso con la familia. Esas cosas que heredó de sus padres le dieron la resiliencia para sobrevivir. Pero su fe, su religión, siguió siendo lo más importante en su vida. Nunca dudó que un día volvería a reunirse con todos sus seres queridos. Su capacidad para soportar la locura de la vida y seguir de pie fue un milagro que nació de esa fe y de la familia.[17]

En la vida de Sophie von Nostitz-Rieneck hubo muchos aniversarios. Algunos le encantaban, y otros eran demasiado tristes o dolorosos como para revivirlos. El 28 de octubre era un día al que le tenía miedo. Era la fecha en la que, en 1914, Gavrilo Princip fue condenado por asesinar a sus padres y, cuatro años después, en la que Checoslovaquia declaró su independencia del Imperio austrohúngaro. Eduard Beneš anunció su política de limpieza étnica el 28 de octubre de 1945. Era la fecha en que Sophie, su familia y otros millones de checos de ascendencia alemana se enteraron de que los iban a expulsar de sus hogares. El 27 de octubre de 1990, un día antes de dichos aniversarios, la hija de 89 años del archiduque Franz Ferdinand y de la duquesa de Hohenberg murió en paz mientras dormía.[18]

No la enterraron en el castillo de Artstetten con sus padres, hermanos y cuñadas, sino en la cripta familiar de su yerno, en el pueblo austriaco de Thannhausen. Sophie y Fritz, su esposo durante 53 años, descansan uno junto al otro. En la tarjeta que se les entregó en misa a los amigos y familiares que fueron a decirle *auf Wiedersehen* había dos fotografías. Una era de ella sonriendo entre las flores que tanto le gustaban. La otra era la imagen del Niño de Praga de la iglesia de Nuestra Señora de la Victoria en Checoslovaquia. Ella misma eligió la oración y su cita favorita de la Biblia para la tarjeta. Juntas, reflejaban cómo vivió su vida: «Estoy con Dios. Muero, pero mi amor por ti no morirá. Te amaré desde el cielo como lo hice en la tierra. He peleado la buena batalla. He llegado al final de mi camino. Me he mantenido en la fe».[19]

23

El destino de una familia

«El pan de cada día de las generaciones futuras crecerá con las lágrimas de la guerra».
ADOLF HITLER

«Sarajevo, Konopiste y los años de Hitler tendían una sombra cada vez más grande sobre él».
Princesa SOPHIE HOHENBERG DE POTESTA, sobre su padre

«Cuando vemos nombres en los libros de historia, la gente que está detrás de esos nombres no es real. Pero lo fue en algún momento y nos sigue influyendo hoy en día».
Príncipe GERHARD HOHENBERG

CUANDO MAXIMILIAN Hohenberg murió en 1962, el título de duque de Hohenberg pasó a su hijo mayor, Franz. Se había casado en 1956 con la princesa Elisabeth, hija de la gran duquesa de Luxemburgo y sobrina de la emperatriz Zita. A la hermosa boda en la milenaria catedral católica de Bruselas fueron invitados familiares, amigos y conocidos de la realeza de toda Europa. Franz heredó la belleza física de su padre, su encanto e inteligencia, el amor por la música, pero también la cultura de su tía Sophie y el sentido del humor, el amor por la naturaleza y la incontrolable hiperactividad de su tío Ernst. Al igual que el resto de su generación, también heredó el traumático legado de Sarajevo, Adolf Hitler y una década de ocupación comunista.[1]

Tras la muerte de su padre Franz descubrió un secreto familiar que ni siquiera sospechaba. Durante toda su vida Maximilian Hohenberg extrañó el hogar de su infancia en Konopiste. Las copias de sus cartas personales documentaban sus esfuerzos por lograr que algo, cualquier cosa de Konopiste, les fuera devuelto a sus hermanos y a él.[2]

En 1945 Max creyó que sus plegarias habían sido escuchadas. Obras de arte robadas por Adolf Hitler por toda Europa fueron descubiertas en las minas de sal de Altaussee, al sur de Salzburgo. Max tuvo una corazonada y siguió de cerca la historia. Además de la famosa estatua de Miguel Ángel de la *Madonna de Brujas*, el *Políptico de Gante*, de Jan van Eyck, y obras maestras de Vermeer, Hitler también había escondido cuarenta cajas de cosas de Konopiste.[3]

Maximilian escribió docenas de cartas a los oficiales del ejército que después fueron conocidos como los «hombres de los monumentos». Suplicó que se le devolvieran retratos familiares, pinturas, álbumes fotográficos y libros de la biblioteca privada de su padre. Eran el legado de Franz Ferdinand y la duquesa de Hohenberg para sus hijos, y para los nietos y bisnietos que no llegarían a conocer.[4]

Sus palabras eran sentidas y elocuentes, sin rencor, amargura o soberbia, pero fueron rechazadas. Al final todos los tesoros de los Hohenberg que se encontraron en las montañas austriacas fueron devueltos a Checoslovaquia.[5] En 1947 Konopiste se reabrió como museo.[6] En la última voluntad y testamento de su padre Maximilian le pidió a su hijo que hiciera todo lo posible por devolverle Konopiste y sus cosas a la familia. Su padre nunca lo había mencionado, y ni siquiera había dado pistas al respecto a nadie durante su vida. Impactado, e incluso abrumado por el encargo,

Franz decidió viajar a Checoslovaquia para visitar el castillo de los sueños de su padre.[7]

Durante la visita, Franz Hohenberg entró a un mundo que su padre siempre le mantuvo oculto. Era un pasado del que Franz ya no pudo escapar. Cuando volvió a Austria les dijo a sus hermanos: «Ahora en verdad ya no entiendo a nuestro padre».[8] Le sorprendía que alguien que había perdido tanto —unos padres amorosos, toda la seguridad, una familia unida, un hogar como Konopiste—, y que también había sido arrestado, humillado públicamente y detenido en los campos de concentración de Hitler, hubiera podido vivir una vida sin ira o amargura. Su padre nunca habló de esas pérdidas o cicatrices, pero de algún modo se asentaron en el alma de Franz. La visita a Konopiste lo cambió. La hija menor de Franz, Sophie, explicó:

> Mi padre podía contar un chiste tras otro. Amaba las artes y la naturaleza, pero también era sensible, casi frágil en algunos sentidos. Al envejecer, Sarajevo, Konopiste y los años de Hitler tendían una sombra cada vez más grande sobre él. Sentía que, de haber vivido las mismas pérdidas que su padre, se habría derrumbado. La realidad casi comenzó a atormentarlo.[9]

Franz volvió al castillo muchas veces. Sin embargo, en 1977 murió de un ataque cardiaco antes de cumplir cincuenta años. Ningún miembro de la siguiente generación de su familia pudo reunirse allá con él antes de su temprana muerte. Tras el colapso del comunismo, la princesa Sophie, hija menor de Franz, y su esposo, el barón Jean de Potesta, visitaron al fin Konopiste. Aunque llevaba el nombre de su tía abuela, que nació ahí, ella nunca se imaginó que sentiría algo al ver la casa. Años después recordó:

> No esperaba conmoverme. No me sentía vinculada a la casa. Para mí solo era un edificio de ladrillo y piedra, pero me sorprendí. Había

> amor en cada habitación. Aún podía sentirse. Te rodeaba y te abrazaba. Era un hogar, un verdadero hogar familiar, un santuario para el padre, la madre y los niños amorosos que en su momento vivieron ahí. Ni siquiera los asesinos y los ladrones nazis, ni el odio ciego de Hitler por nuestra familia, pudieron robarse el amor de esa casa.[10]

La princesa Sophie volvió después al castillo checo con sus tres hijos. Tenían casi las edades de los huérfanos que dejó Franz Ferdinand, Sophie, Max y Ernst, cuando los expulsaron de ahí. Tras esa visita, decidió intentar recuperar Konopiste para su familia. Años de batallas legales en tribunales locales, nacionales e internacionales solo lograron que sus peticiones de repatriación del castillo fueran rechazadas. Pero en 2013 dijo:

> La lucha misma es importante. No necesariamente el resultado. Es importante que la gente sepa la verdad. Es importante que los demás sepan lo que pasó, lo que se hizo y cómo se hizo. Si no tengo éxito, alguien de la siguiente generación continuará, porque a fin de cuentas esta es una lucha por la justicia y la verdad.[11]

El 28 de junio de 2014 cuatro generaciones de la familia Hohenberg se reunieron en el castillo de Artstetten en Austria. El centenario de los asesinatos en Sarajevo juntó a los descendientes del archiduque Franz Ferdinand, su amada esposa, la duquesa de Hohenberg, y sus primos Habsburgo. Compartieron historias familiares, recordaron y rieron. Parientes jóvenes y viejos asistieron a una solemne misa por la paz oficiada por su primo el cardenal arzobispo de Viena, Christopher Schönborn, en la basílica cercana de Maria Taferl.[12]

En el santuario de la basílica hay un homenaje a los caídos en las dos guerras mundiales. Si los visitantes observan con atención, también podrán encontrar un grabado del archiduque y la duquesa de Hohenberg con las cabezas inclinadas en oración, insertado sutilmente en uno de los vitrales.[13] Antes de que la familia se separara rezaron por la paz y por sus seres queridos vivos y muertos. Los Hohenberg no se reunieron para lamentarse, sino para dar gracias a los fundadores de su familia y al amor que hizo posible que ellos existieran.[14]

Georg Hohenberg, diplomático austriaco como su padre, Maximilian, recibía a familia y amigos con historias de sus aventuras diplomáticas. Sus narraciones levantaban los ánimos, pero también conjuraban más de un fantasma. Cuando estuvo en Argentina trabajó con austriacos pronazis que habían huido ahí después de la guerra, austriacos que escaparon de los nazis antes de la guerra, y primos austriacos y checos que escaparon de los nazis durante la guerra. Él decía que se necesitaba a un Hohenberg para clasificar a todos los austriacos en Argentina.[15]

Un día, durante una gran reunión en Venecia, estaba en un balcón junto a un niño que no lograba ver por encima del barandal. Él lo levantó para compartir la magnífica vista del Gran Canal. Una mujer salió de la fiesta, le arrancó al niño de los brazos y rápidamente desapareció entre los invitados. Él no podía ni imaginarse qué podría haber pensado aquella mujer, hasta que otros invitados le dieron una explicación entre susurros. La señora era miembro de la familia real serbia. El niño era su hijo. Debió imaginarse que el nieto del archiduque Franz Ferdinand estaba por vengar los asesinatos en Sarajevo y que lanzaría al pequeño príncipe serbio por el balcón. Georg confesó que no supo si sentirse mal por la conducta de la mujer o reír. Como era un Hohenberg, rio, pero, como también era un diplomático, lo hizo con una carcajada que solo él escuchó.[16]

Una de las historias favoritas de Gerhard Hohenberg, hermano de Georg, trataba sobre un encuentro con el duque y la duquesa de Windsor. Una vez Gerhard estaba sentado junto a la duquesa en una cena formal en la isla de Malta. Cuando descubrió quién era él, ella cambió del inglés al alemán enseguida y sin esfuerzo a media frase. Su vestido, modales y joyas eran impecables. Gerhard miró al duque de Windsor, al otro lado de la mesa. Durante la peor crisis de su nación, el duque había abdicado del trono de Inglaterra para casarse con esa mujer que parloteaba junto a él.

A Gerhard le sorprendió lo pequeño que era el antiguo rey, no solo en estatura, sino también en otros sentidos. Él y la duquesa parecían haber pasado sus vidas adultas asistiendo a fiestas y evitando responsabilidades. En el puerto cercano, que se alcanzaba a ver desde el lugar donde cenaban, se encontraba la aún imponente Flota Británica del Mediterráneo. Hubo una época en que todos los marineros, almirantes y soldados del Imperio británico saludaban al duque como Edward VIII por la Gracia de Dios, de Gran Bretaña, Irlanda y de los Dominios Británicos más allá del Mar, Rey, Defensor de la Fe y Emperador de India.[17]

El capitán George Jervis Wood, padre de Maisie, fue asistente militar personal del duque durante la Segunda Guerra Mundial. Su silencio sepulcral respecto a la pareja como personas y como miembros de la familia real revelaba mucho.[18] Otros que conocieron a Edward decían que el destronado Príncipe Azul estaba mejor que nunca en las épocas buenas, y que estaba mal en las malas.[19] Gerhard no pudo evitar comparar el legado de la historia de amor del duque y la duquesa con el de su propia familia.

El último puesto de Georg Hohenberg como diplomático fue el de embajador de Austria en el Vaticano, donde enseguida trabó amistad con el papa Juan Pablo II. Los dos tenían mucho en común. El padre del papa había sido capitán del ejército austrohúngaro y llamó a su hijo Karel, la versión polaca de Karl, en honor al último emperador Habsburgo. En 2004 el papa acercó un paso más al fallecido emperador a la santidad católica. Por su vida virtuosa y sus esfuerzos pacíficos para poner fin a la Primera Guerra

Mundial, Karl fue reconocido por la Iglesia católica como «Siervo de Dios». Una multitud de cincuenta mil personas de toda Europa Central celebró el evento, que fue televisado desde la plaza de San Pedro. El embajador Hohenberg, su familia y sus primos Habsburgo estuvieron ahí.[20] El archiduque Franz Ferdinand fue padrino de Karl. Tras la muerte del disoluto padre de Karl, él se convirtió en el guardián del futuro emperador y de su hermano menor. En ese momento el fundador de la dinastía Hohenberg dijo: «Haré todo lo que esté en mis manos para criarlos como buenos cristianos, austriacos y Habsburgo».[21] Y lo consiguió. Al recordar la historia de su excepcional familia, el embajador Hohenberg declaró:

> Ayuda tener una visión amplia de la historia, la justicia y la vida. Como diplomático retirado, veo las cosas con una óptica distinta. Mi abuelo Franz Ferdinand luchó toda su vida. Mis padres también lucharon. No lograron todo lo que querían lograr. Y nuestra generación tampoco lo hará, pero siempre hay esperanza en la siguiente generación.[22]

El príncipe Gerhard Hohenberg, nieto menor del archiduque Franz Ferdinand, tuvo la última palabra sobre el pasado, el presente y el futuro de su familia. Sentado en un pequeño café al aire libre en Viena en una ventosa calle frente a la catedral de San Esteban, dijo:

> Hace unos años visité a una querida amiga en el sur de Austria que había enviudado recientemente. Me invitó a quedarme a almorzar y preguntó si su nieto podía unirse a nosotros. Por supuesto que acepté. El jovencito, que era muy agradable y cortés, no me quitó los ojos de encima durante toda la comida. Casi no habló. Solo estaba ahí, observando todo lo que yo hacía. Cuando el muchacho se fue, su abuela me dijo que quería ver con sus propios ojos si en verdad aún

existía gente como yo. No podía creer que hubiera visto al nieto de Franz Ferdinand, alguien de los libros de historia que fue asesinado en 1914. Fue muy gracioso. Cuando vemos nombres en los libros de historia, la gente que está detrás de esos nombres no es real. Pero lo fue en algún momento y nos sigue influyendo hoy en día. La gente no se da cuenta de que nuestra familia sigue existiendo, pero existimos. La historia de Austria y la de nuestra familia son historias de personas reales y verdaderos milagros. Siempre hemos creído en los milagros y siempre creeremos en ellos. Sobrevivimos a Sarajevo y a las guerras que le siguieron. Sobrevivimos a Hitler y a los nazis, a Stalin y a los comunistas. Sobrevivimos al siglo XX. ¿Cómo no vamos a creer en los milagros?[23]

Agradecimientos

Escribir es una actividad solitaria, pero escribir no ficción es un trabajo en equipo. Mucha gente compartió este viaje conmigo. Este es un agradecimiento colectivo a amigos, bibliotecarios, historiadores, archivistas y demás en Estados Unidos, Austria, Bélgica, Bosnia-Herzegovina, Inglaterra, Luxemburgo y Alemania, quienes me ayudaron en formas grandes y pequeñas a contar esta historia.

Las raíces de este libro se remontan a cuando era apenas un niño. Mi madre me presentó a Kurt von Schuschnigg, un profesor de ciencias políticas de la Universidad de St. Louis. Me dijo que ese hombre callado y tímido había sido canciller de Austria, que fue arrestado por Adolf Hitler y luego encarcelado en Alemania en el campo de concentración de Dachau. Yo no sabía lo que era un canciller ni un campo de concentración, tampoco dónde estaban Austria ni Alemania y no conocía el nombre de Adolf Hitler, pero esa presentación despertó mi curiosidad y mis dudas para toda la vida. Y hasta aquí me trajo esa curiosidad.

Siendo un joven maestro, visité Dachau en Alemania y el Museo Imperial de la Guerra de Viena, en Austria. Conocí la historia del asesinato del archiduque Franz Ferdinand en 1914, el único asesinato político que provocó una guerra mundial. Sus últimas palabras para su esposa moribunda, «Sophie, no te mueras. Vive por nuestros hijos», me marcaron. Me pregunté: ¿qué pasó con sus huérfanos? Nadie parecía saberlo.

Fue hasta 2007 cuando empecé a enterarme de la respuesta a esa pregunta. Ese año un artículo de *The New York Times* titulado

«Princesa y heredera de Franz Ferdinand lucha por derogar una ley y recuperar un castillo» llamó mi atención. Comencé a escribirme con la princesa, Sophie Hohenberg de Potesta de Luxemburgo, bisnieta del archiduque Franz Ferdinand.

En 2011, cuando era presidente en funciones de la Fullbright en el Programa de Estudios de Género y Mujeres en la Universidad Alpen-Adria de Klagenfurt, Austria, la princesa y yo nos conocimos al fin. Me presentó a su tío, el príncipe Gerhard Hohenberg, el nieto vivo más joven del archiduque; a su primo, el conde Fritz von Nostitz-Rieneck, y a Su Alteza Real Georg, duque de Hohenberg. Juntos me presentaron con otros miembros de las familias Hohenberg, Nostitz-Rieneck y Habsburgo. Sin ellos, este libro no hubiera sido posible.

Mi esposa, Mary Jo Hardwood, estuvo conmigo durante este largo proyecto de investigación y escritura. Sin su paciencia y apoyo tampoco habría libro. Diane Day y Merry Zylstra leyeron con paciencia y lealtad infinitos borradores de esta historia, ofreciéndome invaluables comentarios, sugerencias y apoyo. Heather Painter, en Estados Unidos, Alemania y Austria, en inglés y en alemán, fue una ayuda invaluable en la investigación. Una mención especial para Jeanne Norberg, mi primera editora de mi primer libro, quien me enseñó a escribir y cuya lealtad y amistad me salvaron la vida más de una vez.

Por último, quiero agradecer a mi agente, Rita Rosenkranz, y a mi editor de Diversion Books, Keith Wallman, por creer en esta historia tanto como yo.

Notas

1. Hitler en el Hotel Imperial, 1938

1 Toland, John. *Adolf Hitler*, 454, Doubleday & Company, Garden City, 1976.
2 Weyr, Thomas. *The Setting of the Pearl: Vienna Under Hitler*, 32, Oxford University Press, Oxford, 2005.
3 Hitler, Adolf. *Mein Kampf*, 3, trad. Ralph Manheim, Houghton Mifflin, Nueva York, 1999.
4 MacDonogh, Giles. *1938: Hitler's Gamble*, 72, Random House, Nueva York, 2009.
5 Toland, 455.
6 *Idem.*
7 Hohenberg, princesa Sophie de Potesta.
8 *Idem.*
9 *Idem.*
10 Bloch, Eduard. «My Patient Adolf Hitler: A Memoir of Hitler's Jewish Physician», *The Journal of Historical Review*, mayo-junio de 1994. (Vol. 14, núm. 3), 27-35.
11 Kellerhoff, Sven Felix. «Wie Hitler seinen jüdischen Kompaniechef schützte». *Die Welt*, 7 de julio de 2012; Weber, Thomas. *Hitler's First War*, 344, Oxford University Press, Oxford, 2010.
12 *The New York Times*, 23 de marzo de 1938, 38, col. 1. «Habsburg Princes Arrested by Austrian Nazis».
13 Whittle, Tyler. *The Last Kaiser: A Biography* of Wilhelm II German Emperor and King of Prussia, 129, Times Books, Nueva York, 1977. El futuro rey Edward VII le escribió a su madre, la reina Victoria, que el primer ministro Salisbury estaba «seguro de que el pobre Rudolf… fue asesinado».
14 Brook-Shepherd, Gordon. *Uncrowned Emperor: The Life and Times of Otto von Habsburg*, 16, Hambledon and London, Londres, 2003.
15 *Idem.*
16 Zweig, Stefan. *The World of Yesterday: Memoirs of a European*, 239 (traducido al inglés por Anthea Bell), Pushkin Press, Londres, 2009.
17 *Idem.*
18 Pauli, Hertha. *The Secret of Sarajevo: The Story of Franz Ferdinand and Sophie*, Collins, 44, Londres, 1966.
19 *Ibid.*, 43-44.
20 Hohenberg, príncipe Gerhard. Incluso la emperatriz alemana Frederick, madre del futuro káiser, le dijo a un diplomático austriaco: «¡No se imagina cuánto admiro a su atractivo, ingenioso y elegante príncipe heredero Rudolf cuando lo comparo con mi torpe y maleducado hijo Wilhelm!». Kürenberg, *The Kaiser*, 57.
21 Pauli, 29.
22 *Idem.*
23 Kubizek, August. *The Young Hitler I Knew: The Definitive Inside Look at the Artist Who Became a Monster*, 44-45/52 (traducido al inglés por Geoffrey Brooks), Pen & Sword Books, Yorkshire, 2019.
24 McGuigan, Dorothy Gies. *The Habsburgs: The Personal Lives of a Royal Family that Made History for Six Centuries*, 388, Doubleday & Company, Nueva York, 1966.
25 *Idem.*
26 Unterreiner, Katrin. *Emperor Franz Joseph 1830-1916: Myth and Truth*, 28, Christian Brandstatter Verlag, 2006.

27 Kubizek, 52-53.
28 *Ibid.*, 56.
29 Jones, J. Sydney. *Hitler in Vienna 1907-1913: Clues to the Future*, 193, 25, Cooper Square Press, Nueva York, 2002.
30 Hitler, Adolf, 14-15.
31 Delaforce, Patrick. *Adolf Hitler: The Curious and Macabre Anecdotes*, 11, Fonthill Ltd., Londres, 2012.
32 Kubizek, 226.
33 *Idem.*
34 Brožouský, Miroslav. *Konopiste Chateau*, 35, Instituto para el Cuidado de Monumentos Históricos de Bohemia Central en Praga, 1995.
35 Kubizek, 226.
36 Jászi, Oscar. *The Dissolution of the Habsburg Monarchy*, 32-33, Chicago, University of Chicago Press, 1971.
37 Marek, George R. *The Eagles Die: Franz Joseph, Elisabeth, and Their Austria*, 4, Harper & Row, Nueva York, 1974.
38 Brook-Shepherd, Gordon. *Archduke of Sarajevo: The Romance and Tragedy of Franz Ferdinand of Austria*, 290, Little, Brown & Company, Boston, 1984.
39 Jones, 7.
40 Kubizek, 114.
41 Marek, 39.
42 Kubizek, 226.
43 Hitler, Adolf. H.R. Trevor-Roper, ed. *Hitler's Private Conversations*, 30, Farrar, Straus, & Young, Nueva York, 1953.
44 Hitler, *Mein Kampf*, 92-93.
45 Aichelburg, Wladimir. *Erzherzog Franz Ferdinand von Österreich-Este und Artstetten*, 19, Verlagsbüro Mag. Johann Lehner Ges.m.b., Viena, 2000.
46 Storer, Maria Longworth. *The Recent Bosnian Tragedy: A Personal Recollection of the Archduke Franz Ferdinand and his Wife, the Duchess of Hohenberg*, 674-678, Catholic World, vol. 99, agosto de 1914, núm. 593.
47 Brook-Shepherd, Gordon. *Archduke of Sarajevo*, 290-291.
48 Pauli, 200.
49 Viktoria Luise. *The Kaiser's Daughter: Memoirs of H.R.I. Princess of Prussia*, 12-13, Englewood Cliff, Prentice-Hall, 1977.
50 Cavendish-Bentinck, William. *Men, Women, and Things: Memories of the Duke of Portland*, 394, Faber & Faber, Londres, 1938.
51 Hitler, *Mein Kampf*, 3. La noche en que se declaró la guerra el embajador francés en Alemania le dijo al embajador inglés: «Esta noche hay tres personas en Berlín que lamentan que haya estallado la guerra: usted, yo y el káiser Wilhelm», Whittle, *The Last Kaiser*, 271.
52 *Ibid.*, 158-159.

2. El artista, el archiduque y el emperador

1 Jones, 1.
2 *Ibid.*, 2.
3 Illies, Florian (traducido al inglés por Shaun Whiteside y Jamie Lee Searle). *1913-The Year Before the Storm*, 27, Melville House, Brooklyn, 2013.
4 Brooks, Tim. «Ferdinand Porsche-Famed for First Hybrid, Beetle, and Link with Hitler», 1, *The National*, 12 de febrero de 2012.
5 Horthy, Nicolás Admiral. *Memoirs*, 52-53, Simon Publications, Safety Harbor, 2000.
6 Linsboth, Christina. *Two Rulers in an «Automobile»*, World and Worlds of the Habsburgs, A Schloss Schonbrunn Kulturand und Betreibsges, m.b.H. Project, Viena, 2007-2008.

7 Lansdale, Maria Horner. *Vienna and the Viennese*, 279, Henry Coates & Company, Filadelfia, 1902. El káiser Wilhelm II, emperador de Alemania y esnob de la realeza, declaró a la corte de los Habsburgo la más elocuente de toda Europa.
8 Hitler, *Mein Kampf*, 13.
9 Kurlander, Eric. *The Perils of Discursive «Balkanization» Petronilla Ehrenpreis, Krieg und Fridenszible im Diskurs,* H-Net Reviews in the Humanities & Social Studies, febrero de 2007.
10 Illies, 27.
11 Jones, 6.
12 *Ibid.*, 3.
13 Hamann, Brigitte. *Hitler: Portrait of the Tyrant as a Young Man*, 26, Taurus Park, Londres, 2010.
14 *Ibid.*, 8.
15 Jones, 248.
16 *Ibid.*, 3.
17 Cawthorne, Nigel. *Hitler: The Psychiatric Files: The Madness of the Führer*, 20, Arcturus Publishing Ltd., Londres, 2016.
18 Hamann, 304-305.
19 *Ibid.*, 326.
20 Hitler, *Mein Kampf*, 20.
21 Bloch, 3.
22 Kubizek, 183.
23 *Ibid.*, 49.
24 *Ibid.*, 30-31.
25 *Ibid.*, 148.
26 *Ibid.*, 145.
27 *Ibid.*, 150.
28 *Ibid.*, 150-151.
29 *Ibid.*, 153.
30 *Ibid.*, 157.
31 *Idem.*
32 *Idem.*
33 *Ibid.*, 160.
34 *Ibid.*, 52.
35 *Ibid.*, 157.
36 *Ibid.*, 234.
37 *Idem.*
38 *Ibid.*, 204.
39 *Ibid.*, 205.
40 *Idem.*

3. ¿SERÁ ESTO UN JUDÍO?

1 «The Austrian Emperor's Jubilee», 712, *The Japan Weekly Mail*, vol. 49, 20 de junio de 1908.
2 Hitler, *Mein Kampf*, 12-13.
3 *Japan Weekly.*
4 *Idem.*
5 *Idem.*
6 Hitler, *Mein Kampf*, 141.
7 Trosclair, Wade. *The Limits and Conceptions of Austrianness: The Bohemian-German Press During Franz Joseph's Jubilee in 1908*, 14, Dissertation, Central European University Nationalism Studies Program, Budapest, Hungría, 2013.
8 Unowsky, Daniel L. *The Pomp and Politics of Patriotism: Imperial Celebrations in Habsburg Austria 1848-1916*, 141, 144, Purdue University Press, West Lafayette, Indiana, 2005.

9 Trosclair, 13.
10 Unowsky, 141-144.
11 Hamann, 321.
12 Kubizek, 229.
13 Hitler, *Mein Kampf*, 23.
14 Kubizek, 229.
15 Pauli, 196.
16 *Ibid.*, 126. A Franz Ferdinand no le agradaban particularmente sus propios parientes, igual que él no les agradaba a ellos. En privado describía a la mayoría como «cretinos» y con estas palabras: «Son estúpidos y cabezas duras, ¡si es que no están chiflados!», Kürenberg, 277.
17 *Ibid.*, 83.
18 *Ibid.*, 96-97, 100.
19 Hohenberg, príncipe Gerhard. La emperatriz Elisabeth, que era bávara, le dijo una vez sin miramientos al emperador Franz Joseph: «Sobre todo, ¡ya no más endogamia! Debería alegrarle que por una vez hay sangre nueva en la familia, en vez de española o bávara». Kürenberg, *The Kaiser*, 272. A Franz Joseph no le interesaba la sangre nueva, solo la sangre azul. Entendía que era un deber de la dinastía la selección de la pareja real correcta para casarse.
20 Stéphanie de Bélgica, princesa, Su Alteza Real. *I Was to Be Empress*, 153, Ivor Nicholson & Watson, Londres, 1937. Franz Ferdinand era amigo cercano de su primo, el príncipe heredero Rudolf, se llevaba bien con Stéphanie y estaba dolorosamente consciente de lo infeliz que era su matrimonio. Quizá Stéphanie era el único miembro de la familia Habsburgo más impopular que Franz Ferdinand.
21 Hamann, Brigitte. *Bertha von Suttner: A Life for Peace*, traducido al inglés por Ann Dubsky, 233, Syracuse University Press, 1996.
22 Unterreiner, Katrin. *Emperor Franz Joseph, 1830-1916: Myth and Truth*, 88, Christian Brandstätter Verlag, Viena, 2006.
23 Pauli, 216-217.
24 Hohenberg, príncipe Gerhard.
25 Pauli, 143.
26 *Idem.*
27 Kubizek, 226.
28 Hohenberg, príncipe Gerhard.
29 Unowsky, 141.
30 Hohenberg, príncipe Gerhard.
31 Kubizek, 207.
32 *Idem.*
33 *Ibid.*, 229.
34 *Ibid.*, 230.
35 *Idem.*
36 *Idem.*
37 *Ibid.*, 232-233.
38 *Ibid.*, 234.
39 Jones, 99-101.
40 *Idem.*
41 Hamann, *Hitler*, 103-104.
42 Pauli, 228-229.
43 *Ibid.*, 254.
44 *Idem.*
45 Cassels, 90.
46 *Idem.*
47 *Idem.*
48 *Idem.*

49 Levine, Don Isaac. *Letters from the Kaiser to the Czar*, 222-226, Frederick A. Stokes Company, Nueva York, 1920.
50 Kubizek, 240.
51 *Ibid.*, 163.

4. El león y el cordero

1 Hohenberg, príncipe Gerhard.
2 Unowsky.
3 *Idem.*
4 *Idem.*
5 Trosclair, 14.
6 *Idem.*
7 Jones, 126-127.
8 *Ibid.*, 127.
9 Hitler, *Mein Kampf*, 40.
10 *Ibid.*, 41.
11 *Ibid.*, 39.
12 *Ibid.*, 40.
13 *Idem.*
14 *Ibid.*, 90.
15 *Idem.*
16 Hamann, 153.
17 Jones, 135.
18 *Idem.*
19 Hamann, 155.
20 Toland, 455.
21 *Idem.*
22 *Idem.*
23 Hohenberg, príncipe Gerhard.
24 *Idem.*
25 *Idem.*
26 *Idem.*
27 *Idem.*
28 Hohenberg, princesa Sophie de Potesta.
29 Brook-Shepherd, 93.
30 *Idem.*
31 *Ibid.*, 109-110.
32 *Idem.*
33 Hohenberg, príncipe Gerhard.
34 *Idem.*
35 Hohenberg, princesa Sophie de Potesta.
36 Pauli, 51.
37 *Idem.*
38 *Ibid.*, 57.
39 *Idem.*
40 Taylor, A.J.P. *The Struggle for Mastery in Europe 1848-1918*, 494, Oxford, 1954.
41 Brook-Shepherd, archiduque de Sarajevo, 109.
42 *Ibid.*, 183-186.
43 Viktoria Luise, 12-13.
44 Brook-Shepherd, 168.

45 Brook-Shepherd, Gordon. *Uncle of Europe: The Social and Diplomatic Life of King Edward VII*, 261, Harcourt, Brace & Jovanovich, 1976.
46 Pauli, 126.
47 *Ibid.*, 154.
48 Hohenberg, princesa Sophie de Potesta.
49 Bloch.
50 *Idem.*
51 Delaforce, 214-215.
52 Ryback, Timothy W. *Hitler's Private Library: The Books that Shaped his Life*, XI, XII, XIII, Vintage Books, Londres, 2010.

5. Los cimientos de granito

1 Hohenberg, príncipe Gerhard.
2 *Idem.*
3 Pauli, 215.
4 Arco-Zinneberg, Graf Ulrich. *Meine Reise un die Erde, 100 Jahre Weltreise de Thronfolgers*, 33, Verlag J & Sandler, J.H. Donau, 1993.
5 Pauli, 120.
6 Brook-Shepherd, 115.
7 *Ibid.*, 64.
8 Thiele, Johannes. *Crown Prince Rudolph 1858-1889: Myth and Truth*, 40-45 (traducido al inglés por Martin Kelsey), Christian Brandstätter Verlag, Viena, 2008.
9 Hitler, 92-93.
10 Hamann, 41.
11 *Ibid.*, 158-159.
12 Hanisch, 272. Durante la infancia de Hitler en Linz, por lo general a los checos y comunistas se les veía con desconfianza, al igual que a los sacerdotes jesuitas, dada su educación y su supuesto poder político. En su autobiografía, Albert Speer escribió que Hitler le dijo que de niño descubrió la raza porque le desagradaban sus compañeros checos en Linz, 99. Concluyó ya entonces que a los checos debería impedírseles migrar a la Austria alemana.
13 Hamann, 29.
14 Hanisch, 272.
15 *Ibid.*, 240.
16 Hohenberg, príncipe Gerhard. Franz Ferdinand tenía pocos recuerdos de su madre biológica, la princesa Maria Annunciata. La archiduquesa Maria-Theresa, que se convirtió en su madrastra cuanto él tenía siete años, fue para él su «verdadera» madre, su «querida mamá».
17 Hohenberg, princesa Sophie de Potesta. Franz Ferdinand era un introvertido del que, al ser una figura pública, se esperaba que fuera extrovertido. Hoy en día, muy probablemente, Franz Ferdinand sería clasificado como un estudiante con un desorden de hiperactividad.
18 Kubizek, 179.
19 Hamann, 11. Hitler era un ávido lector. Como muchos niños alemanes y austriacos, disfrutaba los cuentos de Karl May sobre el Oeste estadounidense, pese al hecho de que May nunca visitó Estados Unidos y no vio vaqueros ni indios en toda su vida.
20 Kubizek, 181.
21 Hanisch, 298.
22 Hamann, 91.
23 Hanisch, 271.
24 Illies, 91.
25 Hanisch, 242.
26 *Idem.*
27 Hamann, 240-243.

28 *Ibid.*, 246.
29 *Ibid.*, 248.
30 *Ibid.*, 240.
31 *Ibid.*, 252.
32 *Ibid.*, 304-305.
33 *Ibid.*, 285. Después, Hitler incorporó muchas de las técnicas y formas de hablar de Schönerer y Lueger en los discursos, mítines y programas del Partido Nazi.
34 *Ibid.*, 241-243.
35 *Ibid.*, 277.
36 *Ibid.*, 286.
37 *Ibid.*, 323-324.
38 *Ibid.*, 327. Sobre su selecto grupo de amigos judíos, Lueger dijo: «Yo decido quién es judío». Hitler también hacía excepciones a su antisemitismo cuando le convenía. No solo permitió que el doctor judío de su madre y sus comandantes judíos de la Primera Guerra Mundial emigraran pacíficamente a América, sino que en el Nido del Águila recibía con frecuencia la visita de una joven, Bernhardine Nienau, de quien se sabía que tenía una abuela judía. Ella se refería a Hitler como «tío Adolf». Martin Bormann paró las visitas, lo que provocó que Hitler se quejara diciendo: «Hay gente que tiene un verdadero talento para arruinar cada una de mis alegrías». Hoffman, 166.
39 *Ibid.*, 286.
40 Jones, 11.
41 Czernin, conde Ottokar. *In the World War*, 50, Cassel & Company, Londres, 1919.
42 *Idem.*
43 Pauli, 149.
44 Jones, 153-154.
45 Hamann, 171.
46 Bloch, Hamann, 62.
47 *Idem.*
48 Hamann, 173.
49 *Ibid.*, 380.
50 Hauner, 8.
51 Hamann, 62.
52 *Ibid.*, 393 y 395.
53 *Ibid.*, 395.
54 Hitler, 125.
55 *Idem.*
56 *Idem.*
57 *Idem.*

6. El espía, el desertor y el pacificador

1 Hamann, 395-396.
2 *Ibid.*, 398.
3 *Ibid.*, 399.
4 Asprey, Robert. *The Panther's Feast*, 260, G.P. Putnam's Sons, Nueva York, 1959.
5 Jones, 244.
6 Asprey, 263.
7 *Ibid.*, 262.
8 *Ibid.*, 278-279.
9 *Ibid.*, 279-280.
10 *Ibid.*, 280.
11 *Ibid.*, 293.

12 *Ibid.*, 287-288.
13 Taylor, A.J.P., 496.
14 Clark, Christopher. *The Sleepwalkers: How Europe Went to War in 1914*, 102-103, Penguin, Londres, 2012.
15 Hamann, 394.
16 Jones, 251-252.
17 Hamann, 399.
18 Pauli, 242-243.
19 *Idem.*
20 Hohenberg, príncipe Gerhard.
21 Carter, Miranda. *George, Nicolás, and Wilhelm: Three Royal Cousins and the Road to War*, 101, Alfred A. Knopf, Nueva York, 2009.
22 Hohenberg, príncipe Gerhard.
23 Cassels, 126. El primer ministro austriaco Kurt von Stürgkh, miembro del partido belicista de Conrad von Hötzendorf, declaró en su autobiografía: «Creo firmemente… que si Franz Ferdinand hubiera llegado al trono y se hubiera convencido de que otra alianza sería más redituable para Austria-Hungría, no se habría tocado el corazón para abandonar a Alemania y a su káiser». Stürgkh fue asesinado en 1916.
24 Hamann, 402.
25 *Ibid.*, 393-394.
26 Bostridge, Mark. *The Fateful Year: England 1914*, 168, Penguin Books, Londres, 2014.
27 Hohenberg, príncipe Gerhard.
28 *Idem.*
29 Pauli, 247.
30 Storer, Maria Longworth, 674-675.
31 Pauli, 247.
32 *Ibid.*, 193.
33 *Ibid.*, 222.
34 Brook-Shepherd, *Royal Sunset: The European Dynasties and the Great War*, 274, Doubleday, Garden City, 1987.
35 *Idem.*
36 Hohenberg, príncipe Gerhardt.
37 Hauner, 11. La evasión del servicio militar no era tolerada ni en Austria ni en Alemania. Los países vecinos trabajaban en conjunto para buscar y arrestar a cualquiera al que consideraran un desertor.
38 *Idem.*

7. Fatalidad

1 Jones, 321.
2 Hauner, 11. Hitler parecía tener una habilidad innata para poner a las personas de su lado, e incluso ganarse su agrado cuando las necesitaba.
3 *Ibid.*, 12.
4 Jones, 228. Hitler podía ser muy supersticioso y, al igual que Franz Ferdinand, creía en el destino y sus mandatos.
5 Hamann, 191.
6 Illies, 149.
7 Stéphanie, 153.
8 O'Connor, Richard. *The Cactus Throne: The Tragedy of Maximilian and Carlotta*, 329, 275-276. Pese a las tragedias asociadas con el castillo, no es un lugar lúgubre sino que, al contrario, irradia calidez.
9 Hohenberg, príncipe Gerhard.

10 Pauli.
11 Hohenberg, príncipe Gerhard.
12 *Idem.*
13 Illies, 178.
14 Brook-Shepherd, 222.
15 *Ibid.*, 235.
16 *Idem.*
17 *Idem.*
18 *Idem.*
19 Hohenberg, príncipe Gerhard.
20 *Idem.*
21 *Idem.*
22 *Idem.*
23 Cassels, Lavender. *The Archduke and the Assassin; Sarajevo June 28, 1914*, 161, Dorset Press, Nueva York, 1984.
24 Brook-Shepherd, archiduque de Sarajevo, 221 / Gerd, Höller. *Franz Ferdinand von Österrecich-Este*, Graz, 1982.
25 Dedijer, Vladimir. *The Road to Sarajevo,* 165, Simon & Schuster, Nueva York, 1966.
26 Brook-Shepherd, 104.
27 Dedijer, 165 y 262.
28 Hohenberg, príncipe Gerhard.
29 Brook-Shepherd, 233.
30 MacMillan, Margaret. *The War That Ended Peace: The Road to 1914*, 550, Random House, Nueva York, 2013.
31 Pauli, 276.
32 Czernin, 46.
33 Pauli, 268.
34 Shepherd, 269.
35 Pauli, 265.
36 Clark, 117.
37 Pauli, 283.
38 *Ibid.*, 275.
39 Cassells, 144.
40 McMeekin, 5.
41 *Idem.*
42 Pauli, 270. Bilanski y el gobernador militar de Bosnia, Oskar Potiorek, eran rivales políticos, pero ninguno de los dos apoyaba a Franz Ferdinand. Bilanski era considerado un aliado y «confidente íntimo» de la burocracia conservadora que rodeaba al emperador Franz Joseph. Tres veces el archiduque bloqueó el ascenso de Potiorek en el ejército, pues creía que hablaba mucho y no hacía nada. Su desastrosa participación en la Primera Guerra Mundial confirmó las sospechas del archiduque.
43 *Idem.*
44 *Idem.*
45 *Idem.*

8. Destino inescrutable

1 Corresponsal especial, *The New York Times*. «Bishops Lanyi's Death Recalls "Death Vision"», 18 de octubre de 1931.
2 *Idem.*
3 *Idem.*
4 *Idem.* Este es uno de los casos más documentados de lo que algunas personas llaman percepción

extrasensorial. El hecho de que Lanyi fuera un arzobispo y que contara su sueño verbalmente y por escrito a otros antes de que ocurrieran los hechos contribuyó a que se hiciera tan famoso.
5 Smith, D.J. *One Morning in Sarajevo: June 28, 1914*, Weidenfeld & Nicolson, Londres, 2008.
6 Brook Shepherd, AofS, 248-249.
7 Kürenberg, 280.
8 Remak, 139. Franz Ferdinand era famoso, y algunos dirían que tristemente célebre, por su negro sentido del humor.
9 *Idem.*
10 Cassels, 178.
11 *Ibid.*, 251. Rebecca West describió en su libro *Black Lamb and Grey Falcon* cómo conoció a un hombre que de niño estuvo en la bienvenida a Franz Ferdinand en el ayuntamiento de Sarajevo. Él le dijo: «No podíamos quitarle los ojos de encima al archiduque... todos estábamos en silencio... todos nos sentíamos raros, porque sabíamos que cuando saliera sin lugar a duda iban a matarlo. No, no era que se hubiera dicho... sabíamos que si un hombre había lanzado una bomba, otro lanzaría otra bomba y otro si el anterior fallaba. En verdad, eso creó una atmósfera muy extraña en el evento», pp. 332-333.
12 *Idem.*
13 *Idem.*
14 *Idem.*
15 *Idem.*
16 Pauli, 288. Istvan Tisza, primer ministro de Hungría, también vio la participación divina en el asesinato del archiduque y él mismo fue asesinado cuatro años después.
17 Hitler, *Mein Kampf*, 158-159.
18 Gady, Franz-Stefan. «The Scandalous Affair That Started World War I», *The National Interest, A Quarterly Journal of International Affairs and Diplomacy*, mayo-junio de 2014.
19 Pauli, 288.
20 Nostitz-Rieneck, conde.
21 *Idem.* Los miembros de las familias Nostitz-Rieneck y Hohenberg cuentan versiones ligeramente distintas de las traumáticas horas posteriores al asesinato de sus bisabuelos. Esto puede ser un reflejo de la confusión, la impresión y el dolor causados por el acontecimiento. En lo que coinciden es en que, cuando eran niños, les contaron historias contradictorias sobre lo que les pasó a sus padres en Sarajevo y no se enteraron de sus muertes hasta el día siguiente.
22 *Idem.*
23 *Idem.*
24 Brook-Shepherd, 253.
25 Pope-Hennessy, James. *Queen Mary 1867-1953*, 483, Knopf, Nueva York, 1960.
26 Ziegler, Phillip. *King Edward VIII*, 42, Knopf, Nueva York, 1991. Aun cuando el joven Edward, príncipe de Gales, parecía identificarse con su ascendencia alemana tanto, si no es que más, como con su pasado inglés.
27 Aronson, Theo. *Crowns in Conflict*, 101, Salem Publishers, Manchester, 1986. A Wilhelm le llegó a agradar realmente Franz Ferdinand y confiaba en él.
28 Hohenberg, príncipe Gerhard.
29 Pauli, 289. Esto se confirmó en una conversación que tuve con Su Alteza Real e Imperial el archiduque Christian Habsburgo en Washington, D.C., el 21 de octubre de 2011.
30 Penfield, Frederick Courtland. Embajador de Estados Unidos en Austria-Hungría, Departamento Estadounidense de Documentos del Estado Relativos a las Relaciones Exteriores de Estados Unidos, 30 de junio de 1914, Archivos Nacionales Microfilm Publications, Microfilm núm. 695, suplemento 2, 1917, La guerra mundial.
31 Daisy, princesa de Pless. *What I Left Unsaid*, 145, Cassel & Company, Londres, 1936. Los miembros más jóvenes de la aristocracia y otros de su generación como Kurt Schuschnigg tenían una opinión sobre Franz Ferdinand más favorable que los tradicionalistas mayores.
32 McMeekin, Sean. *July 1914: Countdown to War*, Basic Books, 28, Nueva York, 2014.

33 Brook-Shepherd, 264.
34 *Idem.*
35 Museo de Artstetten, 18 de mayo de 2011. En Artstetten aún se exponen los letreros que llevaban las flores.
36 Pauli, 273.
37 Beatty, 190.
38 Lafore, Laurence. *The Long Fuse: An Interpretation of the Origins of the World War*, 208, J.B. Lippincott, 1965.
39 Pauli, 294.
40 Remak, Joachim. *Sarajevo: The Story of a Political Murder*, 265, Criterion, Nueva York, 1959.
41 Windisch Grätz, príncipe Ludwig. *My Memoir*, 49-50, Houghton Mifflin Company, Boston, 1924.
42 Czernin, 49.
43 Hitler, 159.
44 *Ibid.*, 162. Franz Joseph veía a su «mestizo Imperio Habsburgo» de un modo muy distinto que Adolf Hitler. Sin embargo, ambos hombres reconocían el papel único que desempeñaba en Europa. El emperador escribió: «La monarquía austrohúngara no es una lujosa obra de arte, sino una absoluta necesidad para la existencia presente y futura de sus pueblos. Es un refugio para esas naciones de Europa Central que, sin un hogar común, tendrían una existencia deplorable y serían maltratados por sus todos sus vecinos más poderosos; sin embargo, mientras estén juntos, ellos mismos son un poder que impone». p. 440, Kürenberg.
45 Hitler, 159.

9. Algo así como un ligero estado cataléptico

1 Pless, 146-147.
2 Churchill, Winston. *The World Crisis 1911-1914*, 192, Thornton Butterworth Limited, Londres, 1923.
3 Entrevista con Nostitz-Rieneck.
4 Alexander, Su Alteza Real. Príncipe regente. *Serbia's Part in the War Vol.1: The Rampart Against Pan-Germanism*, 122, Simpkin, Marshall & Hamilton, Londres, 1918.
5 Beatty, 184.
6 Mager, Hugo. *Elizabeth: Grand Duchess of Russia*, 269, Carroll & Graf Publishers, Nueva York, 1998.
7 Cowles, Virginia. *The Last Tsar*, 70, Putnam, Nueva York, 1977.
8 Hitler, 161.
9 *Ibid.*, 150.
10 Hohenberg, princesa Sophie de Potesta.
11 *Idem.*
12 Revista *Time*. Yugoslavia: Embalmments, 29 de marzo de 1920.
13 Nostitz-Rieneck, conde.
14 Hohenberg, príncipe Gerhard.
15 Nostitz-Rieneck. El archiduque Karl y la abuela de los Hohenberg, la archiduquesa Maria-Theresa, fueron los únicos miembros de la familia y de la corte de los Habsburgo que protegieron los intereses de los huérfanos reales de Franz Ferdinand.
16 *Idem.*
17 Alexander, 122.
18 Sondhaus, Lawrence. *Franz Conrad von Hötzendorf: Architect of the Apocalypse*, 168, Humanities Press, Boston, 2000. Poco después de que las fuerzas de Hitler invadieron Rusia en la Segunda Guerra Mundial, él alabó a Von Hötzendorf llamándolo «el comandante más inteligente de la Primera Guerra Mundial».
19 Czernin, 33.

20 Kiegard, Karl von. «Frederick Wilhelm Exclusive Interview with the United Press», United Press International, 20 de noviembre de 1914.
21 Hauner, 121. Hitler disfrutó mucho su paso por el ejército y el golpe de adrenalina por el combate lo asustaba, pero también le resultaba vigorizante. Mientras combatía en el ejército alemán en el frente oeste, su amigo de la infancia y antiguo compañero de piso en Viena, August Kubizek, luchaba con el ejército austriaco en el frente este. Rudolf Häusler, quien fuera su compañero de cuarto en Múnich, también peleó en el ejército de Franz Joseph.
22 Nostitz-Rieneck, conde.
23 King, Greg, y Sue Woolmans. *The Assassination of the Archduke: Sarajevo 1914 and the Romance That Changed the World*, St. Martin's Press, 257, Nueva York, 2013.
24 Nicoll, Leo S. J., y Anton Puntigam S. J. *Leven und Wirken eines Jesuisen in Bosnien*, 102, Tesis, Universidad de Viena, 1970. Intercambio de cartas con el autor, 25 de mayo de 2011. Puntigam escribió que la duquesa de Hohenberg era una madre para todos los niños que conocía. Cuando la asesinaron llevaba las flores que le dio una niña musulmana de Sarajevo, de la que la duquesa dijo que le recordaba a su nieta.
25 *Idem*. Físicamente, Nedeljko Cabrinovic era pequeño, casi como un pajarito, con un aspecto suave y amigable que contrastaba con su naturaleza platicona.
26 *Idem*.
27 *Idem*.
28 *Idem*.
29 Carruthers, Bob. *Private Hitler's War 1914-1918*, 78, Pen & Sword Books, Barnsley, 2014.
30 Hauner, 13.
31 *Ibid*., 13-14.
32 *The New York Times*, 8 de julio de 1916.
33 Hohenberg, princesa Sophie de Potesta. La archiduquesa Maria-Theresa inicialmente había apoyado la guerra y se molestó mucho cuando Italia, lugar de nacimiento de la madre biológica de Franz Ferdinand, le declaró la guerra a Austria. Ella y dos de sus hermanas contrataron un submarino para que atacara a la flota italiana, pero se hundió sin lograr su objetivo. A la archiduquesa la vetaron brevemente de la corte Habsburgo.
34 Russell, Gareth. *The Emperors: How Europe's Rulers Were Destroyed by the First World War*, 164, Amberley Publishing, Gloucestershire, 2015.
35 Hohenberg, princesa Sophie de Potesta, 22 de marzo de 2013.
36 Brook-Shepherd. *The Last Habsburg*, 49, Weybright & Talley, Nueva York, 1968. Franz Ferdinand se quejó una vez diciendo: «Debo esperar, y que me informen menos que al sirviente más insignificante de todo Schönbrunn. Mi posición es la de un heredero con una restricción de herencia, que debe observar en silencio cómo el anciano propietario deja que las excelentes propiedades se devalúen por sus manejos deshonestos». p. 278, Kürenberg.
37 Vovk, Justin. *Imperial Requiem: Four Royal Women and the Fall of the Age of Empresses*, 324, University L.L.C. Bloomington, 2012.
38 *Idem*.
39 Hitler, *Secret Conversations*, 44.
40 Hohenberg, príncipe Gerhard.
41 Hauner, 14.
42 Hohenberg, princesa Sophie de Potesta.
43 Nicoll, 22 de marzo de 2013.
44 *Idem*. A muchas personas Putingam les parecía molesto y despistado, pero su sinceridad casi infantil respecto a la fe, la caridad y el perdón conectaba con otras, incluyendo a la madrastra de Franz Ferdinand, la archiduquesa Maria-Theresa, y dos de los tres hijos del archiduque.
45 Hohenberg, princesa Sophie de Potesta.
46 Voyk, 324.
47 Nostitz-Rieneck, conde.

48 Gilbert, Martin. *The First World War: A Complete History*, 491, Henry Holt & Company, Nueva York, 1994.
49 Kürenberg, 230.
50 Cartas de Nicoll. Tras la guerra, Putingam fue el único sacerdote católico expulsado de Bosnia. El dinero que se reunió para los monumentos en Sarajevo y que nunca se usó al final fue entregado a la Iglesia católica. Tras el juicio a los asesinos en Sarajevo, a Putingam le dieron el arma que usó Princip para matar al archiduque y la duquesa. Él se la dio a la orden jesuita, pero conservó la camisa manchada de sangre de Franz Ferdinand, la cual consideraba una reliquia sagrada del archiduque, convertido en mártir. Después de eso, la camisa desapareció.
51 Gady.
52 Brook-Shepherd, *The Last Habsburg*, 219.
53 Hauner, 15.
54 *Idem.*
55 *Ibid.*, 16.
56 Hitler, *Secret Conversations*, 44.
57 *Idem.*

10. Exilios

1 Nostitz-Rieneck, conde.
2 *Idem.*
3 *Idem.*
4 *Idem.* Sophie recibió después un tercio de las tierras que heredó su hermano.
5 *Idem.*
6 Brook-Shepherd, *The Last Habsburg Emperor*, 234.
7 Nostitz-Rieneck. Franz Janaczek siguió sirviendo con lealtad a la familia hasta su muerte a inicios de la década de 1950. Él siempre se negó a escribir su autobiografía o hablar de cualquier tema relacionado con Franz Ferdinand o sus hijos.
8 *Idem.*
9 *Idem.*
10 *Idem.*
11 *Idem.*
12 King, Greg, y Sue Woolmans, 257.
13 Nostitz-Rieneck, conde.
14 King, Woolmans, 257.
15 Nostitz-Rieneck, conde.
16 *Idem.* Los nichos del archiduque y la duquesa están abiertos a los visitantes del museo del castillo de Artstetten.
17 Pauli, 303.
18 Hauner, 17-18.
19 *Ibid.*, 18. En el libro de Ronald Hayman, *Hitler & Geil*, se habla sobre el entrenamiento de Hitler en oratoria durante el tiempo que pasó en el ejército, pp. 58-59.
20 Hitler, 322-323. Los discursos de Hitler habían sido tolerados por sus compañeros de departamento y los habitantes de los refugios para indigentes, pero nunca antes había recibido una respuesta tan abrumadoramente positiva a sus palabras.
21 Hauner, 18.
22 Range, Peter Ross. *1924: The Year That Made Hitler*, 117, Little, Brown & Company, Nueva York, 2016.
23 Hauner, 19. Hitler creía que en Austria se necesitaba de un partido político completamente nuevo, pero no fue hasta que entró en contacto con el pequeño grupo de obreros alemanes en Múnich que descubrió un partido político ya existente y que podía moldear a su gusto.
24 *Ibid.*, 20. El antisemitismo, una firme oposición a la inmigración y los llamados al nacionalismo fueron las piedras angulares del ascenso al poder de Hitler en sus inicios.

25 *Ibid.*, 18, 21.
26 Cavendish, William duque de Portland. Carta a Thomas Masaryk, 12 de agosto de 1919, Artstetten.
27 *Idem.*
28 Nostitz-Rieneck, conde.
29 *Idem.*
30 *Idem.*
31 *Idem.*
32 *Idem.*
33 *Idem.*
34 MacDonogh, Giles. *The Last Kaiser: The Life of Wilhelm II*, 327, Whittle, Nueva York, 1977.
35 Nostitz-Rieneck, conde.
36 *Idem.*
37 *Idem.*
38 Hohenberg, princesa Sophie de Potesta.
39 *Idem.*
40 *Idem.*
41 *Idem.*.
42 *Idem.* Tras los acontecimientos de Sarajevo, Ernst, el menor de los huérfanos, parecía el más frágil emocionalmente.
43 *Idem.*
44 Corresponsal especial de *The New York Times.* Vienna Monarchist Report on Progress, p. 8, 7 de febrero de 1935.
45 Nostitz-Rieneck.
46 *Idem.*
47 *Idem.*

12. El más astuto de los demagogos

1 Mack Smith, Denis. *Mussolini: A Biography*, 56-57, Vintage Books, Nueva York, 1982.
2 Kershaw, Ian. *Hitler: 1889-1936: Hubris*, 211, W.W. Norton & Company, Nueva York, 1999.
3 Hauner, 47.
4 *Ibid.*, 50.
5 News and Commentaries About the Reigning Royal Houses and the Former European Monarchies as Well, *Maximilian von Hohenberg to Wed*, 8 de julio de 1926. Además del anuncio de su compromiso, el artículo decía: «En agosto pasado un movimiento monarquista en Checoslovaquia quiso que el país pasara de ser una república para convertirse en una monarquía con Maximilian como rey». Royalmusings.blogspot.com, revisado el 27 de abril de 2011.
6 Nostitz-Rieneck, conde.
7 *Idem.*
8 Hohenberg, princesa Sophie de Potesta. La archiduquesa Maria-Theresa ya había hecho de celestina entre Karl Habsburgo y su esposa, Zita, lo que dio como resultado uno de los pocos matrimonios felices entre los Habsburgo y ocho hijos.
9 Hohenberg, Georg duque de.
10 Royal Musings, 8 de julio de 1926.
11 Hohenberg, princesa Sophie de Potesta.
12 *Idem.* La lealtad de los Hohenberg hacia sus primos Habsburgo, Karl y Zita, contrastaba radicalmente con gran parte de la familia Habsburgo, que los abandonó tras la caída de la monarquía en 1918.
13 El artículo de *The New York Times* sobre la muerte del emperador Karl decía: «Charles de Austria muere de neumonía en el exilio… Viena está dolida… La noticia de la muerte vació los cafés y

llenó las calles con montones de dolientes... Charles era demócrata... se oponía a la dominación alemana y buscó una independencia pacífica... El káiser no confiaba en Charles».

14 Hohenberg, príncipe Gerhard.

15 Schofield, 93.

16 Hohenberg, príncipe Gerhard.

17 Roberts, Kenneth L. *Europe's Morning After*, 174, Harper & Brothers, Nueva York, 1921. La economía de Austria nunca se recuperó del todo después de 1918.

18 Gaillon, Eloise, y Jeffrey Post. «An Examination of the Napoleon Diamond Necklace», 353, revista *Gems & Gemology*, 2007. El collar de Napoleón que alguna vez le perteneció a la archiduquesa Maria-Theresa ahora está en la colección del Smithsonian en Washington, D.C.

19 Smith, Howard K. *Last Train from Berlin: An Eyewitness Account of Germany at War*, 340, Knopf, Nueva York, 1942. El libro de Smith ofrece un impresionante recuento de primera mano sobre la vida nazi en la Alemania anterior a 1941.

20 Lower, Wendy. *Hitler's Furies: German Women in the Nazi Killing Fields*, Houghton Mifflin Harcourt, Boston, 2013.

21 Hauner, 89.

22 *Idem.*

23 *Idem.*

24 *Idem.*

25 *Idem.*

26 Grace Communion International, The Protestant Church in Hitler's Germany and the Barmen Declaration, p. 1, https://www.gci.org/history/barmen.

27 Cornwell, John. *Hitler's Pope: The Secret History of Pius XII*, Viking, Nueva York, 1999. Algunos católicos y luteranos se expresaron con valentía contra Hitler, incluyendo a Clemens August, el arzobispo católico de Münster, y el sacerdote luterano Martin Niemöller.

28 Thompson, Dorothy. *I Saw Hitler*, 29, 32, Farrar & Rinehart, Nueva York, 1932.

29 *Idem.*

30 *Idem.*

31 Lamar, Cecil. *Wilhelm II Vol II: Emperor and Exile, 1900-1941*, 325, 331, University of North Carolina Press, Chapel Hill, 1996.

32 *Ibid.*, 331.

33 Petropoulos, Jonathan. *Royals and the Reich: The Princes von Hessen in Nazi Germany*, 3, Oxford University Press, Oxford, 2008.

34 Olson, Lynne. *Troublesome Young Men*, 66, Farrar, Straus & Giroux, Nueva York, 2007.

35 Ricks, Thomas E. *Churchill & Orwell: The Fight for Freedoms*, 86, Penguin Press, Nueva York, 2017.

36 Messersmith, G.S. The Papers of G.S. Messersmith, 23 de febrero de 1935, University of Delaware, caja 4, F30.

37 Stiller, Jesse. *George S. Messersmith: Diplomat of Democracy*, 56, University of North Carolina Press, Chapel Hill, 1987.

38 *Idem.*

39 Hitler, 1. Pocas personas leyeron *Mein Kampf* de principio a fin, pero con solo leer unas páginas el lector podía hacerse una idea de lo que había en la mente y los planes de Hitler. Cuatro personas que al parecer leyeron todo el libro fueron George Messersmith, Maximilian Hohenberg, Otto Habsburgo y Tomáš Masaryk, el primer presidente de Checoslovaquia.

40 Schofield, Victoria. *Witness to History: the Life of John Wheeler Bennett*, 93, Yale University Press, New Haven, 2012.

41 *Idem.*

42 *Idem.*

43 Trove.nia.gov.au/ndp/del/article/37838421.

44 *Idem.*

45 Museo y biblioteca presidencial Franklin D. Roosevelt. Archivos y registros nacionales, Documentos 1933-1945. Memorandum on Austrian Situation, caja 23, p. 3.
46 Riefenstahl, 210.
47 *Idem.*

12. Horrores inminentes

1 Messersmith Papers, 23 de febrero de 1935.
2 Clare, George. *Last Waltz in Vienna: The Rise and Destruction of a Family, 1842-1942*, 127, Holt, Rinehart & Winston, Nueva York, 1980.
3 Millard, 136.
4 En el libro de 1977 de Alistair Cooke, *Six Men*, se dice que las revistas estadounidenses *Time* y *News Review* que llegaban a Inglaterra tenían «dos y a veces tres páginas arrancadas» por los censores ingleses para evitar que el público británico leyera sobre Edward y la señora Simpson.
5 Zeigler, Philip. *King Edward VIII*, 182, Knopf, Nueva York, 1991.
6 Sebba, 217.
7 *Idem.*
8 Messersmith Papers, 6 de diciembre de 1936.
9 Hohenberg, Georg duque de.
10 Millard, 137.
11 Schuschnigg, Kurt. *My Austria*, 20-21, Knopf, Nueva York, 1938.
12 Messersmith Papers, 18 de enero de 1935.
13 *Idem.*
14 *Idem.*
15 Vanderbilt Jr., Cornelius. *Farewell to Fifth Avenue*, 174, Simon & Schuster, Nueva York, 1935.
16 Hohenberg, príncipe Gerhard.1934.
17 Mussolini, Benito. *My Autobiography*, 30-31, Charles Scribner's Sons, Nueva York, 1928.
18 Brook-Shepherd, *Uncrowned Emperor*, 84.
19 Geddyr, G.E.R. «Restoration of Habsburg's Within Year Predicted», *The New York Times*, 1, 21 de noviembre de 1934.
20 *The New York Times*, «Vienna Celebrates Birthday of Otto», 1, 21 de noviembre de 1934.
21 *Idem.*
22 Messersmith Papers, 7 de octubre de 1935.
23 *Idem.*
24 Eade, Philip. *Prince Philip: The Turbulent Life of the Man Who Married Queen Elisabeth II*, 104, Henry Holt & Company, Nueva York, 2011.
25 Messersmith Papers, 7 de octubre de 1935.
26 Brook-Shepherd, 103.
27 *Ibid.*, 104.
28 *Idem.*
29 Middlemas, Keith, y John Barnes. *Baldwin: A Biography*, 34, Weidenfield & Nicolson, Londres, 1969.
30 Ileana, princesa de Rumania-archiduquesa de Austria. *I Live Again*, 20, Rinehart & Co., Nueva York, 1951.
31 Ernst von Hohenberg, 7 de abril de 1936.
32 Hohenberg, princesa Sophie de Potesta, 25 de marzo de 2011, entrevista.
33 Hohenberg, príncipe Gerhard.
34 *The New York Times*, 18 de febrero de 1935, 4E.
35 Mussolini, 151.
36 Hauner, 112. La intolerancia, el racismo y los planes de Hitler no eran un secreto, sino que estaban a la vista para que cualquiera que los quisiera ver los viera.
37 Riefenstahl, 183-184.
38 Hohenberg, Georg duque de.

13. Una misma sangre exige un mismo Reich

1 Gunther, John. *Inside Europe*, 297.
2 Rasmussen, Fred. «King Gave up His Throne for Love of Baltimore Girl: Sixty Years Ago Edward VIII Abdicated to Marry... Wallis Warfield Simpson», *Baltimore Sun*, 15 de diciembre de 1996.
3 Nicolson, Harold. *Diaries and Letters: 1930-1939*, Atheneum, Londres, 1966.
4 Smith, Amanda. *Hostage to Fortune: The Letters of Joseph P. Kennedy*, 261, Viking, Nueva York, 2011.
5 Schad, Martha. *Hitler's Spy Princess: The Extraordinary Life of Stephanie von Hohenlohe*, 63, Sutton Publishing, Gloucestershire, 2004.
6 Hauner, 118. La confianza de Hitler en el rey Edward VII dice mucho.
7 Messersmith Papers, 6 de diciembre de 1936.
8 *Idem*.
9 Sebba, 194.
10 *Idem*.
11 *Idem*.
12 Messersmith Papers, 23 de febrero de 1937.
13 Sebba, 216.
14 *Ibid.*, 201.
15 Nostitz-Rieneck, conde.
16 Hauner, 125.
17 Albright, Madeline. *Prague Winter: A Personal Story of Remembrance and War 1937-1948*, 53, Harper Collins, 2012.
18 Hitler, 1. Nadie necesita leer más allá de la primera página de *Mein Kampf* para reconocer la determinación de Hitler por destruir Austria. En la edición de 1940 del *Inside Europe* de Gunther se le cita diciendo: «No tomé esta decisión [de conseguir a Austria] en 1938, sino justo después de la Primera Guerra. Nunca lo he ocultado», 109.
19 Hohenberg, príncipe Gerhard.
20 *Idem*.
21 *Idem*.
22 *Idem*.
23 *The New York Times*, «Mussolini Expels Austrian Soccer Team», 12 de julio de 1937.
24 *Idem*.
25 Messersmith Papers, 30 de noviembre de 1936.
26 Hohenberg, príncipe Gerhard.
27 Gini, Al, y Ronald Green. *Ten Virtues of Outstanding Leaders*, 92, Wiley-Blackwell, Malden, 2013.
28 *Ibid.*, 92. En el libro de Gilbert y Gott, *The Appeasers*. Lord Halifax le dijo a un diplomático alemán que «le gustaría ver, como culminación de su trabajo, al Führer entrando a Londres junto al rey inglés, en medio del clamor del pueblo inglés», 132.
29 *Idem*.
30 Nostitz-Rieneck, conde. La iglesia de Nuestra Señora de la Victoria sigue siendo un destino muy popular para los peregrinos católicos.
31 Hohenberg, Georg duque de.
32 Hohenberg, princesa Sophie de Potesta.
33 *Idem*.
34 Documentos sobre la política de Relaciones Exteriores de Gran Bretaña, 1919-39, 2/19, núm. 50.
35 Hauner, 127.
36 Schuschnigg, Kurt von, y Janet von Schuschnigg. *When Hitler Took Austria: A Memoir of Heroic Faith by the Chancellor's Son*, 88-89, Ignatius Press, San Francisco, 2012.
37 MacDonogh, 22.

38 Documentos sobre la política de Relaciones Exteriores de Gran Bretaña, 1919-39, 2/19, núm. 50. / Meysels.
39 Brook-Shepherd, *The Austrians: A Thousand Year History*, 311, Carroll & Graf, Nueva York, 1996.
40 *Ibid.*, 304.
41 Nostitz-Rieneck, conde.
42 Smith, 240, 241. El aislacionismo declarado del embajador Kennedy los atormentó a él y a sus hijos por el resto de su vida.
43 Weyr, 38-39.
44 Hohenberg, princesa Sophie de Potesta.
45 Schuschnigg, *My Austria*, 221.
46 *Idem.*
47 Hohenberg, príncipe Gerhard.
48 *Idem.*

14. El aquelarre

1 Hohenberg, princesa Sophie de Potesta.
2 Hauner, 128.
3 Hohenberg, príncipe Gerhard.
4 *Idem.*
5 *Idem.*
6 Hauner, 128.
7 *Idem.*
8 Hohenberg, príncipe Gerhard.
9 Kanter, Heidi. *Some Girls, Some Hats and Hitler: A True Story*, 43-44, Virago Press, Londres, 2012. Este libro refleja el miedo y las pocas opciones que tenían los judíos en la Viena de 1938.
10 Hohenberg, Georg duque de.
11 *Idem.*
12 Shirer, William. *Berlin Diary: The Journey of a Foreign Correspondent*, 78-79, Knopf, Nueva York, 1941.
13 Hohenberg, príncipe Gerhard.
14 Perisco, Joseph. *Edward R. Murrow: An American Original*, 136-137, McGraw-Hill, Nueva York, 1998.
15 *Idem.*
16 Weyr, 27-28.
17 Hohenberg, príncipe Gerhard.
18 Hohenberg, Georg duque de.
19 Schuschnigg, 111.
20 Hohenberg, Georg duque de.
21 Michael Palairet, de Gran Bretaña: Millard, 149.
22 Hohenberg, Georg duque de.
23 *Idem.* El gerente del Hotel Imperial pronto fue arrestado por la Gestapo y encarcelado.
24 Hohenberg, George duque de.
25 Riefenstahl, 221.
26 Horthy.
27 Illies, 18.
28 MacDonogh, 64-65.
29 Hohenberg, Georg duque de.
30 *Idem.*
31 Shirer, 337. En los archivos Schuschnigg en la biblioteca de la Universidad de St. Louis, el excanciller guardó todas las copias de 1938 de la revista semanal más popular de Austria. Las portadas,

fotografías e historias capturan lo abrupto que fue el *Anschluss*. En las semanas previas al *Anschluss* aparecen Schuschnigg, mítines patrióticos y niños ondeando la bandera austriaca. En la cuarta semana del *Anschluss* apareció Arthur Seyss-Inquart. A la semana siguiente se le dedicaron la portada y todo un artículo a Adolf Hitler, su llegada a Viena y su discurso ante tres cuartos de millón de austriacos eufóricos desde el balcón del palacio de Hofburg.
32 Albright, 77.
33 *Idem.*
34 Toland, John. *Adolf Hitler*, 455, Doubleday & Company, Garden City, 1976.
35 Smith.
36 Smith, Richard Norton. *An Uncommon Man: The Triumph of Herbert Hoover*, 258, High Plains Company, Simon & Schuster, Nueva York, 1984.
37 Hauner, 129.
38 *Idem.*
39 Hitler, 159.
40 Hauner, 130-131.
41 *Idem.* MacDonogh, 124.
42 Hamann, Brigitte. *Hitler's Edeljude. Das Leben des Armenarztes Eduard Bloch*, 427, Piper Verlag, Múnich, 2008. Hitler se refería al doctor Bloch como un «Edeljude, un judío noble».
43 Weber, Thomas. *Hitler's First World War*, 344, Oxford University Press, Oxford, 2010. Fest, Joachim. *Hitler*, 13, Harcourt, Brace, & Jovanovich, Nueva York, 1974.
44 Hall, Alan. «The Single Jew That Hitler Wanted to Save», *Daily Mail*, 2 de julio de 2012.
45 MacDonogh, 124.

15. Duelo

1 Hohenberg, príncipe Gerhard.
2 *Idem.*
3 *Idem.*
4 *Idem.*
5 MacDonogh, 35.
6 Hohenberg, príncipe Gerhard.
7 Kershaw, Alex, 72.
8 Hohenberg, príncipe Gerhard.
9 *The New York Times*, «Habsburg Princes Arrested by Austrian Nazis», 1, 23 de marzo de 1938.
10 *The New York Times*, «University Purge Pushed—Restrictions of Jews Increased», 3, 31 de marzo de 1938. Algunos judíos austriacos escaparon, pero siete mil que no pudieron hacerlo se suicidaron, de acuerdo con John Gunther en *Inside Europe*, p. 110.
11 Sayers, Janet. *Mothers of Psychoanalysis: Helen Deutsch, Karen Harney, Anna Freud, Melanie Klein*, 166, William Norton & Company, Nueva York, 1991.
12 Hohenberg, príncipe Gerhard.
13 Hauner, 129.
14 *The New York Times*, «Czechs See Blow to Autonomy: Italy, France and Britain Are Ready to Support Any Scheme to Keep Peace», 1, 31 de marzo de 1938.
15 *Idem.*
16 Millard, 153. Heinrich Himmler era un burócrata pequeño, *nerd* y racista que compartía con Adolf Hitler su amor por la mitología alemana y el odio a los judíos. En la biografía de Peter Longerich *Heinrich Himmler: A Life*, se dice que Himmler dividía a las personas en dos categorías: humanos (todos los alemanes) y subhumanos (todos los demás), 265.
17 Zámečnik, Stanislav. *That was Dachau 1933-1945* (traducido al inglés por Derek B. Paton), 16, Foundation international de Dachau le cherche midi, París, 2004.
18 *Idem.*
19 *Idem.*

20 Hohenberg, príncipe Gerhard.
21 *Idem*.
22 Millard, 152.
23 Gilbert, Gott, 126.
24 Hohenberg, príncipe Gerhard. El comandante de Dachau durante el confinamiento de los hermanos Hohenberg, Hans Loritz, fue retirado de su puesto por Hitler en julio de 1939 a causa de su brutalidad. Después de la guerra fue arrestado y se suicidó en 1946.
25 *Idem*.
26 *Idem*.
27 MacDonogh, 53-57.
28 *Idem*. Göring fue una pieza fundamental en la planeación del *Anschluss* y en la confiscación de las propiedades judías en Austria. Como presidente del Reichstag, declaró: «Si Dios hubiera querido que los hombres fueran iguales, no habría creado las razas» (*Göring: Hitler's Iron Knight*, 61-62).
29 Hohenberg, príncipe Gerhard.
30 *Idem*.
31 *Idem*.
32 *Idem*.
33 *Idem*.
34 Hohenberg, Georg duque de.
35 Hohenberg, príncipe Gerhard.
36 Hohenberg, princesa Sophie de Potesta.
37 OuSArchiv Document Id 4094964 / OuSArchiv Document Id 11741977, KZ-Gedenskätte Dachau, 85221 Dachau, Alt, Römerstr, 75.
38 MacDonogh, 118-120.
39 *Idem*.
40 *Idem*.
41 Millard, 152.
42 Cartas de Dachau.
43 *Idem*.
44 Millard, 152.
45 *Idem*.
46 *Idem*.
47 *Idem*.
48 *Idem*.
49 Pauli, 305.
50 *Idem*. El periodista austrojudío Theodor Herzl, considerado padre del sionismo político, vivió casi toda su vida en Viena. En 1987 predijo: «La gente permitirá que la intimide la multitud vienesa y entregará a los judíos. Entonces verán que una turba puede lograr cualquier cosa cuando se enardece… Nos van a matar».
51 MacDonogh, 268-273.
52 Hohenberg, príncipe Gerhard.
53 Meysel, Lucian O. *Die verhinderte Dynastie: Erherzog Franz Ferdinand und das Haus Hohenberg*, 172, Molden, Viena, 2000.

16. Negociando con el diablo

1 Nostitz-Rieneck, conde.
2 *Idem*.
3 *Idem*.
4 *Idem*.
5 *Idem*.
6 *Idem*.

7 *Idem.*
8 Fort Myers News-Press, «Allies Give in to Hitler, Sudetens Attack Czechs», 1, lunes 19 de septiembre de 1938.
9 Kennan, George. «Letters of George Kennan», http:/traces.org/kennansletter.html. Los checos se rindieron antes de las amenazas de Hitler.
10 Gilbert, Martin, y Richard Gott. *The Appeasers: The Decline of Democracy from Hitler's Rise to Chamberlain's Downfall*, 144, Houghton Mifflin, Nueva York, 1963.
11 Gaddis, John Lewis. *George F. Kennan: An American Life, 120*, Penguin Books, Londres, 2012.
12 Sheean, Vincent. *Not Peace but a Sword*, 276, Doubleday, Doran, & Company, Nueva York, 1939.
13 Kennan, George. *Sketches of my Life*, 4-5, Pantheon Books, Nueva York, 1968.
14 *Idem.*
15 *Idem.*
16 Martin, Gott, 151.
17 Nostitz-Rieneck.
18 Kanter, 143.
19 Smith, 247. El embajador Kennedy renunció a su puesto entre acusaciones de simpatizar con los nazis. Las acusaciones eran falsas, pero era un ferviente aislacionista, en parte porque no quería que sus hijos lucharan y murieran en una guerra europea. Su primogénito, John F. Kennedy, convirtió sus observaciones respecto al apaciguamiento en su tesis de maestría en Harvard, que luego se convirtió en el libro *Why England Slept*. George Kennan describió al hijo del embajador como «advenedizo e ignorante». Veinticinco años después el presidente John F. Kennedy designó a Kennan embajador en Yugoslavia.
20 Hamann, 197. El único palacio que Hitler pintó durante sus años en Viena fue una acuarela del Belvedere cuando el archiduque Franz Ferdinand y su familia vivían ahí.
21 Portland, duque de (Cavendish-Bentinck), 328.
22 Gaddis, 127.
23 Nagorski, Andrew. *Hitlerland-American Eyewitnesses to the Nazi Rise to Power*, 258, Simon & Schuster, Nueva York, 2012.
24 Millard, 141.
25 Sheheen, Vincent. *Not Peace but a Sword*, 276, Doubleday, Nueva York, 1939. El legado de Beneš continúa dividiendo a muchos en la República de Checoslovaquia hasta hoy.
26 Nostitz-Rieneck, conde.
27 *Idem.* Un sacerdote católico de una iglesia que Sophie Hohenberg visitaba llamó a su congregación a «perder toda esperanza en la virtud de la raza humana y buscar consuelo en un Dios justo, inflexible y severo». Citado en *George F. Kennan: An American Life*, de John Lewis Gaddis, 122.
28 *Idem.*
29 Nixon, Guy. *Finding Your Native American Ancestors*, 183, Xlibris Corp., Bloomington, 2012.
30 Nostitz-Rieneck, conde.
31 Albright, 281-282.
32 Nostitz-Rieneck, conde.
33 Albright, 281-282.
34 Nostitz-Rieneck, conde.
35 *Idem.*
36 *Idem.*
37 *Idem.*
38 *Idem.*
39 *Idem.*
40 Dederichs, Mario R. *Heydrich: The Face of Evil*, 43, Casemate, Drexel Hill, 2009. El odio por los judíos nunca abandonó a Hitler.
41 *Idem.*
42 *Idem.*

43 Bennett, Magnus. «Heir to Stolen Jewish Property Foiled by Czech Restitution Law», Jewish Telegraphic Agency, Inc., 2001.
44 Olson, 239-241, Brožovwský, Miroslav, 22. Lina von Osten Heydrich se unió al Partido Nazi en 1929 (número de membresía nazi 1 201 380). Convenció a su futuro esposo, Reinhard, de unirse al partido en 1931, tras escuchar hablar a Adolf Hitler. Siguió defendiendo a su esposo hasta su muerte en 1985. Sin embargo, escribió un libro titulado *Leben mit einem Kriegsverbrecher* («La vida con un criminal de guerra»), un título que debió salir de su editor o de su contador. El 28 de marzo de 2011 *The Daily Mail* reportó: «Hijo de un odiado líder nazi desata la rabia tras anunciar que quiere restaurar el castillo donde gobernó el "Carnicero de Praga". Su solicitud fue rechazada».
45 Hitler, *Secret Conversations*, 415.
46 Horvitz, Leslie Ann, y Christopher Catherwood. *Encyclopedia of War Crimes and Genocide*, 200, Nueva York, 2006. Paces, Cynthia. *Prague Panoramas National Memory Sacred Space in the Twentieth Century*, University of Pittsburgh, Pittsburgh, 2009.
47 *Idem*.
48 *Idem*.
49 Hauner, 134.
50 *Idem*.
51 *Idem*. Quizá la pregunta de Hitler implicaba que aún creía que una vez más lograría ser más hábil que sus oponentes y, por tanto, alcanzaría sus metas sin una guerra.

17. El undécimo mandamiento

1 Hohenberg, príncipe Gerhard.
2 Millard, 155.
3 *Idem*.
4 Hohenberg, príncipe Gerhard.
5 *Idem*.
6 *Idem*.
7 Hohenberg, Georg duque de.
8 *Idem*.
9 *Idem*.
10 *Idem*.
11 Hohenberg, princesa Sophie de Potesta.
12 *Idem*.
13 Weyr, 175.
14 Millard, 142.
15 Habsburgo, Su Alteza Real e Imperial, archiduque Christian. «Otto de Habsburgo, una larga y valiente vida al servicio de Europa». Iglesia de Santa María Madre de Dios, Washington, D.C., 22 de octubre de 2011. El duque de Windsor, que vivía en el exilio en Francia, también fue a París. Había pedido un prendedor de diamantes, zafiros, esmeraldas y rubíes a los joyeros de Cartier como regalo para la duquesa. Quería asegurarse de que llegaría antes de que la ciudad cayera ante los alemanes. Por fortuna, así fue.
16 *Idem*.
17 Speer, Albert. *Inside the Third Reich* (traducido al inglés por Richard y Clara Winston), 172, Simon & Schuster, Nueva York, 1970. Al parecer Hitler solo fue capaz de tener un «amigo» en cada periodo de su vida. El arquitecto Speer mantuvo ese puesto hasta 1945.
18 *Idem*. Previamente, Hitler le había confesado a Leni Riefenstahl: «Daría cualquier cosa por ver París, aunque fuera una vez. Pero probablemente eso no pasará nunca», 210, *Memoirs*.
19 *Idem*.
20 Savich, Carl. «Sarajevo 1941», 24 de octubre 2014, http://serianna.com.
21 Bossy, Raoul V. *Recollections of a Romanian Diplomat: Diaries and Memories Vol II*, 401, G.H. Bossy & M.A. (eds.), Bossy, Hoover Institute Press, Stanford, 2003.

22 *Idem.*
23 Hohenberg, Georg duque de.
24 Hohenberg, príncipe Gerhard.
25 *Idem.*
26 Radziwill, 172.
27 Hohenberg, príncipe Gerhard.
28 *Idem.*
29 *Idem.*
30 *Idem.*
31 *Idem.*
32 Delaforce, 165.
33 Longo, James McMurtry. *Isabel Orleans-Braganza: The Brazilian Princess Who Freed the Slaves*, 1, McFarland, Jefferson, 2008. La influencia arquitectónica austriaca en Petrópolis es única en Brasil, y sorprende a los visitantes que no conocen su historia.
34 Zweig, XIV.
35 Muhlstein, Anka. *New York Review of Books*, 1, 8 de mayo de 2014.
36 Nostitz-Rieneck, conde.
37 *Idem.*

18. Apocalipsis

1 Nostitz-Rieneck, conde.
2 *Idem.*
3 Hohenberg, príncipe Gerhard.
4 *Idem.*
5 *Idem.*
6 *Idem.*
7 *Idem.*
8 *Idem.*
9 *Idem.*
10 *Idem.*
11 Millard, 13, 104.
12 Hohenberg, príncipe Gerhard.
13 Hauner, 199.
14 Hohenberg, príncipe Gerhard.
15 *Idem.*
16 *Idem.*
17 *Idem.*
18 *Idem.*
19 Millard, 155.
20 Hohenberg, príncipe Gerhard.
21 *Idem.*
22 *Idem.*
23 *Idem.*
24 *Idem.*
25 Nostitz-Rieneck.
26 Ambrose, Stephen E. *The Wild Blue Yonder: The Men and Boys Who Flew the B-24s Over Germany*, 102-220, Simon & Schuster, Nueva York, 2002.
27 *Idem.*
28 Hohenberg, Georg duque de.
29 *Idem.*
30 Nostitz-Rieneck.

31 *Idem*. Olson, 369-370.
32 Nostitz-Rieneck.
33 *Idem*.
34 Speer, 121.
35 Trevor-Roper, Hugh. *The Last Days of Hitler*, 26-31, Pan Books, Londres, 1995.
36 Jones, 326.
37 Hamann, 384.
38 Hauner, 188.
39 *Idem*.

19. Todo el país estaba como hechizado

1 Hansen, Randall. *Disobeying Hitler: German Resistance After Valkyrie*, 25, Oxford University Press, Oxford, 2014.
2 *Ibid.*, 60-72.
3 Trevor-Roper, 33, 166.
4 *Ibid.*, 139.
5 Hansen, 1-2.
6 Speer, 423.
7 Toland, 872.
8 Hauner, 199.
9 Hamann, 3.
10 *Idem*.
11 Toland, 877. Este recuerdo es de una de las muchas visitas breves que Hitler hizo a Viena antes de su regreso triunfal en 1938.
12 Hohenberg, Georg duque de.
13 *Idem*.
14 *Idem*.
15 *Idem*.
16 *Idem*.
17 Ileana, princesa, 216-217. La princesa Ileana terminó por mudarse a Estados Unidos, se hizo monja y fundó un convento y monasterio ortodoxo en Elwood, Pennsylvania, donde está enterrada. Heredó el castillo de Bran en Rumania, que suele asociarse con la novela de Bram Stoker, *Drácula*. El castillo se convirtió en propiedad de su hijo en 2006.
18 Hohenberg, príncipe Gerhard.
19 Hohenberg, Georg duque de.
20 *Idem*.
21 *Idem*.
22 *Idem*.
23 *Idem*.
24 *Idem*.
25 La madre del príncipe Franz Joseph II de Liechtenstein era la hermana menor de Franz Ferdinand, la archiduquesa Elisabeth Amalie Habsburgo. El príncipe Franz Joseph II fue el único líder de un país que se negó a entregar a los soldados alemanes a la Unión Soviética después de la guerra. Su negativa salvó a miles de la cárcel y la muerte.
26 Hutchinson, James Lee. *The Boys in B7 8th Air Force.*
27 Bernadotte, conde Folke. *Last Days of the Reich: The Diary of Count Folke Bernadotte, October 1944-May 1945*, 115, Frontline Books, Londres, 2009. Una alemana cuya fe en Hitler y Heinrich Himmler nunca vaciló fue Gudrun Burwitz, la hija de Himmler, orgullosamente nazi hasta su muerte a los 88 años en junio de 2018. Tanto amigos como enemigos se referían a ella como una princesa nazi, y guardaba «maravillosos» recuerdos de su visita a Dachau cuando tenía 12 años.
28 Hauner, 206.

29 *Idem.*
30 Ryan, Cornelius. *The Last Battle: The Classic History of the Battle for Berlin*, 362-363, Simon & Schuster, Nueva York, 1966.
31 *Idem.*
32 Toland, 888. La muerte de Mussolini parecía anunciarle el fin a Hitler.
33 *Ibid.*, 879, 888. En los últimos meses de la guerra Albert Speer estaba en el frente alemán cerca del río Rin durante un ataque nocturno entre ciudadanos alemanes comunes y corrientes. Escuchó su conversación en la oscuridad. Su fe en Hitler se mantenía intacta, aunque el Reich se estaba desplomando a su alrededor. Creían que solo él los entendía y que podría «hacer el milagro de salvarlos de esa trágica situación», Hugh Trevor-Roper, p. 72.
34 *Idem.*
35 https://enwikipedia.org/wiki/Walpurgis_Nacht. La noche de Walpurgis aparece en el segundo acto del *Fausto* de Goethe, en la novela *Drácula* de Bram Stoker y en la obra *¿Quién teme a Virginia Woolf?*, de Edward Albee. Además, exactamente 31 años antes del suicidio de Adolf Hitler el arzobispo Lanyi tuvo su sueño sobre el asesinato de Franz Ferdinand.
36 *Philadelphia Inquirer*, «Hitler Is Dead, Nazi Radio Reports Fuehrer Killed Fighting Russians», 1.
37 Thompson, Joseph. «The Evil That Men Do Lives After Them», *St. Louis Post Dispatch*, 5B.
38 Lochner, Louis. «The End of Hitler's Mountain Hideout», *St. Louis Post Dispatch*, 1B.
39 Rissell, Herbert J. Entrevista, 7 de noviembre de 2016. Herbert Rissell y su hermano fueron miembros de las Juventudes Hitlerianas. Sus recuerdos de los últimos días de la guerra y el impacto que causó el suicidio de Hitler evidencian el aislamiento y la negación en los que vivió el pueblo alemán durante y después de la guerra. Rissell se fue a Estados Unidos y se retiró en Pennsylvania, 30, 2017. «A German Life», *The New York Times*, 22 de diciembre de 2017.
40 «Joseph Goebbels' Secretary, Brunhilde Pomsel, Dies Aged 106», *Guardian*, enero de 2017.

20. Fantasmas y patriotas

1 Fuller, Samuel. *Faukenau, vision de l'impossible.* Película *The Big Red One—The Last Battle*, Michkan World Productions, 2009. Esta cinta ofrece la versión de un testigo de la última batalla de la Segunda Guerra Mundial en Europa.
2 *Idem.*
3 *Idem.*
4 *Idem.*
5 *Idem.*
6 Sebestyen, Victor. *1946: The Making of the Modern World, 129-130,* Vintage Books, Nueva York, 2014.
7 Nicolson, Harold. *Diaries and Letters of Harold Nicolson,* vol. II, 392, Atheneum, Nueva York, 1967.
8 *Idem.*
9 *Ibid.*, 131.
10 *Idem.*
11 Douglass, R.M. *Orderly and Humane: The Expulsion of the Germans After the Second World War,* 1, Yale University Press, New Haven, 2012.
12 Sebestyen, 131.
13 Douglass, 1.
14 *Ibid.*, 101.
15 Nostitz-Rieneck, conde.
16 *Idem.*
17 Deneken, Ludwig von. *Prague Post,* 21 de septiembre de 2009.
18 *Idem.*
19 Nostitz-Rieneck, conde. Miembros del gobierno checo insistían en que Sophie Hohenberg era una Habsburgo.

20 *Idem.*
21 *Idem.*
22 Douglass.
23 Nostitz-Rieneck.
24 Sebestyen, 131-133.
25 Nostitz-Rieneck.
26 *Idem.*
27 Douglass, 3, 5.
28 Nostitz-Rieneck.
29 Douglass.
30 Churchill, Winston. «The Sinews of Peace», Westminster College, Fulton, Missouri, 5 de marzo de 1946. Una iglesia diseñada por Christopher Wren que fue destruida durante el Blitz de Londres fue reconstruida en el campus de la universidad de Westminster, en Missouri, a manera de homenaje al famoso discurso que Churchill dio en ese lugar.
31 Hohenberg, príncipe Gerhard.
32 *Idem.* Este retrato de la emperatriz Alexandra de Rusia ahora se encuentra en la casa de la princesa Anita Hohenberg en Artstetten.
33 *Idem.*
34 *Idem.*
35 *Idem.*
36 *Idem.*
37 Hohenberg, princesa Sophie de Potesta.
38 *Idem.*
39 Hohenberg, príncipe Gerhard.
40 Nostitz-Rieneck.
41 Hohenberg, princesa Gerhard.
42 *Idem.* El sentido del humor Hohenberg es una de sus principales características, pero el punto de la historia sigue siendo cierto. Durante el quinto aniversario del Anschluss, Baldur von Schirach y Joseph Goebbels hablaron desde el balcón del palacio de Hofburg ante cien mil eufóricos vieneses. Goebbels escribió en su diario: «No hay que temer por Viena. Las partes de mi discurso que generaron más aplausos fueron en las que hablé de la indisoluble unión de la ciudad con el Reich. Viena sin duda se ha convertido en una ciudad del Reich», p. 124, *The Goebbels Diaries.*
43 Hohenberg, príncipe Gerhard. Leni Riefenstahl escribió en su autobiografía que estaba en Innsbruck cuando Hitler entró a la ciudad: «La gente de Innsbruck estaba como loca. Estiraban los brazos y las manos hacia Hitler en un éxtasis casi religioso. Los ancianos y las mujeres lloraban. El júbilo universal era simplemente increíble», p. 221, *Memoirs.*
44 Hohenberg, Georg duque de.
45 *Idem.*
46 Smart, Victor. Holocaust Education & Archive Research Team, 2008, www.HolocaustResearchProject.org.
47 *Idem.* El padre de Baldur von Schirach era un aristócrata alemán y su madre una aristócrata estadounidense que descendía de dos firmantes de la Declaración de Independencia. Encontró la semilla de su antisemitismo en el libro lleno de odio de Henry Ford, *The International Jew.* Durante muchos años Schirach fue el líder de las Juventudes Hitlerianas. Murió en 1994.
48 *Idem.*
49 *Idem.*
50 https://www.geni.com/people/Gustav-Krupp-von-Bohlen-und-Halbach. Gustav Krupp murió en Schloss Blühnbach en 1950. Su hijo Arndt, el último Krupp, también murió ahí en 1968. Gustav compró la propiedad en 1917. Arndt se lo ofreció como lugar de descanso al exiliado y moribundo shah de Irán en 1979. En 1988 el castillo fue comprado por Frederick Koch, el hermano mayor de los Koch, reconocidos en Estados Unidos por su riqueza y su activismo político conservador.
51 Sebestyen, 140.

21. Plegarias escuchadas y plegarias ignoradas

1 Hohenberg, príncipe Gerhard.
2 Nostitz-Rieneck, conde.
3 *Idem.*
4 *Idem.*
5 *Idem.*
6 Nostitz-Rieneck, conde.
7 *Idem.*
8 *Idem.*
9 *Idem.*
10 *Idem.*
11 Hohenberg, princesa Sophie de Potesta.
12 Revista *Time*, 22 de marzo de 1954, vol. LXIII, 23.
13 Pauli, 308.
14 Nostitz-Rieneck, conde.
15 Hohenberg, princesa Sophie de Potesta.
16 Hohenberg, príncipe Gerhard.
17 *Idem.* La princesa Anita Hohenberg tiene una vitrina con la colección de corderos de cerámica en su hogar en Artstetten.
18 Hohenberg, Georg duque de.
19 Hohenberg, príncipe Gerhard.
20 *Idem.*
21 Millard, 146.
22 Hohenberg, príncipe Gerhard.
23 *Idem.*
24 *Idem.* Max encontró grupos neonazis que se reorganizaban en algunas partes de Austria. Klagenfurt, Carintia, la ciudad adonde se había retirado el maestro favorito de Hitler, se ganó la reputación de «El Dorado de los antiguos nazis». En el libro *Balkan Ghosts*, de Robert Kaplan, se lee: «En proporción a su tamaño, Carintia dio más guardias para los campos de la muerte que cualquier otra región de Alemania o Austria», p. xxv.
25 *Idem.*
26 *Idem.*
27 *Idem.*
28 *Idem.*
29 Hohenberg, princesa Sophie de Potesta.
30 *Idem.*
31 Pauli, 307-308.
32 Millard, 156.
33 Pauli, 307-308.
34 Hohenberg, princesa Sophie de Potesta.

22. La buena batalla

1 Nostitz-Rieneck, conde.
2 *Idem.*
3 *Idem.*
4 *Idem.*
5 *Idem.*
6 *Idem.*
7 *Idem.*
8 *Idem.*

9 Hohenberg, princesa Sophie de Potesta.
10 Hohenberg, princesa Anita.
11 *St. Louis Post Dispatch*, 7 de abril de 1989, editorial, p. 3.
12 Habsburgo, Su Alteza Real e Imperial Christian, 22 de octubre de 2011. Mi esposa y yo estábamos cenando con el director del Zentrum für Friedensforschung und Frieden Spädagogik («Centro para la investigación y la educación en la paz») en Klagenfurt, Austria, el 1 de julio de 2011, cuando recibimos una llamada telefónica que nos informó que Otto Habsburgo había muerto. Al día siguiente había banderines negros colgando de las ventanas en el centro de la ciudad.
13 *Idem.*
14 *Idem.*
15 Nostitz-Rieneck, conde.
16 *Idem.*
17 *Idem.*
18 *Idem.*
19 *Idem.*

23. El destino de una familia

1 Hohenberg, princesa Sophie de Potesta.
2 *Idem.*
3 Edsel, Robert M. *The Monuments Men: Allied Heroes, Nazi Thieves, and the Greatest Treasure Hunt in History*, 305-306, Center Street Hachette Book Group, Nueva York, 2009. Robert G.L. Waite también habla del tesoro encontrado en las minas de Altaussee en su libro *The Psychopathic God Adolf Hitler* como algo que estaba reservado para el «Centro Linz» de Hitler.
4 Hohenberg, princesa Sophie de Potesta. Irónicamente, la esposa de Baldur von Schirach y la viuda de Hermann Göring intentaron que se les devolvieran las obras de arte que sus esposos les robaron a las familias judías durante la guerra, en vez de que se les entregaran a sus verdaderos dueños judíos. Y, en su mayoría, lo lograron, como se puede ver en el artículo de *The New York Times* «Looted by Nazis, and Returned, Art is Back in Wrong Hands», de Doreen Carajai y Allison Smale.
5 *Idem.*
6 *Idem.*
7 *Idem.*
8 *Idem.*
9 *Idem.*
10 *Idem.*
11 *Idem.*
12 Nostitz-Rieneck, conde.
13 Hohenberg, príncipe Gerhard.
14 Nostiz-Rieneck, conde.
15 Hohenberg, Georg duque de.
16 *Idem.*
17 Hohenberg, príncipe Gerhard.
18 *Idem.*
19 Cooke, Alistair. *Six Men*, 82. La secretaria de Edward escribió: «El rey era como el niño de los cuentos de hadas que había recibido todos los regalos menos un alma». Sobre el duque y la duquesa, el *Houston Chronicle* dijo: «Dos personas cuya percepción de la historia iniciaba y terminaba con el otro».
20 Hohenberg, Georg duque de.
21 Brook-Shepherd, *Uncrowned Emperor*, 216.
22 Hohenberg, Georg duque de.
23 Hohenberg, príncipe Gerhard.

Bibliografía

Agnew, Hugh. *The Czechs and the Lands of the Bohemian Crown*. Stanford: Hoover Institution Press, 2004.

Agregado cultural (solicitó no revelar su nombre). Entrevista telefónica. Embajada austriaca. Washington, D. C., 26 de junio de 2014.

Aichelburg, Wladimir. *Erherzog Franz Ferdinand von Osterreich—Este und Artstetten*. Verlagsburo Mag. Johann Lebner Ges.m.b. Viena, 2000.

Albright, Madeline. *Prague Winter—A Personal Story of Remembrance & War, 1937-1948*. Nueva York: Harper Collins, 2012.

Alexander, Su Alteza Real, príncipe regente. *Serbia's Part in the War* Vol. I: *The Rampart Against Pan-Germanism*. Londres: Simkin, Marshall & Hamilton, 1918.

Allen, Martin. *Hidden Agenda: How the Duke of Windsor Betrayed the Allies*. Nueva York: M. Evans & Company, 2002.

Ambrose, Steven. *The Wild Blue: The Men and Boys Who Flew the B24s Over Germany*. Nueva York: Simon & Schuster, 2002.

«Angry Aristocrats». *London Daily Telegraph*, 6 de julio de 1914.

Arco-Zinneberg, Graf Ulrich. *Meine Reise um die Erde: 100 Jahre Weltreise des Thronfolgers*. Marbach, 1993.

Aronson, Theo. *The Crowns in Conflict*. Manchester, New Hampshire: Salem House Publishers, 1986.

Asprey, Robert. *The Panther's Feast*. Nueva York: G.P. Putnam's Sons, 1959.

«Austrian Throne Support for Otto». *The New York Times*, 24 de septiembre de 1933.

Baeta, Juergen, y John-Thor Dahlburg. *Mourning Millions: EU Leaders Mark WWI Centennial*. AP: The Big Story. http://bigstory.ap.org/article/eu-leadersmeeting-ypres-mark-wwi-centennial (Revisado el 4 de agosto de 2014).

Beatty, Jack. *The Lost History of 1914: Reconsidering the Year the Great War Began*. Nueva York: Walker Books, 2012.

Bernadotte, conde Folke. *Last Days of the Reich: October 1944-May 1945*. Londres: Frontline Books, 2009.

Bestenreiner, Erkia. *Franz Ferdinand un Sophie von Hohenberg Verboten Liebe am Kaiserhof.* Zúrich: Piper Taschenbuch, 2005.

Bloch, Eduard. «My Patient Adolf Hitler: A Memoir of Hitler's Jewish Physician». *The Journal of Historical Review*, mayo-junio de 1994, vol. 14, núm. 3, 27-35.

Bogle, James, y Joanna Bogle. *A Heart for Europe-The Lives of Emperor Charles & Empress Zita of Austria-Hungary.* Herfordshire: Gracewing, 1990.

Bossy, Raoul. *Recollections of a Romanian Diplomat: Diaries and Memories Vol. II.* Stanford: Hoover Institute Press, 2003.

Bostridge, Mark. *The Fateful Year: England 1914.* Londres: Penguin Books, 2014.

«Boys in Austria Praying for Peace». *The New York Times*, 8 de julio de 1916.

Brook-Shepherd, Gordon. *Archduke of Sarajevo: The Romance & Tragedy of Franz Ferdinand of Austria.* Boston: Little, Brown & Company, 1984.

Brook-Shepherd, Gordon. *The Austrians—A Thousand-Year Odyssey.* Nueva York: Carroll & Graf, Publishers, 1996.

Brook-Shepherd, Gordon. *The Last Habsburg.* Nueva York: Weybright & Talley, 1968.

Brook-Shepherd, Gordon. *Royal Sunset: The European Dynasties and the Great War.* Garden City: Doubleday & Company, 1987.

Brook-Shepherd, Gordon. *Uncle of Europe: The Social and Diplomatic Life of King Edward VII.* Harcourt, Brace & Javanovich, 1976.

Brook-Shepherd, Gordon. *Uncrowned Emperor, The Life & Times of Otto von Habsburg.* Londres: Hambeldon & London, 2003.

Brooks, Tim. *Ferdinand Porsche-Famed for First Hybrid, Beetle, and Link with Hitler.* More Motoring, The National, 12 de febrero de 2012.

Brown, Mark. «Blood Swept Lands: The Story Behind the Tower of London Poppies Tribute». *Guardian*, sábado 28 de diciembre de 2014.

Brown-Scott, James. «War Between Austria-Hungary and the United States», *American Journal of International Law,* vol. 12. Oxford: Oxford University Press, 1918.

Brožovský, Miroslav. Konopiste Chateau, Prague, The Institute for the Care of Historic Monuments of Central Bohemia of Prague, 1995.

«Brunhilde Pomsel, Aide to Goebbels and Witness of Nazi Fall, Dies at 106». *The New York Times*, 31 de enero de 2017, A26.

Burns, John F. «Remembering World War I in the Conflict's Flash Point: The Vienna Philharmonic Recalls World War I in Sarajevo». *The New*

York Times Online. http://nyti.ms/1x1HJ4R (Revisado el 4 de agosto de 2014).

«Camilla Attends WWI Candlelight Vigil at Westminster Abbey». *Royal Insight.* http://www.royalinsight.net/forum/index.php?topic=71365.0 (Revisado el 5 de agosto de 2014).

Carney, Matthew. «Hiroshima Marks 69th Anniversary of Atomic Bombing». *India Today Online.* http://indiatoday.intoday.in/story/Hiroshima-69th-anniversaryof-atomic-bombing/1/275739.html (Revisado el 4 de agosto de 2014).

Carruthers, Bob. *Private Hitler's War: 1914-1918.* Barnsley: Sword & Pen Books Ltd., 2014.

Carvajal, Doreen, y Alison Smale. «Looted by Nazis, and Returned, Art Is Back in Wrong Hands». *The New York Times,* 16 de julio de 2016, C1.

Cassels, Lavender. *The Archduke and the Assassin: Sarajevo, June 28th, 1914.* Nueva York: Dorset Press, 1984.

Cavendish-Bentinck, William. *Me, Women, and Things—Memories of the Duke of Portland.* Londres: Faber & Faber, 1938.

«Charles of Austria Dies of Pneumonia in Exile on Madeira». *The New York Times,* 2 de abril de 1922.

Churchill, Winston. «The Sinews of Peace». Discurso en la universidad de Westminster, Fulton, Missouri, 5 de marzo de 1946.

Churchill, Winston. *The World Crisis 1911-1914.* Londres: Thornton Butterworth Ltd., 1923.

Citas: «The Failures of Diplomacy». lphahistory.com/worldwar1/quotationsroadtowar.

Clare, Georg. *Last Waltz in Vienna: The Rise & Destruction of a Family 1842-1942.* Nueva York: Holt, Rinehart & Winston, 1980.

Clark, Christopher. *The Sleepwalkers: How Europe Went to War in 1914.* Londres: Penguin, 2012.

Cooke, Alistair. *Six Men.* Nueva York: Alfred Knopf, 1977.

Cornwell, John. *Hitler's Pope: The Secret History of Pius XII.* Nueva York: Viking, 1999.

«Court Rejects Complaint of Franz Ferdinand d'Este Heiress». *Prague Daily Monitor,* 15 de abril de 2011.

Crankshaw, Edward. *The Fall of the House of Habsburg.* Londres: Longmans, 1963.

Cruickshank, Charles. *The German Occupation of the Channel Islands.* The Guernsey Press, 1975.

Curtis, Richard, Ben Elton y Rowan Atkinson. *Blackadder: The Whole Damn Dynasty: 1485-1917*. Westminster: Penguin Books, 2000.

Czernin, conde Ottokar. *In the World War*. Lexington: Forgotten Books, 2013.

Dacre, Nigel. «100 years Ago Today: Archduke Franz Ferdinand Assassinated». *Centenary News*, 6 de junio de 2014.

Dallek, Robert. *Franklin D. Roosevelt & American Foreign Policy 1932-1945*. Oxford: Oxford University Press, 1995.

Dederich, Mario. *The Face of Evil*. Drexel Hill Press, 2009.

Dedijer, Vladimir. *Road to Sarajevo*. Nueva York: Simon & Schuster, 1966.

Delaforce, Patrick. *Adolf Hitler: The Curious and Macabre Anecdotes*. Londres: Fonthill, 2012.

«Descendant of WWI's Archduke Franz Ferdinand Seeks Czech Castle». *Deutsche Press Agentur*. 6 de abril de 2006.

Douglas, R. M. *Orderly & Humane: The Expulsion of the Germans After the Second World War*. New Haven: Yale University Press, 2012.

Eade, Philip. *Prince Philip: The Turbulent Life of the Man Who Married Queen Elizabeth II*. Nueva York: Henry Holt & Company, 2011.

Edsel, Robert M. *The Monuments Men: Allied Heroes, Nazi Thieves, and the Greatest Treasure Hunt in History*. Nueva York: Center Street, 2009.

Eisner, Peter. *The Pope's Last Crusade: How an American Jesuit Helped Pope Pius XI's Campaign to Stop Hitler*. Nueva York: William Morrow, 2013.

Evans, Richard J. *The Coming of the Third Reich*. Nueva York: Penguin Press, 2004.

Fallodon, vizconde Grey de. *Twenty-Five Years, 1892-1916*, vol. II, Nueva York: Frederick A. Stokes Company, 1925.

The First!: The Story of the 1st Infantry Division (GI Stories). Paris: Stars & Stripes, 1944-1945.

Feigl, Erich. *Zita de Hapsbourg: Memoirses d'un Empire Disparu*. Buckinghamshire, Inglaterra: Criterion Publishing, 1991.

Fest, Joachim. *Hitler*. Nueva York: Harcourt, Brace, & Jovanovich, 1974.

The Fighting First. U.S. Army Film, Departamento de la armada, película oficial del Departamento de Guerra, dominio público, AVA 107VBN1, 1946.

«Former European Enemies Mark Centennial of World War I Beginning». *Associated Press*. 4 de agosto de 2014.

Fuller Falkenau, Samuel, y Emil Weiss. *The Big Red One—The Last Battle.* Película: Michkan World Productions, 2009.

Gady, Franz-Stefan. «The Scandalous Love Affair That Started World War I». *National Interest*, 22 de agosto de 2014.

Gaillon, Eloise, y Jeffrey Post. «An Examination of the Napoleon Diamond Necklace». *Gems & Gemology Magazine*, 2007.

Gareth, Russell. *The Emperors: How Europe's Rulers Were Destroyed by the First World War.* Gloucestershire: Amberly Publishing, 2014.

Geddyr, G.E.R. «Restoration of Monarchy Within Year Predicted». *The New York Times*, 21 de noviembre de 1934.

Gerd, Höller. *Franz Ferdinand von Österrecich-Este.* Graz, 1982.

Gilbert, Martin. *The First World War—A Complete History.* Nueva York: Henry Holt & Company, 1994.

Gilbert, Martin, y Richard Gott. *The Appeasers.* Boston: Houghton Mifflin, 1963.

Gini, Al, y Ronald Green. *Ten Virtues of Outstanding Leaders.* Oxford: Wiley-Blackwell, 2013.

Goebbels, doctor Joseph. *The Goebbels Diaries 1939-1941.* Ed. y trad. Fred Taylor. Hamish Hammler: Londres, 1982.

Goebbels, doctor Joseph. *The Goebbels Diaries 1942-1943.* Ed. Louis P. Lochner. Garden City: Doubleday & Company, 1948.

Gooch, John. *Mussolini and His Generals: The Armed Forces and Fascist Foreign Policy 1922-1940.* Cambridge: Cambridge University Press, 2007.

Grace Communion International. The Protestant Church in Hitler's Germany and the Barmen Declaration. https://www.gci.org/history/barmen (Revisado el 22 de agosto de 2016).

Gunther, John. *Inside Europe: 1940 War Edition.* Nueva York: Harper & Brothers, 1940.

Habsburg, Christian, Su Alteza Real e Imperial. Discurso: «Otto von Habsburg—A Long & Courageous Life in the Service of Europe». Iglesia de Santa María Madre de Dios: Washington, D. C., 22 de octubre de 2011.

Habsburg, Christian, Su Alteza Real e Imperial. Entrevista con el autor. Washington, D. C., 21 de octubre de 2011.

«Habsburg Princes Arrested by Austrian Nazis». *The New York Times*, 23 de marzo de 1938, 38, col. 1.

Hall, Alan. «The Single Jew that Hitler wanted to save». *Daily Mail*, 5 de julio de 2012.

Hamann, Brigitte. *Bertha von Suttner: A Life for Peace*. Syracuse, Nueva York: Syracuse University Press, 1996.

Hamann, Brigitte. *Hitler's Edeljude. Das Leben des Armenarrztes Eduard Bloch*. Múnich: Piper Verlag, 2008.

Hamann, Brigitte. *Hitler: Portrait of the Tyrant as a Young Man*. Londres: Taurus Parke, 2010.

Haslip, Joan. *The Lonely Empress: Elizabeth of Austria*. Londres: Phoenix, 2000.

Hastings, Max. *Catastrophe 1914: Europe Goes to War*. Nueva York: Knopf, 2013.

Hauner, Milan. *Hitler: A Chronology of his Life and Time*. Basintoke: Palgrave Macmillan, 2008.

Hayman, Ronald. *Hitler & Geli*. Nueva York: Bloomsbury, 1997.

Hébert, John. «The Map That Named America: Library Acquired 1507 \Waldseemüllen Map of the World». Boletín informativo de la Biblioteca del Congreso, vol. 62, núm. 9, septiembre de 2003.

Higham, Charles. *The Duchess of Windsor: The Secret Life*. Nueva York: McGraw-Hill, 1988.

Hitler, Adolf. *Mein Kampf*. Traducción al inglés: Ralph Manheim. Nueva York: Houghton Mifflin Company, 1999.

Hitler, Adolf. *Hitler's Private Conversations*. Ed. H.R. Trevor-Roper. Farrar, Straus, & Young, 1953.

«Hitler Is Dead. Nazi Radio Reports Fuehrer Killed Fighting Russians». *Philadelphia Inquirer*, 1 de mayo de 1945.

Hoffmann, Heinrich. *Hitler As I Saw Him, Records of His Personal Photographer, Herbig*. 1974.

Hohenberg, Georg duque de. Entrevista con el autor. Viena, 30 de junio de 2011.

Hohenberg, príncipe Gerhard de. Entrevista con el autor, 30 de marzo de 2011; Klagenfurt, Austria, 9 de abril de 2011; Viena, Austria, 18 de mayo de 2011, Maria Tafael, Artstetten.

Hohenberg, princesa Sophie de Potesta. Entrevista con el autor, 30 de marzo de 2011, Klagenfurt, Austria; 13 de julio de 2011, Bruselas, Bélgica; 15 de marzo de 2013, Bruselas, Bélgica; 22 de marzo de 2013, Bruselas, Bélgica. *E-mail*, 29 de enero de 2013; 22 de diciembre de 2014.

Höller, Gerd. *Franz Ferdinand von Östterreich*. Graz, 1982.

Holzer, Hans. *The Habsburg Curse*. Garden City: Doubleday & Company, 1973.

Horthy, Admiral Nicholas. *Memoirs* (notas de Andrew L. Simon). Safety Harbor: Simon Publications, 2000.

Hutchinson, James Lee, ed. *The Boys in the B-17: 8th Air Force Combat Stories of World War II*. Bloomington: AuthorHouse, 2011.

Ileana, princesa de Rumania. *I Live Again*. Nueva York: Rinehart & Company, 1951.

Illies, Florian. *1913—The Year Before the Storm*. Trad. Shaun Whiteside y Jamie Lee Searle. Brooklyn y Londres: Melville House, 2013.

«Italy Back Serbia's Accession to EU». *European Post,* 25 de mayo de 2015, 1.

Jászi, Oscar. *The Dissolution of the Habsburg Monarchy*. Chicago: University of Chicago Press, 1971.

Johnston, William M. *The Austrian Mind—An Intellectual & Social History 1848-1938*. Berkeley: University of California Press, 1972.

Jones, J. Sydney. *Hitler in Vienna; Clues to the Future*. Nueva York: Cooper Square Press, 2002.

Juan Pablo II, papa. *Gift and Mystery: On the Fiftieth Anniversary of My Priestly Ordination*. Nueva York: Doubleday, 1996.

Judah, Tim. «Sarajevo's Memories». *The Economist: Intelligent Life*, enero-febrero de 2014. http://moreintelligentlife.com/content/features/anonymous/street-cornerstarted-20th-Trove.nia.au.npd/del/article/37838421 (Revisado el 7 de julio de 2012).

Kanter, Trudi. *Some Girls, Some Hats and Hitler: A True Story*. Gran Bretaña: Virago Press, 2012.

Kaplan, Robert D. *Balkan Ghosts: A Journey Through History*. Nueva York: St. Martin's Press, 1993.

Kellerhoff, Sven Felix. «Wie Hitler seinen jüdischen Kompaniechef schüzte», *Die Welt*, 7 de julio de 2012.

Kennan, George. *Sketches of Life*. Nueva York: Pantheon Books, 1968.

Kennedy, John F. Biblioteca Kennedy y archivos del museo, Diary European Trip, 8 de julio de 1937.

Kennedy, John F. «Honors Thesis: Appeasement at Munich». 128-129, 11 de marzo de 2014.

Kershaw, Alex. *The Envoy: The Epic Rescue of the Last Jews of Europe in the Desperate Closing Months of World War II*. Filadelfia: DaCapo Press, 2010.

Kershaw, Ian. *Hitler: 1889-1936 Hubris*. Nueva York: W.W. Norton, 1999.

Kershaw, Ian. *Hitler: A Biography*. Nueva York: W.W. Norton, 2008.

Kiegard, Karl von. «Frederick Wilhelm Exclusive Interview with the United Press International», 20 de noviembre de 1914.

King, Greg, y Sue Woolmans. *The Assassination of the Archduke: Sarajevo 1914 and the Romance That Changed the World*. Nueva York: St. Martin's Press, 2013.

Kogon, Eugen. *The Theory and Practice of Hell: The German Concentration Camps and the Theory Behind Them*. Nueva York: Berkeley, 1980.

Kroeger, Alix. «Sarajevo Reinstalls Memorials to the Past». *BBC News*, 29 de junio de 2011.

Kubizek, August. *The Young Hitler I Knew: The Definitive Inside Look at the Artist Who Became a Monster*. Yorkshire: Arcade Publishing, 2011.

Kürenberg, Joachim von. *The Kaiser, A Life of Wilhelm II, Last Emperor of Germany*. Nueva York: Simon & Schuster, 1955.

Kurlander, Eric. *The Perils of Discursive «Balkanization» Petronilla Ehrenpreis, Krieg und Fridenszible in Diskurs*. H-Net Reviews in the Humanities & Social Studies, febrero de 2007.

LaFore, Laurence. *The Long Fuse: An Interpretation of the Origins of World War I*. Filadelfia y Nueva York: Lippincott, 1965.

Lamar, Cecil. *Wilhelm II Vol. II. Emperor and Exile 1900-1941*. Chapel Hill: University of North Carolina Press, 1996.

Lansdale, Maria Horner. *Vienna and the Viennese*. Filadelfia: Henry T. Coates & Co., 1902.

Larisch, condesa Marie. *My Past: Reminiscences of the Courts of Austria and Bavaria*. Nueva York: The Knickerbocker Press, 1913.

Lebert, Stephen, y Norbert Lebert. *My Father's Keeper: Children of Nazi Leaders: An Intimate History of Damage and Denial*. Trad. Julian Evans. Little Brown & Company, Boston, 2001.

Lengyel, Emil. *And All Her Paths Were Peace: The Life of Bertha von Suttner*. Nashville: Thomas Nelson, 1973.

Levine, Don Isaac. *Letters from the Kaiser to the Czar: Copied from Government Achieves in Petrograd*. Nueva York: Frederick A. Stokes Company, 1920.

Lillie, Sophie. *Was Einmal War Handbuch der Enteigneten*. Viena: Kunstsammlungen, 2003.

Linsboth, Christina. *Two Rulers in an «Automobile»*. World and Worlds of the Habsburgs, A Schloss Schonbrunn Kulturand und Betreibsges, M.B.H. project, Viena 2007-2008.

Longerich, Peter. *Heinrich Himmler: A Life*. Nueva York: Oxford University Press, 2012.

Longo, James McMurtry. *Isabel Orleans-Braganza: The Brazilian Princess Who Freed the Slaves*. Jefferson: McFarland, 2008.

Lower, Wendy. *Hitler's Furies: German Women in the Nazi Killing Fields.* Boston: Houghton Mifflin Harcourt, 2013.

MacDonogh, Giles. *1938 Hitler's Gamble.* Nueva York: Basic Books, 2009.

MacMillan, Margaret. *The War That Ended Peace.* Nueva York: Random House, 2014.

Mack Smith, Denis. *Mussolini: A Biography.* Nueva York: Vintage Books, 1982.

Mager, Hugo. *Elizabeth Grand Duchess of Russia.* Nueva York: Carroll & Graf, 1999.

Marek, George R. *The Eagles Die: Franz Joseph, Elisabeth, and Their Austria.* Londres: Hart-David, MacGibbon, 1975.

Mason, Paul. «The European Dream is in Danger: Prepare for another rude awakening». *Guardian,* 24 de mayo de 2011.

«Maximilian von Hohenberg to Marry». 8 de julio de 1926. «Royal Musings: Royal Musings News and Commentaries About the Reigning Royal Houses and the Former European Monarchies as Well». https://royalmusingsblogspotcom.blogspot.com/2010/07/maximilian-von-hohenberg-to-marry.html (Revisado el 27 de abril de 2011).

May, Arthur J. *The Passing of the Habsburg Monarchy 1914-1918,* vol. 1. Filadelfia: University of Pennsylvania Press, 1968.

McCullough, David. *Truman.* Nueva York: Simon & Schuster, 1992.

McGuigan, Dorothy Gies. *The Habsburgs: The Personal Lives of a Royal Family That Made History for Six Centuries.* Nueva York: Doubleday & Company, 1966.

McMeekin, Sean. *July 1914: Countdown to War.* Nueva York: Basic Books, 2012.

Menzies, John. *Keynote Address.* US Centennial Commission Meeting & Public Programs. Museo nacional de la Primera Guerra en el Memorial de la Libertad. Kansas City, Missouri, 27 de junio de 2014.

Messersmith, G. S. *The Papers of G. S. Messersmith.* http://dspace.udel.edu:8086/dspace/handle/d19716/6176 (Revisado el 3 de marzo de 2014).

Messersmith, G. S. *The Papers of G. S. Messersmith,* 23 de febrero de 1935. (University of Delaware). Caja 430.

Messersmith, G. S. *The Papers of G. S. Messersmith,* 7 de octubre de 1935. (University of Delaware) MSS 0109_0589-00.

Messersmith, G. S. *The Papers of G. S. Messersmith,* 7 de octubre de 1935. (University of Delaware) MSS 0578_0538-00.

Messersmith, G. S. *The Papers of G. S. Messersmith*, 18 de enero de 1935. (University of Delaware) MSS 0109_0464-00.

Messersmith, G. S. *The Papers of G. S. Messersmith*, 30 de noviembre de 1936. (University of Delaware) MSS 1090_0784-00.

Messersmith, G. S. *The Papers of G. S. Messersmith*, 6 de diciembre de 1936. (University of Delaware) MSS 0109_2017-00.

Messersmith, G. S. *The Papers of G. S. Messersmith*, 23 de febrero de 1937. (University of Delaware) MSS 0109_0860-00.

Messner, Johannes Fr. *Dollfuss: An Austrian Patriot*. Norfolk: Gates of Vienna Books, 2004.

Meysels, Lucien. *Die Verhinderte Dynastie: Erzherzog Franz Ferdinand un das Haus Hohenberg*. Viena: Molden, 2000.

Middlemas, Keith. *Baldwin—A Biography*. Londres: Wiedenfeld & Nicolson, 1969.

Millard, Frank. *The Palace and the Bunker: Royal Resistance to Hitler*. Gloucestershire: The History Press, 2012.

Moorhead, Caroline. *A Train in Winter*. Nueva York: Harper, 2011.

Muhstein, Anka. «His Exile Was Intolerable». *The New York Review of Books*, 8 de mayo de 2014.

Mussolini, Benito. *My Autobiography*. Nueva York: Charles Scribner's Sons, 1928.

Nagorski, Andrew. *Hitlerland: American Eyewitnesses to the Nazi Rise to Power*. Nueva York: Simon & Schuster, 2012.

Neef, Christian. «Stolen Triumph: Russia Revisits Pivotal Role in World War I». *Spiegel Online*, International. http://www.spiegel.de/international/world/Russia-revisitsits-role-in-world-war-i-a-942500.html (Revisado el 4 de agosto de 2014).

Nickolich, Jessica, y James Hurley. *Franz Ferdinand*. http://entertainment.uk.msn.com/music/galleries/gallery.aspx?cp-documentid=148013878&imageindex=8 (Revisado el 21 de agosto de 2015).

Nicoll, Father Leo A. S. J. *Anton Puntigam S.J.: Leben un Wirken eines Jesuiten in Bosnien*. Diss. Vienna: University of Vienna, 1970.

Nicoll, Leo A. S. J. Cartas con el autor, 25 de mayo de 2011.

Nicolson, Harold. *Diaries and Letters: 1930-1939*. Londres: Atheneum, 1966.

Nicolson, Nigel, ed. *Diaries & Letters of Harold Nicolson: 1939-1945*, vol. II. Nueva York: Atheneum, 1967.

Novak, Josef, ed. *On Masaryk: Texts in English & German*. Amsterdam: Rodori, 1988.

Nostitz-Rieneck, conde Gutsverwaltung. Entrevista con el autor. Schloss Geyregg, Eisenerz, Austria, 1 de julio de 2011.

O'Connor, Richard. *The Cactus Throne: The Tragedy of Maximilian and Carlotta.* Nueva York: G. P. Putnam's Sons, 1971.

Olson, Lynne. *Last Hope Island: Britain. Occupied Europe, and the Brotherhood That Helped Turn the Tide of War.* Nueva York: Random House, 2017.

Olson, Lynne. *Those Angry Days: Roosevelt, Lindbergh, and America's Fight Over World War II, 1939-1941.* Nueva York: Random House, 2013.

Olson, Lynne. *Troublesome Young Men.* Nueva York: Farrar, Straus & Giroux, 2007.

Overy, Richard. *Göring: Hitler's Iron Lion.* Nueva York: Taurus Books, 2012.

Paces, Cynthia. *Prague Panoramas: National Memory and Sacred Space in the Twentieth Century.* Pittsburgh: University of Pittsburgh, 2009.

Painter, Heather. Cartas con Albert Knoll, Archivos de Dachau. Re: Zugangsnummernbuch, 29 de noviembre de 2011.

Pauli, Hertha. *The Secret of Sarajevo.* Londres: Collins Clear-Type Press, 1966.

Penfield, Frederick Courtland, embajador de Estados Unidos en Austria-Hungría. *Correspondence with Secretary of State.* Archivos nacionales de College Park Maryland. National Archives Microfilm Publications. Records of the Department of State to Internal Affairs of Austria-Hungary 1910-1929, microfilm 295, 20 de julio de 1914.

Penfield, Frederic Courtland, embajador de Estados Unidos en Austria-Hungría. *United States Department of State / Papers Relating to the Foreign Relations of the United States*, 1917. College Park Maryland: National Archives Microfilm Publications, Microcopy N.° 695. Supplement 2, The World War, 30 de junio de 1914.

Persico, Joseph. *Edward R Murrow: An American Original.* Nueva York: McGraw-Hill, 1988.

«Personalities of the Week—Prince Ernst von Hohenberg». *Illustrated London News*, 25 de abril de 1936, 7-24.

Petropoulos, Jonathan. *Royals and the Reich: The Princes von Hessen in Nazi Germany.* Oxford: Oxford University Press, 2008.

Pitts, David. *Jack and Lem: The Untold Story of an Extraordinary Friendship.* Nueva York: Carroll & Graf, 2007.

Pless, princesa Daisy de. *What I Left Unsaid.* Ed. Desmond Chapman-Huston. Nueva York: E. P. Dutton & Co., 1936.

«Pope Beatified Last Emperor of Austria». *The New York Times International Edition*, 4 de octubre de 2004.

«Pope Much Depressed-Spends a Long Time in Prayer». *The New York Times*, 29 de junio de 1914, 1.

Pope-Hennessy, James. *Queen Mary 1867-1953*. Nueva York: Knopf, 1960.

Portland, duque de. «Letter to Thomas Masaryk», 2 de agosto de 1919. http://sophiehohenberg-czech-rep.eu/en/index.php.

Powell-Spring, Blanche. «A Visit to Castle Miramar». *The New York Times*, 5 de marzo de 1925.

Prague Post. Deneken, Ludwig von, 21 de septiembre de 2009.

Premio Nobel de la Paz 2012. NobelMedia 2014. Nobelprize.org. http://www.nobelprize.org/nobel-prizes/peace/laureates/2012/7 (Revisado el 29 de agosto de 2015).

Princesa Stephanie Su Alteza Real. *I Was to Be Empress*. Londres: Nicholson & Watson, 1937.

Radziwill, princesa Catherine. *The Austrian Court from Within*. Nueva York: Frederick Stokes, 1916.

Range, Peter Ross. *1924: The Year That Made Hitler*. Nueva York: Little, Brown & Company, 2016.

Rasmussen, Fred. «King Gave Up Throne for Love of Baltimore Girl: Sixty Years Ago Edward VII Abdicated to Marry Girl Born on Biddle Street». *Baltimore Sun*, 15 de diciembre de 1996.

Remak, Joachim. *Sarajevo, The Story of a Political Murder*. Nueva York: Criterion, 1959.

«Restoration of Habsburg's Within Year Predicted». *The New York Times*, 28 de octubre de 1934.

Ricks, Thomas E. *Churchill and Orwell: The Fight for Freedoms*. Nueva York: Penguin Press, 2017.

Riefenstahl, Leni, *A Memoir*. Nueva York: St. Martin's Press, 1992.

Rissell, Herbert J. *From Hitler's Oppression to American Liberty*. Mustang: Tate Publishing, 2015.

Roberts, Kenneth L. *Europe's Morning After*. Nueva York: Harper & Bros, 1921.

«Royal Funeral Brings Attack on Hofburg's Cerberus». *The New York Times, Section Magazine*, SM1, 12 de julio de 1914.

Russell, Gareth. *The Emperors: How Europe's Rulers Were Destroyed by the First World War*. Londres: Amberley, 2014.

Ryan, Cornelius. *The Last Battle: The Classic History of the Battle for Berlin*. Nueva York: Simon & Schuster, 1966.

Ryback, Timothy W. *Hitler's Private Library: The Books That Shaped His Life*. Londres: Vintage Books, 2010.

Savich, Carl. «Sarajevo 1941». http://serianna.com (Revisado el 24 de octubre de 2014).

Sayers, Janet. *Mothers of Psychoanalysis: Helen Deutsch, Karen Horney, Anna Freud, Melanie Klein*. Nueva York: W.W. Norton & Company, 1991.

Schad, Martha. *Hitler's Spy Princess: The Extraordinary Life of Stephanie von Hohenlohe*. Gloucestershire: Sutton Publishing, 2004.

Schindler, John. «Disaster on the Drina: The Austro-Hungarian Army in Serbia, 1914». *War in History*, 9 (2).

Schmitt, Bernadotte E. *The Coming of the War 1914*, vol. I. Nueva York: Howard Fertig, 1966.

Scholler, Christiana. Wilkommen im Schloss Artstetten, 2001.

Scott, James Brown. «War Between Austria-Hungary & the United States». *American Journal of International Law*, vol. 12. Oxford: Oxford University Press, 1918.

Sebba, Anne. *That Woman: The Life of Wallis Simpson Duchess of Windsor*. Nueva York: St. Martin's Press, 2013.

Sebestyen, Victor. *1946: The Making of the Modern World*. Nueva York: Vintage Books, 1914.

Sempa, Francis. «The Bloodiest Century». *American Diplomacy, Foreign Service Dispatches and Periodic Reports on U.S. Foreign Policy*, enero de 2004.

Seton-Watson, R. W. *A History of the Czechs & Slovaks*. Nueva York: Hutchinson & Company, 1943.

Seton-Watson, R. Artstetten Archives. (Revisado el 25 de junio de 2011).

Sforza, Carlos. *Makers of Modern Europe*. Londres: Elkin Matthew & Marrot, 1930.

Shapiro, Ari. «*A Century Ago in Sarajevo: A Plot, a Farce, and a Fateful Shot*». NPR.org. http://www.npr.org/2014/6/27/325516359/a-century-ago-in-sarajevo-a-plot-afarce-and-a-fateful-shot (Revisado el 27 de junio de 2014).

Sheehan, Vincent. *Not Peace but a Sword*. Nueva York: Doubleday, 1939.

Shirer, William. *Berlin Diary: The Journal of a Correspondent 1934-1941*. Knopf, 1942.

Smart, Victor. Holocaust Education & Archive Research Team, www.HolocaustResearchProject.org, 2008.

Smith, Amanda. *Hostage to Fortune—The Letters of Joseph P. Kennedy*. Nueva York: Viking, 2011.

Smith, Craig S. «Princess & Heir of Franz Ferdinand Fights to Repeal a Law and Gain a Castle». *The New York Times*, 19 de febrero de 2007.

Smith, Denis Mack. *Mussolini: A Biography*. Nueva York: Vintage Books, 1983.

Smith, J. D. *One Morning in Sarajevo: June 28, 1914*. Londres: Weidenfeld & Nicolson, 2008.

Sondhaus, Lawrence. *Franz Conrad von Hotzendorf: Architect of the Apocalypse*. Boston: Humanities Press, 2000.

Special Correspondent. «Bishop Lanyi's Death Recalls "War Vision"». *The New York Times*, 18 de octubre de 1931.

St. Louis Post Dispatch. Editorial, 7 de abril de 1989.

Starhemberg, príncipe Ernst Rudiger. *Between Hitler and Mussolini*. Nueva York: Harper & Brothers, 1942.

Stiller, Jessie. *George S. Messersmith: Diplomat of Democracy*. Chapel Hill: University of NC Press, 2011.

Stoessinger, John. *Why Nations Go to War*. Boston: Cengage Wadsworth, 2011.

Storer, Maria Longworth. «The Recent Tragedy in Bosnia: In Memoriam: A Personal Recollection of the Archduke Franz Ferdinand and His Wife, the Duchess of Hohenberg». *Catholic World*, vol. 99, agosto de 1914, núm. 593.

Taylor, A.J.P. *The Struggle for Mastery in Europe 1848-1918*. Nueva York: Oxford, 1954.

Taylor, Edmond. *The Fall of the Dynasties: The Collapse of the Old Order, 1905-1922*. Garden City, Nueva York: Doubleday & Co., 1963.

Thiele, Johannes. *Crown Prince Rudolph 1858-1889: Myth and Truth. Vienna*: Christian Brandstätter Verlag, 2008.

Thompson, Dorothy. *I Saw Hitler*. Nueva York: Farrar & Rinehart, 1932.

Tolstoy, Nikolai. «Consider a Monarchy, America». *The New York Times*, 6 de noviembre de 2016, 11.

Trevor-Roper, Hugh. *The Last Days of Hitler*, 7a edición. Londres: Pan Books, 2012.

Trosclair, Wade. «The Limits and Conceptions of Austrianness: The Bohemian-German Press During Franz Joseph's Jubilee in 1908». Tesis, Central European Nationalism Studies Program. Budapest, Hungary, 2013.

«Two Shots Fired 100 Years Ago Today Swept the World Toward War». *Wall Street Journal Online*. http://wsj.com/articles/two-shots-fired-100-years-agotoday-swept-the-world-toward-war-1403917105?tesla=y (Revisado el 28 de junio de 2014).

«University Purge Pushed-Restrictions of Jews Increased». *The New York Times*, 31 de marzo de 1938, 3, col. 6.

Unowsky, Daniel. *The Pomp and Politics of Patriotism: Imperial Celebrations in Habsburg, Austria 1848-1916*. West Lafayette, Indiana: Purdue University Press, 2005.

Unterreiner, Katrine. *Emperor Franz Joseph 1830-1916: Myth & Truth*. Viena: Christian Brandstatter Verlag, 2006.

Vanderbilt, Cornelius. *Farewell to Fifth Avenue*. Nueva York: Simon & Schuster, 1935.

«Vienna Celebrates Birthday of Otto». *The New York Times*, 21 de noviembre de 1934, 1, col. 2.

«Vienna Monarchist Report on Progress». *The New York Times*, 7 de febrero de 1935, 8, col. 3.

Viktoria Luise. *The Kaiser's Daughter, Memoirs of H.R.I Princess of Prussia*. Englewood Cliff: Prentice-Hall, 1977.

Villahermosa, Gilberto. «Lost Interview with Hermann Göring, The Reich Marshall's Revelations». *World War II Magazine*, septiembre de 2006.

Von Mensdorff-Pouilly-Dietrichstein, conde Albert. «COUNT VON MENSDORFF; Austro-Hungarian Envoy to London Before 1914». *The New York Times*, 18 de junio de 1945.

Von Muller, George Alexander. *The Kaiser and His Court*. Nueva York: Harcourt, Brace & World, 1959.

Von Schuschnigg, Kurt. *Kurt von Schuschnigg Manuscript Collections, 1932-1978*. St. Louis University Libraries, Special Collections. MSS 693.3.35 carpeta 35.

Von Schuschnigg, Kurt. *Kurt von Schuschnigg Manuscript Collections, 1932-1978*. St. Louis University. Carpeta 28 MSS 69.3.28.

Von Schuschnigg, Kurt. *My Austria*. Nueva York: Knopf, 1937.

Von Schuschnigg, Kurt, y Janet von Schuschnigg. *When Hitler Took Austria: A Memoir of Heroic Faith by the Chancellor's Son*. San Francisco: Ignatius Press, 2008.

Von Wiegard, Karl. «Frederick Wilhelm Exclusive Interview with United Press». United Press. 20 de noviembre de 1914.

Vovk, Justin. *Imperial Requiem: Four Royal Women and the Fall of the Empresses*. University L.L.C. Bloomington, 2012.

Vŷsnŷ, Paul. *Neo-Slavism and the Czechs 1898-1914*. Cambridge: Cambridge University Press, 1977.

Waite, Robert G.L. *The Psychopathic God Adolf Hitler*. Nueva York: Basic Books, 1976.

Walker, Andrew. «Profile: Edward VIII». BBC News Broadcast, 29 de enero de 2003.

Washburn, Albert Henry. Envoy Extraordinary and Minister Plenipotentiary to Frank Kellogg, US Secretary of State, 6-7 de mayo de 1927. Microfilm #1387. Registros del Departamento de Estado relativos a los asuntos internos de Austria-Hungría y Austria entre 1910 y 1927. National Archives Microfilm Publications, National Archives at College Park, College Park, MD.

Watson, Greig. «Could Franz Ferdinand Welbeck Gun Accident Have Halted WWI?». BBC News, 25 de noviembre de 1913. Noviembre de 2013. http://www.bbc.com/news/uk-england-nottinghamshire-25008184# (Revisado el 1 de septiembre de 2015).

Weber, Thomas. *Hitler's First World War*. Oxford: Oxford University Press, 2010.

Welzler, Luis. Cartas con el autor, 18 de agosto de 2013.

West, Rebecca. *Black Lamb and Grey Falcon*. Nueva York: Viking Press, 1941.

Weyr, Thomas. *The Setting of the Pearl: Vienna Under Hitler*. Oxford: Oxford University Press, 2005.

Whittle, Tyler. *The Last Kaiser: A Biography of Wilhelm II German Emperor and King of Prussia*. Nueva York: Times Books, 1997.

Winder, Simon. «If Franz Ferdinand Had Lived». *The New York Times Online*: Op Ed, 27 de junio de 2014. http://nyti.ms/TEWb45 (Revisado el 28 de junio de 2014).

Windisch-Grätz, príncipe Ludwig. *My Memoir*. Boston: Houghton-Mifflin Company, 1924.

Zámeĉnik, Stanislav. *That Was Dachau, 1933-1945*. París: Collection Documents, 2004.

Ziegler, Philip. *King Edward VIII*. Nueva York: Knopf, 1991.

Zweig, Stefan. *The World of Yesterday: Memoirs of a European*. Londres: Pushkin Press, 2009.

Algunos lugares de investigación

Biblioteca de la Universidad Alpen-Adria de Klagenfurt, Austria
Biblioteca Británica, Londres, Reino Unido
Castillo de Miramar, Trieste, Italia
Museo conmemorativo del campo de concentración de Dachau, Múnich, Alemania
Biblioteca de la Universidad de Edinburgh Napier, Edimburgo, Escocia
Biblioteca y Museo Presidencial de Franklin D. Roosevelt, Hyde Park, Nueva York
Biblioteca Hillman, Universidad de Pittsburgh, Pittsburgh, PA
Búnker de Hitler, Berlín, Alemania
Museo Imperial de la Guerra (Heeresgeschichtliches), Viena, Austria
Museo Imperial de la Guerra, Londres, Reino Unido
Museo Judío del Holocausto, Viena, Austria
Museo Judío, Berlín, Alemania
Biblioteca y Museo Presidencial de John F. Kennedy, Boston, Massachusetts
Museo del Castillo de Konopiste, Benêsov, República Checa
Biblioteca del Congreso, Washington, D.C.
Archivos Nacionales y Administración de Investigación, College Park, M.D.
Museo y Memorial Nacional de la Primera Guerra Mundial, Kansas City, MO.
Biblioteca Pius XII, Universidad de St. Louis, St. Louis, Missouri
Museo del Palacio de Artstetten, Artstetten, Austria
Museo de Sarajevo 1878-1918, Sarajevo, Bosnia-Herzegovina
Museo de Sigmund Freud, Viena, Austria
Biblioteca Mercantil de St. Louis, Universidad de Missouri-St. Louis
Museo del Holocausto de Estados Unidos, Washington, D.C.
Biblioteca U. Grant Miller, Washington & Jefferson College, Washington, PA.
Universitätsbibliothek der Vetmeduni Vienna, Austria